壹嘉个人史丛书

申泮文的西南联大

（文版）

申泮文 著

申红 车云霞 编

壹嘉出版

旧金山 2023

壹嘉出版
1 Plus Books
http://1plusbooks.com

作者：申泮文
编者：申红 车云霞
书名：申泮文的西南联大（文版）/Shen Panwen's Lianda (Book 1)

2023 1 Plus Books® 壹嘉出版®
Hardback Edition
Published and Printed in the United States of America

ISBN: 978-1-949736-66-3

出版人：刘雁
封面设计：壹嘉出版
定价：$42.99
San Francisco, USA , 2023
http://1plusbooks.com
email: 1plus@1plusbooks.com

申泮文简介

申泮文，生于 1916 年 9 月 7 日，祖籍广东从化。

1929 年考入天津南开中学，1935 年南开中学高中毕业；

1936 年考入南开大学化工系；

1937 年加入南京中央军官学校教导总队，开赴上海参加淞沪会战；

1937 年 11 月末在长沙临时大学复学，1938 年 2 月参加长沙临时大学"湘黔滇旅行团"步行到昆明，进入西南联大学习；

1940 年毕业于西南联合大学化学系；

1941—1945 年先后在兰州科教馆、华中大学、昆明天祥中学工作；

1946—1959 年任南开大学化学系教员，副教授，其中 1946—1947 年负责押运清华、北大、南开三校物资复员平津；

1959—1978 年任山西大学化学系副系主任，教授；

1978—2017 年任南开大学化学学院教授。

申泮文是我国著名化学家，翻译家、教育家。1980 年当选为中国科学院学部委员（院士）。他十分重视高等化学教育与教学工作，长期为本科生授课，是中国执教化学基础课时间最长久的老化学家，也是中国著、译出版物最多的化学家，在国家级出版社的出版物达 70 余卷册、4000 多万字。

1959 年，申泮文受命为落实教育部支援山西大学建校的任务，举家迁往太原，在山西大学白纸上作画，一干就是二十年，为创建山西大学化学系和其长远发展付出了全部心血和艰辛的努力，做出了巨大的贡献。期间受到残酷政治迫害，两次被逼自杀；全家受牵连，小儿子终生致残。

20 世纪末开始，申泮文为了改变中国高等化学教育与国际一流大学相比相对落后的面貌，他为中国高等化学教育未来现代化的改革做了许多有益的奠基性工作，这些工作连续三届（连续 12 年获奖，每四年评奖一次）获得国家级教学成果奖（2001 和 2009 年均是国家级教学成果一等奖，2005 年国家级教学成果二等奖），所讲授和重点改革的大一化学课程《化学概论》被评为国家级精品课程和国家精品资源共享课程，他个人被评为国家级教学名师。申泮文主张教育是人类社会的永恒事业，应该由真正的教育家来办教育，不拘一格育人才；爱国主义是教育思想的灵魂，爱国主义教育环境出英才；培养高层次人才应该主要立足于国内。他长期研究张伯苓教育思想，2006年在天津发起成立"张伯苓教育思想研究会"，并任首届理事长。2004—2006年期间，他3次应邀在全国教育家大会做有关教育思想的报告，他的教育理念受到广泛关注和好评。

申泮文追踪国外高等教育发展新潮流，进行高等化学教育的数字化和信息化工作，开发"计算机化学"新兴交叉学科和相关人才的培养，从上世纪末组织成立"化软学会"到本世纪初组建分子科学计算中心，培养了一批既有高水平化学理论基础，又掌握实验和软件技术的新型科学人才。

申泮文十分重视清洁能源的开发，自上世纪50年代在国内率先开展氢化学和金属氢化物研究，他创建了南开大学新能源材料化学研究所和南开大学应用化学研究所，在储氢材料和镍氢电池研究领域取得重大成果，1986年获国家教委科技进步二等奖，持有国家发明专利20余项，国际发明专利12项，拥有镍氢电池和钕铁硼永磁合金两项自主知识产权。

申泮文历任第三届全国人民代表大会代表，全国人民政治协商会议第五、第六、第七届政协委员，国家教委第一届理科化学教学指导委员会委员，天津联合业余大学校长，天津渤海职业技术学院名誉院长，南开大学元素所副所长、无机教研室主任、新能源材料化学研究所学术委员会主席等职。曾当选天津市劳动模范（1979，1980）、全国优秀教师（1993，1999）。

广东从化家乡人在流溪中学为申泮文所立塑像及修建的院士亭

前　言

关于西南联大，最早接触是在 1964 年我 10 岁时，看到了爸爸的两本影集，里面都是长沙临时大学湘黔滇旅行团的相片。我对那些穿军装的旅行者并不感兴趣，而是奇怪怎么会有那么多少数民族的相片。爸爸对此津津乐道，尤其欣赏苗族服饰，还懂得从中分辨出白苗、花苗等，想来当年他们穿越黔滇时，对这些兄弟民族也是十分稀罕、并有所探究的。

到了 1966 年文革初起，爸爸被打成"申家村反党集团"，我十分害怕，问爸爸影集里湘黔滇旅行团那些人穿的军装是国民党的还是解放军的？答案是前者。我劝爸爸赶紧把这些相片烧掉，万一抄家时被造反派发现又是罪过！

2017 年爸爸去世后，我发现这些相片大都保存下来，也是奇迹！而且爸爸把它们都拷在了电脑里，并按旅行日期排了序，每张相片下面加注的说明颇具爸爸的风格。听爸爸生前讲，湘黔滇旅行团这些相片多为杨启元先生摄赠，他是爸爸的恩师、西南联大化学系系主任杨石先先生之侄，是我爸爸南开中学 1935 班同学，亦是长沙临时大学湘黔滇旅行团同一小分队队长。

真正接近西南联大是在整理爸爸遗物过程中，发现越来越多有关西南联大的资料，渐渐意识到我的爸爸是罕有的经历了"长沙临时大学——长沙临时大学湘黔滇旅行团——昆明西南联大——押运清华北大南开三校公物复员平津"全过程的联大人。特别是他在 1946-1947 年，历时一年押运三校公物北返的艰险经历鲜为人知，他是为西南联大画上圆满句号的人。据此，一些联大人后代认为，西南联大的历史不是 8 年，也不是 9 年，而是 1937—1947 年的 10 年。爸爸的北返之路留下了很多相片和底版，几十张 76 年前的底版现在竟然还能洗出来。我决意为爸爸出一本专属他的图文并茂的联大故事册《申泮文的西南联大》。

过去有关西南联大的著述对于人、事的描写以文科为多、以清华北大为重、以 1946 年为止。我爸爸作为理科生和南开人的回忆是一个重要补充；他在 1949 年以后与众多联大师友的密切交往也是非常难得和少见的。

感谢爸爸留下的宝贵财富；感谢爸爸的助手车云霞教授与我一起编撰了

此书以及《申泮文书信集》、《申泮文旅行记》；感谢著名历史学家、西南联大总务长郑天挺先生的长孙郑光先生提供的有关北返的两封信件；感谢爸爸的好友王大纯先生之子王亦超先生帮我辨认相关相片；感谢南开大学档案馆卫维平老师帮我扫描了书中多数相片；感谢西南联大博物馆张沁老师帮我核实了书中不少联大人的信息。

感谢众多联大后人慷慨授权，将他们父辈、祖辈的信件、照片收入本书，使得这些珍贵的史料得以出版，为世人所知，供后人研究。他们包括：

黄明信先生之女 黄大永女士

黄钰生先生之女 黄满女士

刘䜣年先生之子 朱行之先生

刘东生先生之子 刘强先生

刘兆吉先生之子 刘重来先生

钱惠濂先生之女 沈颐女士

沈善炯先生之子 沈聿先生

杨石先先生之子 杨耆荀先生

叶笃正先生之子女 叶维明女士，叶维江、叶维建先生

邹承鲁先生之女 邹宗平女士

张青莲先生之女 贺晓然女士

（以上按姓氏字母顺序排列）

以及杨启元先生之子杨百林先生，同意我们使用杨启元先生的信件，和大量由杨启元先生拍摄的、湘黔滇旅行团路上的照片。再次一并表示感谢！

虽经多方努力，仍有部分信件和照片的作者后人未能联系上。本着保存史料的宗旨，我们将这些图文收入本书，也请相关版权人见到本书后与我们联系，我们深表感谢！

感谢壹嘉出版社刘雁社长看到本书电子版的第二天，就回信同意出版。她的出版社曾出版过《寻找尘封的记忆——抗战时期民国空军赴美培训历史及空难探秘》这样的好书，因此我信任她。

谨以此书献给我最亲爱的爸爸妈妈！

申 红

2022年9月

目 录

第一部分 联大纪事

一、南迁
长沙临时大学湘黔滇旅行团的故事 …………………………… 1
长沙临时大学湘黔滇旅行团的故事拾遗 ………………………… 14

二、联大
在西南联合大学 …………………………………………………… 18
我要回南开大学 …………………………………………………… 23

三、北返
清华、北大、南开三校公物迁运复员北上回忆录 …………… 24
   附（信函四封） ………………………………………… 35

第二部分 联大人

西南联合大学历史经验之我见 …………………………………… 41
张伯苓颂 …………………………………………………………… 53
张伯苓先生的教育思想和办学经验是我国教育事业的宝贵经验 ………… 55
中国近代体育之父张伯苓 ………………………………………… 61
张伯苓与张学良的忘年交 ………………………………………… 82
张伯苓百年成功教育的魅力 ……………………………………… 87
张伯苓教育思想研究会会刊发刊词 ……………………………… 97
申泮文在《中国话剧先行者：张伯苓张彭春》首发式暨研讨会上的致辞 … 98
黄钰生和南开大学 ………………………………………………… 99
黄钰生教授遗爱永留西南边陲 …………………………………… 110
南开大学元老黄钰生教授（节选） ……………………………… 118

缅怀恩师 自强不息 ·············· 122

永远怀念恩师邱宗岳先生 ·············· 130

申泮文祝贺张青莲先生九五华诞诗 ·············· 133

我国高校化学专业大一化学教材的变迁与《无机化学丛书》的编辑出版
·············· 134

怀念杰出校友 我国气象事业奠基人王宪钊 ·············· 141

不测风云可测大气环流通寰宇 杰出校友大气物理学家叶笃正的故事
·············· 144

深钻黄土读通地球历史250万年 杰出校友中国黄土之子刘东生的故事
·············· 154

我和矿产测勘处 ·············· 162

解读"邹承鲁建议"（含附文）·············· 168

我与联大好友王继彰的译著奇闻 ·············· 171

福祸转化纪事 ·············· 174

  附一：申泮文和联大同学申葆诚 申红 ·············· 178

  附二：格格不入 申红 ·············· 181

第三部分 与联大师友的通信

致白祥麟	1件	·············· 187
附 白祥麟致申泮文	1件	·············· 188
致陈应元	2件	·············· 190
附 陈应元致申泮文	2件	·············· 192
致邓绥林	1件	·············· 194
致刘东生	3件	·············· 195
附 刘东生致申泮文	5件	·············· 197
致刘訢年	3件	·············· 201
附 刘訢年致申泮文	3件	·············· 203
致刘兆吉	1件	·············· 207
附 刘兆吉致申泮文	1件	·············· 207

致陆智常	1件	210
附　陆智常致申泮文	1件	211
致沈善炯、卢盛华	1件	213
附　沈善炯、沈韦致申泮文	4件	214
致苏勉曾、谢高阳	3件	218
附　苏勉曾致申泮文	2件	220
致叶笃正	3件	222
附　叶笃正致申泮文	3件	224
致袁翰青	1件	228
附　袁翰青致申泮文	1件	229
致张青莲	12件	230
附　张青莲致申泮文	14件	238
致张筱燕、张维亚	1件	245
附　张筱燕致申泮文	1件	246
致邹承鲁	1件	248
附　邹承鲁致申泮文	1件	249
黄明信致申泮文	2件	251
胡淑云致申泮文	1件	253
刘金旭致申泮文	1件	255
刘金钱致申泮文	1件	256
刘瑞歧致申泮文	1件	257
钱惠濂致申泮文	1件	259
唐敖庆致申泮文	1件	260
王刚致申泮文	2件	261
杨启元致申泮文	2件	263
杨石先致陈舜礼、申泮文	2件	265
赵绵致申泮文	1件	267

第一部分

联大纪事

长沙临时大学湘黔滇旅行团的故事

一、旅行团的简要经历

1937年7月底北平、天津被侵华日军占领，国民政府教育部决定令北大、清华、南开三校南迁湖南长沙联合组成长沙临时大学，指派张伯苓、蒋梦麟、梅贻琦为校务委员会常务委员，杨振声为主任秘书。黄钰生代表张伯苓前往参加筹备工作，被校委会任命为建筑设备组主任，负责建筑和设备的筹划建设事宜。长沙临大11月1日开学，理、工、法商学院校址设在长沙韭菜园圣经学院，文学院则设在衡山南岳山麓之圣经学院分校。开学时学生人数达到1496人。

11月24日日军飞机第一次轰炸长沙，12月13日南京沦陷，发生南京大屠杀惨案，持续月余，死难军民达30余万人。侵华日军继续南下，武汉危急，长沙不断受到日机轰炸，临大办学难以继续，教育部乃命令长沙临大西迁昆明。1938年1月结束第一学期，举行学期考试后，临大便开始组织师生为西迁做准备。

1938年2月长沙临大开始西迁入滇，除大部分师生由海路经越南去云南之外，另组织了一支队伍以步行军形式徒步横跨湘黔滇三省去昆明，取名长沙临时大学湘黔滇旅行团。参加旅行团的成员有经体检合格并取得甲种赴滇就学许可证的学生244人和以名教授闻一多、曾昭抡为首的11名教师。这些教师是：

闻一多（1899—1946）湖北浠水人。

曾昭抡（1899—1967）湖南湘乡人。

袁复礼（1893—1987）河北徐水人。

李继侗（1898—1961）江苏兴化人。

黄钰生（1898—1990）湖北沔阳人。

许骏斋（1902—1950）山东荣成人。

吴征镒（1916—　）江苏扬州人。

王钟山（1916— ）河北抚宁人。

李嘉言（未详）河南人。

郭海峰（未详）山东人。

毛应斗（未详）福建人。

由这 11 位教师组成辅导团，顾问学生的旅行生活。另由黄钰生、闻一多、曾昭抡、袁复礼组成湘黔滇旅行团指导委员会，由黄钰生任主席，负责日常具体的领导工作。旅行团采取军事编制，除团本部外，学生分成两个大队，带队军训教官毛鸿少将任团参谋长，少校邹镇华、卓超分任大队长。团中有医官三人，伙食班有伙夫数人。旅行团人员的衣着，学生一律土黄色军服，软沿军帽，草绿色绑腿，黑色棉大衣，身背水壶、干粮袋，一人一把雨伞。教师除黄钰生衣着与学生一致外，其他教师均着便装，例如闻一多、曾昭抡等人都常穿中式长衫。军训教官则都穿正式军官戎装。

为支持旅行团壮举，湖南省政府主席张治中特派黄师岳为旅行团团长，担任行军军事指挥官。这位黄将军虽是中央军校毕业的老牌军人，但却是一位温文尔雅的儒将，为人谦恭豪爽，同师生相处得十分融洽，所以带队任务也就容易完成了。黄钰生在旅行团中的任务，是一名文官团长，相当于军队中的政委，但实质上又是旅行团的后勤部长。凡团中的经费管理和使用、宿营、前站、伙食安排和管理以及善后等一切事务，无论巨细都要由他筹划和指挥。把这 200 多人经过一条贫困的边陲交通线，运送到昆明去，是一道非常复杂的运筹学实践作业题，许多变化参数是未知的和难以预料的。由此可见，黄钰生的工作有多困难和责任如何重大了。

旅行团用 68 天完成了 1671 公里旅程，于 4 月 28 日到达昆明。受到先期到达的师生和昆明各界人民的盛大欢迎。此时学校更名为国立西南联合大学，于 1938 年 5 月 4 日正式开学上课。

二、旅行团艰辛的后勤工作

旅行团的沿途经费与保管

旅行团的经费预算数，不得而知，大概是数万元巨款。既不能是汇单，也不能是支票，必须是现金。这笔现金既有钞票又有银元（备不接受钞票的地方使用），在旅途中交给什么人保管？谁也不敢承担这份责任，黄钰生就自己把这个重担子挑起来了。他用一条有夹层的长布袋子，把钱装在里边，然后把布带缠在腰际，为了不显眼，外边再穿上学生的军装，跟学生一样，随军一步一步地量到昆明。他为旅行团担风险，承受辛劳，当时谁又能理解呢？后来，他谈到此事时，自嘲地说："那时我是身缠万贯下西南呵！"当时黄钰生正好40岁，仍在壮年，所以虽然增加了重负，仍然可以顺利走下来，但与青年学生相比，他就不知要更多付出多少辛劳和汗水了。在旅途中他说过一句倾心话："到了昆明我要刻一图章，上刻'行年四十，徒步三千'"。言外既有豪情又有辛酸，但更多是壮志。他是旅行团中极值得怀念的一位严师。

旅行团的宿营

由长沙至昆明共计里程1671公里，其中有三段路程是乘车船的，它们是：

2月20日—23日　由长沙乘船经湘江下洞庭至益阳，宿船上。

2月28日　大队同学注射防疫针有反应，由常德乘船至桃源。

3月12日　因雪阻，由沅陵乘公路局汽车去晃县。

这三段以外的路程全部是步行完成的（1300公里）。这200多人的徒步旅行是一桩相当复杂的系统工程：首先是从长沙动身之前，由教育部和湖南省政府行文给贵州和云南省政府打招呼，请三省各通知沿途有关县乡，在旅行团到达之时，给予食宿安排等关注。旅行团备有两辆载重汽车，专供运送师生行李和打前站安排食宿之用。规定师生们携带限重量的被褥及换洗衣物，用一块油布包起。每日清晨起床快速打好背包，统一交给汽车运输。押车人员和打前站人员，随同炊事人员和灶具，有时包括病号，一起乘车先到下一站宿营地（有时还派一辆汽车返回沿途收罗掉队的同学）。到达后，打前站者先去拜会当地的头头脑脑，请求协助号房子和采购稻草、食物。当地有学校或祠堂庙宇，就住学校、祠堂，没有就在公路附近老百姓家里号房子，请人家把可腾空的房间打扫干净，在地上全铺上稻草。事先做好各小队住宿的分配，大队人马到来后就可以领行李入住了。晚上在厚厚的稻草上铺开行李睡觉，既隔潮又松软，不亚于睡席梦思。

打前站人员还有一个重要任务，就是督促炊事员在大队到来之前，先烧好几大锅开水，让徒步走来的师生先把水喝够（旅途出汗失水），然后热水洗脚解乏和请医官治疗队员的脚部创伤。宿营的次日，如需继续赶路，把住房清理干净，把稻草整理成捆，送给房东，必要时给房东交纳少数房钱，道个谢或道个歉，然后才开车赶路。临大师生虽然没有学过"三大纪律八项注意"，但在两位黄团长的谆谆教导和指令安排下，也成为一支不扰民的队伍。

旅行团的伙食安排

旅行团团部有一个伙食班，有一位伙食管理员和四名伙夫（即厨师），伙夫都是长沙临时大学食堂留用的炊事员，是湖南老百姓。从益阳开始步行，团部考虑他们要到宿营地先期给团员们准备晚餐，所以让他们随行李一道乘打前站的卡车行进。不料过了两天，当卡车在公路上行进时，遇上在路上率队步行前进的黄师岳团长。到宿营地团部开例会时，黄团长提出质问，为什么运行李卡车上有那么多老百姓，回答说是炊事员。黄团长提出异议，说部队行军都是炊事班随大队步行，中途打尖，要埋锅烧水供士兵饮用，到宿营地立即埋锅做饭，满足军需，哪有炊事员乘汽车的。当即下令从明日起，炊事班人员一律挑着行军炊具，随大队同行，但又要走在前面，比大队先到中间大休地和宿营地。伙夫们慑于将军团长的威严，只好照办。因此，在前面几天，我们看到伙夫们穿着湖南老百姓的便装，黑短衫，黑中式长裤，裹着黑布包头，挑着行军锅灶，一摇一晃大步流星地超越大队急急前进。他们终究是老百姓，没有经过锻炼，三天挑担步行下来，再让他们做三百人的饭食，确实是难为他们了。他们提出强烈抗议，吵着要求不干回家了。这是危及整个旅行团全盘计划的事情，只能让步。这种事又得黄钰生出面调解，同意炊事员不再走路行军，以保证伙食。

当时每人享受甲种贷学金8元，其中2元给个人零花，6元为伙食费。那时内地物价相对较低，6元包伙可以吃得不错。黄钰生对旅行团经费作了适当调兑，把每人每日的伙食费提高到四角，也就是说比原定标准提高了一倍。这是一项很了不起的举措，为补充团员们的体力消耗、加强营养，提供了极大的保证。旅行团团员们都有深刻印象，在旅途中天天伙食都是相当丰盛的。打前站人员一到较大县城乡镇，伙食管理员的第一件大事就是采购主副食、打干粮（饼子、馒头、米粉粑粑）。在物资丰富的县镇也许一下子买下几天的主副食，以免中途断炊。早餐照当地习惯一般是稠稠的米粥加咸菜，有时为了长途免饥，早餐也吃干饭。行军午餐是随身带的干粮和咸菜，有时有个煮鸡蛋。晚餐才是丰盛的主餐。旅行团的行军路线，经内地贫困地区，要求丰盛很难，但至少无论大小地方，总会有养猪的，旅行团有钱，就可以买得到猪肉，让团员每晚都能吃到猪肉和下水（内脏）。旅行团伙食班煮的红烧肉最享盛名，色香味俱佳，参加过旅行团的人大概都终生难忘"旅行团的红烧肉"。到了大地方，例如到了贵阳，因为是个省城，物资相对丰富，在那里休整4天，除有两次宴请之外，其余自备午晚餐，都是打牙祭改善伙食。总之，在旅途中，团员们对伙食是普遍满意的，没有反对声音。这是旅行团成功的重要因素之一。在这方面，也可说黄钰生筹划有功，他为旅行团全体人员的健康安全提供了基本保证。

行军

旅行团从湖南益阳开始步行（1938年2月23日），按照黄师岳团长的行军方案，大队应完全按照正规军队行军方式行进，即队伍排成两行，一行在公路左侧行进，另一行在公路右侧行进。人与人之间拉开一定距离，慢步匀速前进，走一定时间之后原地休息或自由活动。休息过后再集合按原编队继续前进。头一天完全服从命令听指挥，照黄团长的指令集体走了20公里到军山铺。但学生们终究没有受过正规军队行军训练，对这样集体列队行进，深感枯燥无味，有的人又穿着皮鞋不便长途跋涉，脚底板磨出了血泡。宿营这一夜就议论纷纷，情绪很不安定。第二天预备再行军25公里到太子庙，脚出血泡厉害的安排搭坐行李车走，其余人照样列队行进，走出军山铺没有多远，队伍一下子自发散开了。走得快的人急步前行，走得慢的人一步一步量着走，走成满山遍野散兵了。待走快的人走远之后，公路上就剩下零零落落的老（教师）、弱、残（脚出了毛病的）了。这种自发溃散拦也拦不住，结果造成走快的先到目的地，先休息，走慢的在路上慢慢蹭。自此开了先例，黄团长再想纠正也纠正不过来了。黄团长后来也想开了，由大学生们去吧，只要到达目的地不出娄子，怎么走都行，"带丘九跟带丘八就是不一样么"！自此以后，每次行军早晨出发前先整队集合，检查人数之后，下令出发，队伍一下子散开，有的人天马行空，独自行走，有的人找自己合得来的伙伴，三三两两，一边聊天一边走，等于完全自由活动了。有人说笑话，说联大的自由风气就是从旅行团开始形成的。两位团长常常相偕殿后，督促检查掉队人员。当然，旅行团也有规规矩矩的时候，那就是在进入较大城市当地政府组织欢迎的时节，就不能再是叫花子进城了，做也要做出个样子来。于是在到达该城市的前面打尖休息点定点集合，然后列队进城接受欢迎检阅。记得有四个地方是如此整队的：进县城是贵州玉屏县、云南曲靖县，省城是进贵阳和昆明。玉屏县组织小学生列队欢迎，曲靖县大开城门、扫净大路、路面撒上黄土，高规格迎接，大学生能不以礼相报吗？到贵阳是在大西门外三元宫整队冒雨进城的。到昆明是最后一站，云南人民和先期到达的校领导及师生要举行盛大欢迎仪式，这也是联大正式开课前最值得纪念的日子和仪式了，各方面都很重视，所以此次"入城式"举行得非常隆重和成功，永载联大史册。

如果说旅行团在旅途中还有一次列队活动的话，那就是3月12日在贵州安南休息了一天，县内举行庆祝台儿庄胜利大会，旅行团列队游行，轰动了小小县城。

在行军旅程中唯一的一次重大事故是3月11日夜宿安南时发生的。安南在盘江的西岸，盘江通道铁索桥日前毁断，曾发生汽车坠江人亡事故。旅行团大队人员是在盘江激流上乘小船冒险渡江的。运行李汽车、打前站人员和伙食班全部被截留在盘江东岸，到夜幕来临仍找不到渡江途径，两位团长为张罗汽车渡江事宜，也不得不滞留在东岸。大队师生犹如丧家群体，没有住宿点、没有饭吃、没有睡觉铺盖，怎么办？幸好安南县政府把大家迎进县政府大堂，安顿大家休息。安南是个小县穷县，临时无法解决大家的食宿问题。大家这天走了95里路，疲惫不堪，肚子饿得咕咕叫，在县政府大堂忍饥席地挨坐待旦，辅导团老师曾、闻、李诸先生也陪着大学生挨坐。半夜有个别学生怒火中烧，开始诟骂两位团长，特别是辱骂黄钰生。老师们只好呆坐无言，代替两位团长听骂。一桩不应有的事情发生了。黄钰生有一位侄公子叫黄明义，清华大学学生，是参加旅行团的成员，但此人患神经分裂症，一向不与人结群，独自孤身行走，这时也跟大家挤到一起来了，听到有人骂黄钰生，便与其发生口角，大吵起来，几乎动武。惊动了县长，深夜披衣起来劝架，形成一场闹剧。次日上午两位团长绕道渡江来到安南，安顿了大家的食宿，并安排在安南休整一天。两位团长当然还受到一些围攻。

仔细分析此次事件的前因后果，两位团长本来没有直接责任，纯属不可避免之意外事故。谁能预先知道铁索桥会在头一天断了呢！那时没有传呼机和大哥大，信息传递不灵，发生事故能怪罪谁呢！笔者分析，主要问题还是大学生素质不匀。教师们之间没有任何问题，彼此都很团结，都能以大局为重，互让互谅，互相体贴。但在学生一方就有些不同了。参加旅行团的同学们，经过日寇入侵、家乡沦陷，都有国破家亡的切肤之痛，绝大部分学生是懂得道理的，与指挥层能保持团结一致。但也免不了有极个别的学生，也许在家娇生惯养，头一次出门，一切以我为主，一天要走几十里路，已经够委屈的了。到了宿营地，一切后勤就得跟上，洗脚水、可口晚餐、宿营地点和稻草地铺都得打前站的人们给准备好。如果没有准备好，有所差池，那就会抱怨、挑剔，重则寻衅、骂人。若是能考虑前方浴血抗战正急，大学生安全到后方求学，少吃一顿饭，少睡一宿觉，又算得了什么呢！

旅行团学生刘兆吉怀念黄钰生在旅行团的事迹写道："在旅行团这一壮举中，黄钰生师的功莫大焉。他成功的诀窍之一是加强团结。在出发之前和长期旅途中，多次强调三校一家，如兄如弟。如果说他对南开有点偏私，那就是要求更严格。有一次为住宿分房和铺草问题，我和几位南开同学向他反映意见，说北大、清华的同学人多势大，我们吃亏了。他却说，我不爱听这校那校的，我不是经常说三校一家吗？要好好团结同学，大家相处久了、熟了就好了。又半开玩笑地说，如果南开同学与南开同学吵架，各打五十大板；如果与外校同学吵架，对南开同学加倍打。我们几个人告状不成，反而受了批评，使大家很受感动，主动注意增强团结"。

"黄钰生成功的第二个诀窍是以身作则。他身为步行团团长，堪称任重而道远。200多人的食、住、行，甚至顿顿打灶，夜夜扎营，事无巨细，他都要管，既是团长又是司务长，他从不叫苦。在200多人的集体中，按年龄他是最长者，按地位他是一团之长，然而却没有半点特殊化，与学生吃一锅饭，同住地铺，同样跋山涉水。吃苦在前，无乐可享。天还没亮，他最先从地铺上爬起来；晚上，别人已经打鼾，他还在煤油灯下听汇报，处理当天的事务，计划明天的行程。在湘西、贵州疟疾区，他亲自劝同学每天服两粒疟疾丸。少数不懂事的同学说，黄先生太婆婆妈妈了！但大多数师生体会到，这正是黄先生负责、关心师生的美德。就这样日复日，月复月，他在群众中树立了威信"。

三、旅行团中有一名"自费生"

根据西南联合大学校史，取得甲种许可证参加旅行团的学生，计为244

名，而根据联大档案，旅行团中还有一名"自费生"，故旅行团实有学生245名。这是怎么一回事呢？原来这是南开大学迟到的一名学生。他是南开大学应届化学系二年级学生，就是本人。我1936年在天津入学，因家境贫寒，是一名奖学金学生。1937年暑假在南开大学应用化学研究所参加勤工俭学劳动，7月29日遭遇到侵华日军对南开大学的毁灭性轰炸，南开园被夷为废墟，我的个人衣物、书籍也全部损失。国难校仇使我义愤填膺，8月底我逃离天津，投奔南开大学在南京的办事处，就在南开办事处投笔应征，参加了国民党部队中央军校教导总队军官教育队。接受两个月的紧急战斗训练后，便被派到上海前线参加抗日之战。11月中旬日军在杭州湾登陆，包抄了我上海战线，导致上海30万大军全线溃退，造成极大的混乱，损失严重。我奉命带领二十余伤病兵员突围，步行撤退回到南京。听说北大、清华和南开三校已在长沙组成临时大学，并于11月1日开学，遂向部队提出返回学校复学要求，得到批准。在大哥同学林颂和校友的帮助及当时在金陵大学学习的中学同学徐文园的资助下，从下关乘小艇渡江，然后由浦口乘火车绕道徐州、郑州、武汉转去长沙，到临时大学报到复学。这时已是11月底，学校已经开课一个月了。我在败退中目睹败军伤亡惨相和国民党军政的腐败，心灰意懒，丧失了对国家前途的信心，丧失了对自己的信心，意志极度消沉。因败退时爬山涉水，两腿感染患了无名肿毒，几乎卧床不起。迟到一个月，又没有教科书，选课跟不上，因而未参加在1938年1月举行的学期考试。由于没有学习成绩，临大教务处布告除名。我找黄钰生申述自己的意见，认为给自己除名是不合理的，要求随校西迁继续留校学习。黄钰生立即拒绝，说你有不参加考试的理由，应该事先提出申请，现已经布告除名，那就校规难容，无法挽回。现在有许多战干团在武汉招收学员，你可以去找找机会吧。我看事情谈不拢，便愤而告辞。不料次日，黄钰生请同学把我叫到办公室，对我说，鉴于你原来是在校优秀奖学金学生，又因参加抗日战争，报到来迟，再因病影响了学习，没有办理申请缓考手续，致无成绩除名，情有可原。南开大学几位负责人共同研究，认为可以给予变通挽回。教务处既已宣布除名，这是不能更改的，你现在没有学籍，但允许你到昆明新校重新报到，作为南开本校生返校复学，这样既照顾了你，又不违反校规。至于如何去昆明，现在只有随步行团前往的唯一路子了。别的学生是公费，你只能自费。这个费用也不要你出，由南开大学办事处代你付给旅行团，你到旅行团报到照规定准备行装等候上路罢。我当时真是喜出望外,这是绝路逢生啊!当即表示接受母校老师们的亲切关怀,自己一定努力。就这样,长沙临时大学湘黔滇旅行团出现了一名"自费生"。

在旅行团中我参加到南开大学二、三年级学生组成的一个小分队中,一路上沉默寡言,因为要经历一段意志再生的过程。这次旅行给我的机会,使我能接触到祖国大好河山的秀美壮丽,领受到西南腹地人民生活的贫困疾苦,逐渐复苏了我自己对祖国和对人民的责任感和使命感。随团到达昆明,经化学系主任杨石先教授批准复学后,我便以新的饱满激情投入学习。

我在西南联大学习期间,一是要用两年半的时间去完成三年的学分,二是需要勤工俭学来维持生活。所以,学习生活平淡无奇,学习成绩保持中上,于1940年夏毕业,获理学士学位。毕业后,我没有像许多同学那样准备安排出国深造,而是见传媒报道,我国在甘肃玉门发现了石油并开始开发,我便抱追寻祖国经济发展踪迹的梦想,毅然跑向大西北。经过五年漂泊,认识到自己原始的单纯创业思想的幼稚性:没有正确的指导思想,没有综合的基础建设条件,任何开发事业都是搞不起来的。我怀着重新再学习的愿望,在抗战胜利前回到昆明,经黄钰生先生的推荐,回到南开大学化学系任教员之职,参与复员建校工作。

1946年5月,黄钰生指派我参加北大、清华、南开三校复员迁运委员会,担任第二批三校公物北返的押运工作,作主任押运员率领三校共7位押运人员,督押300吨图书、仪器北上回天津、北平。由于运输承包商的不负责任,混乱事故频生,为找回失踪公物,我在旅途滞留了整整一年,到1947年7月才胜利地完整无缺地完成公物运输任务,为西南联合大学办学过程写下了最后一个句号。

长沙临时大学湘黔滇旅行团的文化大迁徙,在中国教育史乃至国际教育史中都是空前的伟大事件,值得大书特书。而黄钰生先生作为旅行团领导人的有效策划和成功管理,功不可没,他为西南联合大学的建立和办学立了头一功。

四、五十年后的风波

在1983年,西南联合大学在天津校友,联合清华、北大、浙大、燕京等校在津校友创办了一所民办大学"天津联合业余大学"（以下简称"天津联大"），公推黄钰生先生为校务委员会主任，实行校务委员会领导下的校长负责制。在这所学校里建立了五大学校友联络处，这样西南联大天津校友会就有了常驻会所。

1988年春夏之交，西南联大天津校友会接到北京西南联大校友会联络处来函，说有一位美国教育学和历史学家名叫易社强（John Isreal，来自 Randall Hall University of Virginia），他仰慕中国抗日战争期间西南联合大学学术和人才的历史性成就，特专程来华采访，编写西南联合大学校史，作为他对世界高等学校校史研究的成果。已完成西南联合大学校史的初稿，为补充和完善计，易社强拟来天津访问联大天津校友会和黄钰生先生。函外附寄来易著"联大校史"初稿中文译本。

这时我已被聘兼任天津联大的第二任校长，读了这份初稿，也组织了另外几位校友读了该稿，最后请黄钰生先生也读了书稿。我们发现易社强不知读了甚么人的旅行团日记，收罗了毁谤之词，把黄钰生描写成反面人物，更错误的是还谤及黄钰生的已故前夫人黄梅美德女士（1940年病逝于昆明）。在津校友认为对此错误应该加以纠正，以免谬种流传，贻害久远，明确对易社强应有计划地进行教育。经研究，决定先以攻为守，复信给北京联大校友会，表明我们的态度，指出"易稿"谬误百出，对黄钰生先生描述严重失实，有失恭敬。我们天津联大校友认定易社强为不受欢迎的人，拒绝他的访问。其实我们预见，这样就迫使易社强不得不来，而且会带着正确听取意见的态度前来。果然，没等再通信联系，易社强迫不及待地来了。校友会给他在天津联大会议室组织了有十位知名校友参加的座谈会，开始先把黄钰生先生（时已九十高龄）接到会场上来，请黄钰生先生当着全体与会人面对面地与他对话。黄老用流利的英语与易社强直率坦白地谈话，对"易稿"提了改进意见，对原稿对自己的非议只字未谈，但诚恳地向易提出要求，要求他把对黄梅美德的不实之词从文稿中撤消，说那都是无中生有，对你的稿子的客观性是有害的。黄老的英语水平很高，对易很有感化力，另外黄老的高尚道德涵养也很使易社强折服，态度表现恭逊。黄老谈的差不多，我们告诉易社强，黄先生已九十高龄，不能久陪，应退席了。大家恭恭敬敬地送黄老离开会场，然后开始联大校友对易社强的教育座谈。

校友们依次发言，不亢不卑，有理有据并和缓地对易社强的文稿提出意见，该肯定的肯定，该否定的直率批评，告以事实，还告诉他应该怎么改。

特别告诉他黄钰生先生在旅行团、在西南联大的业绩和崇高地位，是不可动摇的。如果他在书稿中报道失实，只能抹黑他自己的书，对黄老先生是不会发生任何影响的。易社强的态度相当端正，一边听一边记录，不时也反问交流，谈的比较融洽。此人是个中国通，能汉语会话，能看懂汉文读物，所以交谈没有什么困难。我作的最后发言，我说："我们中国的史料分为两类，一类称正史，是由德高秉正的人士撰写，公正无讹，可以入史传；另一类称野史，属野语村言，常常是心怀不满者造谤于市，流言蜚语，不胫而走，实不可信，不能入史传。你易社强先生收集的史料，有失实的部分，可能是你依靠了不可信的个别人的日记，希望你重视今天在座的知名校友们提供的素材，作为参考，改进书稿，希望你的书能成为中国人民欢迎的出版物"。易社强最后也表了态，表示虚心接受大家的意见，过去收集资料不全面，对黄钰生先生在联大有如此崇高形象也不够了解，今天受益匪浅，当尽力改进，并对大家表示感谢。这样，湘黔滇旅行团五十年后的这一场风波，算是和平解决了。下边当然是合影留念，午餐招待，还是要同他讲友谊的！易社强特别要求与我单独合影，当他得知我是当年旅行团成员时，特别高兴，提出邀请，邀请我与他结伴，一道徒步走一趟湘黔滇旅行团走过的旅程，以追踪前人足迹体验生活，一应费用由他承担。我笑着回答说，你这个邀请我需要取得我夫人的许可，婉言拒绝了。我此时已是72岁高龄了！现在奇怪的是，从那次会谈之后，易社强和他的书稿再也没有音信，易著《西南联合大学校史》迄亦未见出版①。

---

① 易社强著《战争与革命中的西南联大》于1999年由斯坦福大学出版社出版，英文版原名 Lianda: A Chinese University in War and Revolution。（编者注）

长沙临时大学湘黔滇步行团的故事拾遗

《西南采风录》是湘黔滇步行团团员、南开大学哲学教育系学生刘兆吉所著，于1946年12月商务印书馆出版（1991年台湾商务印书馆再版），是步行团有关文献最早的出版物，也是步行团重要成果之一。步行团成员都是高文化素质者，所以步行团不会单纯地迁安行旅，而是含有丰富的文化活动；有不少人记日记，有人绘画写生，有人采集植物标本，有人调查沿线地质地貌矿产分布，有人访贫问苦调查民情。其中最突出的有丰富成果并留有成文作品的，当以刘兆吉君居于首位。自被选参加步行团之后，他以未来教育家的胸怀和灵感，预见到此次步行的重大价值和未来影响，下定决心不要白白走一遭，而是要借徒步穿过湘黔滇腹地之机，完成一项有意义的活动。他的计划受到指导委员会诸位教授的赞成和支持。经过兆吉君的个人艰苦努力，克服了诸如语言隔阂、文化差异、人际距离等现实困难，除不适于发表而割爱者外，共采得歌谣6大类2000余首，完成了一项前无古人后难有来者的伟大创举。

《西南采风录》出版时，朱自清教授、黄钰生教授和闻一多教授都热情为之作序。现对这些序言做一些摘抄，代替对《西南采风录》的评价。朱自清的序说："刘先生辛辛苦苦的搜索、记录、分辨，又几番的校正，才成了这本小书。他才真是采风呢。他以一个人的力量来做采风的工作，可以说是前无古人……。总之，这是一本有意义的民俗的记录，刘先生的力量是不会白费的"。黄钰生的序说："湘黔滇步行团从长沙徒步走到昆明，旅途中，团员各就性之所好，学之所专，作种种考查和研究。文学院刘君兆吉，一路上，专采集歌谣。一路上我是个常川的落伍者。太阳已西，'先锋'早已到了'宿营地'，我还在中途。好几次（末一次，记得是在到曲靖的路上）我在中途遇到刘君，和老老少少的人们，在一起谈话，一边谈，一边写。这样健步的刘君时常被我赶上……刘君用力之勤，工作之难，可以想见，辛苦的结果，在68日之中，采集了2000多首歌谣。这不能不说是丰富的收获。将采集所得，汇刊出来，也是一宗有用的文献。语言学者，可以研究方音；社会学者，可以研究文化；文学家可以研究民歌的格局和情调。刘君除了喜爱文学之外，对教育也有专长，此番采集，想也有教育的用意。教育者根据事实，运用工具，追求理想。由这些民歌，陈现了事实，贡献了工具，也未尝不能暗示理想。古人所称道的'诗教'，本只是士大夫阶级的特权，如何推而广之，就在今日教育者努力"。刘兆吉收集的民歌，90%是情歌，对此，黄钰生也做了十分精辟的辩正。他在途中看到劳动人民身背重担走山路，一步一喘，但在喘嘘之中，还断断续续地唱些"妹"呀"郎"呀一类的情歌，而且此唱彼和。这些人是在调情吗？黄钰生作了合理的解释说："肩上的担子太重了，唱一唱，似乎可以减轻筋骨的痛苦。再听人唱一唱，也觉得绵绵长途上，还有同伴，还有一样辛苦的人。他们所唱的歌，与其说是情歌，毋宁说是劳苦的呼声"。闻一多先生在序中，选出他中意的几首歌谣，抒发了他自己的见解，举例如下：

斯文滔滔讨人厌，庄稼粗汉爱死人，
郎是庄稼老粗汉，不是白脸假斯文。（贵阳）

吃菜要吃白菜头，跟哥要跟大贼头，
睡到半夜钢刀响，妹穿绫罗哥穿绸。（盘县）

马摆高山高又高，打把火钳插在腰，
那家姑娘不嫁我，关起四门放火烧。（宣威）

闻一多序道："你说这是原始，是野蛮。对了，如今我们需要的正是它。我们文明得太久了，如今人家逼得我们没有路走，我们该拿出人性中最后最神圣的一张牌来，让我们那在人性的幽暗角落里蛰伏了数千年的兽性跳出来反噬他一口……。我们能战，我们渴望一战而以得到一战为至上的愉快……还好，还好，四千年的文化，并没有把我们都变成'白脸斯文人'！"

三位学者从不同角度评议了《西南采风录》。朱自清从文学家的学术观点出发，点出了刘兆吉工作的民俗性；黄钰生则从教育家的角度看民谣的教育价值；闻一多以他从文学家向革命者的转型过渡，凭借有战斗性的歌谣，张开了自己的心扉；但对刘兆吉的《西南采风录》所给予的完全肯定，则是共同的，这是一部传世之作。

在这里应该着重介绍一下黄钰生和刘兆吉的亲密师生关系，特别是黄钰生对他的关心和扶植。

刘兆吉（1913~2001），山东益都人，1935年考入南开大学哲学教育系，直接受教于黄钰生先生。刚入学不久，刘兆吉就受到黄钰生的仪容素质教育。兆吉天生头发浓密且卷曲，留有一般男孩子少有的长发。黄钰生见到他，笑着问："听口音你是山东人吧！你为什么留这样长的卷发呢？咱们的老校长说，南开除了垂杨柳是向下长的，人和树都是向上长的，我劝你把头发剪短些，长衫的领扣也应结好"。黄钰生还引导刘兆吉了解南开的传统容止格言："面必净，发必理，衣必整，钮必结；头容正，肩容平，胸容宽，背容直；气象：勿暴，勿怠；颜色：宜和，宜庄"。刘兆吉遵照要求剪了发整顿了自己的仪容，并以此终生为训，经常以这些箴言教育学生和晚辈。美育心理学的研究表明，人的面貌、姿态、衣着的美，正是心灵美的外在表现。南开的仪容要求，属于德育和美育的内容，时至今日，仍有提倡的必要。现在天津南开中学继承了这些传统，女生一律短发，男生一律平头，对青年学生的素质培养就是要从小处要求开始。

在1935~1937年期间，兆吉系统听取了黄钰生的"教育学"和"心理学"的精湛讲课，接受了课外辅导。黄钰生教导他查阅文献，引导他阅读外文名著，把自有的书籍借给兆吉读用，教会兆吉运用专业英语，这对兆吉以后几十年掌握教育科学和心理科学知识，打下了坚实的基础。所以刘兆吉在回忆文章中写到："黄钰生师的教诲，真可谓一朝受教百年受益！"

1937年秋南开大学毁于日军的轰炸，刘兆吉逃回山东老家，待到黄钰生到长沙参加临时大学筹建工作时，黄钰生亲自写信给兆吉，召唤他来长沙报到复学。这次召唤圆了刘兆吉的大学和心爱的专业梦，也决定了兆吉的终身走向，所以这个珍贵的机遇是刘兆吉终生难以忘怀的，他努力克服旅途险阻如期赶赴长沙就读了。在短短3个月的短学期之后，大学决定西迁，刘兆吉也参加了长沙临时大学湘黔滇步行团。在徒步行军中，黄钰生因身有重负，刘兆吉要沿途采风，所以在队伍中常常殿后，师生二人常常结伴并肩而行，获有更多互相交流和接受教诲的机会。刘兆吉有此良机从德高望重的老师直接接受教益，真是三生有幸啊！

刘兆吉在1939年从昆明西南联合大学毕业，获文学士学位。这时文科学生很难找到职业，黄钰生便介绍兆吉到重庆南开中学任教，为他创造了从事教育实践发挥所长的机会，也为刘兆吉以后的专业发展开辟了顺利前进的道路。刘兆吉在南开中学任中文教师，后以其专长和勤奋工作，被聘选为教务主任。1946年后兼任四川教育学院社会教育系、重庆大学教育系副教授。1951年调西南师范学院（今西南师范大学）教育系至今，历任心理学副教授、教授、教育系主任、校务委员会副主任、校学术委员会文科主任等职。1956年加入中国共产党。他还曾任中国心理学会常务理事、全国教育心理专业委员会主任、四川省心理学会理事长、重庆心理学会理事长、《中国大百科全书·心理学》卷编委、《心理学大辞典》文艺心理学分科主编、全国教育科学规划领导小组教育心理学规划组成员等职。他还是全国闻一多学术研究会理事，云南蒙自南湖社名誉社长。从所任专业职务和社会兼职，可见刘兆吉已在几十年的拼搏中发展成为我国知名的教育家和心理学家，为国家的教育事业作出了重要贡献。黄钰生生前常常以自己大半生从事教育和图书馆学管理工作，致使在教育心理学学术造诣方面，少有成就，深深表示遗憾。但黄钰生倾尽一己之力，扶掖后进，把自己的得意门生培育成材，培养成著名学者专家和在专业方面的著名社会活动家，并且继承了自己的教育心理学衣钵，这份成就也是了不起的，黄钰生先生应该可以含笑九泉了。

在西南联合大学

南开大学自1919年建校伊始就是一所规模不大的私立大学，至1937年抗战爆发，虽然就院、系、所的多少而论，南开大学与北大清华相比差距不大，但就教师阵容之强大、学生人数之众多、教研实力之雄厚相比较，南开却瞠乎其后，犹如小巫见大巫了。再加上公众对"公立"和"私立"在观感上的差异，相形之下又差了一个层次。所以当时三校的联合，并非势均力敌的强强联合，而主要是由于国民党政府的"拉郎配"。蒋介石有言："南开为中国而牺牲，有中国即有南开"，加上南开校长张伯苓的群众威望，当时政府对被日军炸毁的南开大学维护有加，因而有了三校联合的政府决策。

但这种联合又绝非毫无内在依据。南开大学在张伯苓、黄钰生等先生的励精图治之下，自1919至1937年的18年间，由学习西方到与中国建设实际需要相结合，即张伯苓所谓的"土货化"，南开大学已经创出自己的办学特色，最大的特点是培养出来的学生有强的组织才能，并长于务实，在社会上有与北大清华可比拟的声誉。将南开的特色与北大清华的优势相对比，却又并无逊色。另外有一个人事因素，清华大学校长梅贻琦是南开中学第一班毕业生，是张伯苓的亲传弟子；北京大学校长蒋梦麟是南开大学董事会董事，与张伯苓私交甚笃，他们对张伯苓的为人十分尊重。所以三校在人事上有内在的"类血缘"关系，决定了三校在联合中的团结无间，"维三校，兄弟列，为一体，如胶结，同艰难，共欢悦……"（西南联大纪念碑铭文），艰苦卓绝的合作与抗日战争相始终。南开大学也以自己的特长，与北大清华一道，毫无愧色地为西南联合大学的杰出办学成就做出了自己应有的贡献。

当年联大在昆明匆匆成立，可以说是白手起家，校舍一无所有。后来规划，把文、法商学院设在蒙自，工学院和理学院分设在昆明的东边和西边，租借会馆、盐仓和其他学校的场地暂时立足。长沙临时大学湘黔滇旅行团还没有出发之前，黄钰生先生就已经被筹备之中的西南联大校委会指定为西南联大建设长。他到校之后出面低价购得昆明大西门外荒地120亩，并主持规划、设计和建造了茅草屋顶土坯墙的宿舍和铁皮顶土坯墙的简易教室，建成了联大的"新校舍"（北区），后不久又建造了马路对面的简易理科实验室（南区）。这样，西南联大算是有了自己的教学基地。

化学系在西南联大是一个大系、强系，由三校教授组成的教师队伍十分齐整，有清华大学的黄子卿、高崇熙、张子高、张大煜、张青莲；北京大学的曾昭抡、钱思亮、朱汝华、孙承谔、刘云浦；南开大学的邱宗岳、杨石先、严仁荫等，阵容之强大，迄今也是绝无仅有的。化学系主任杨石先先生是当时化学界的一位难得的有崇高威望的公认领袖人物，除了有很强的业务和行政工作能力，杨先生为人正直正派，处事公道，善于团结同志，待人以礼，不亢不卑，受到所有师生的尊重和爱戴。他任系主任后不久就把化学系办成师生团结最好、学风最正的学系之一。虽然面临经费短缺、设备简陋等困难，但在杨先生的有力领导和组织下，全体师生员工群策群力，第二年就把实验室因陋就简地建设起来了。这样，我们有了做有机化学和物理化学实验的实验室，到了四年级也可以进入实验室做毕业论文研究。

杨先生以他在化学系的卓越政绩，于1941年底又被选任西南联合大学教务长。他虽然身兼两级教学领导工作，但仍以一位普通教师的身份坚持参加课堂讲授工作。在联大他教过化学系的一年级基础课《普通化学》，也曾给工学院学生开普通化学课。工学院距理学院大约五公里之遥，杨先生每周两次要步行到工学院去上课，不以为苦，而且从不迟到从不误课。

我读到化学系四年级时，系里开了高等有机化学选修课，由曾昭抡、钱思亮、朱汝华和杨石先四位名教授分头主讲，各自讲授自己专长的专题，每人一个学期，两年开完一轮。我限于时间只能听其中的一半，即朱先生讲授的甾体与激素化学专题和杨先生讲授的植物碱与天然产物专题。杨先生在这门高年级选课中更突出地显示出他的精湛学识和高超讲课才能。我深深地记得，在讲植物碱的结构判定时，他给我们讲怎么样证明分子中有什么样的官能团，这个官能团跟它临近的官能团有怎么样的立体化学结构关系。那时候没有现在这些测定物质结构的精密的仪器手段，都是用化学方法来证明。他把天然产物分子拆散了，一部分跟哪个反应相联系，证明在这方面有这么一个官能团；在另一方面有另外哪个部分，有那样一个官能团。然后把这些官能团再结合起来，成为一个整体，这个分子整个的结构就完全知道了。把化合物拆开，分析，然后综合在一块，知道整个结构，他讲得由近及远，由此及彼，一气呵成，极为引人入胜。学生在课堂上的思维追随着杨先生的讲述路线前进，被引入化学科学大厦，如享美餐，陶醉在化学知识的海洋中。下得课来，同学们都舍不得离开课堂，三三两两，在议论、在赞美，我记得我的同班同学北大的唐敖庆就是最热衷于在课后盛赞杨先生讲课精湛的一人。

后来我们国家合成结晶牛胰岛素，杨先生也是参加的。我的专业虽然是无机化学，但牛胰岛素的合成原理我是非常明白的，就是因为合成思路、方法在大学时我都在杨先生的课上学过了。

西南联大规定理科学生可以在一年级的时候选一门社会科学的课。我因为到西南联大时已经是二年级了，所以没有再选社会科学的课。可是那时候有些教授太有名了，我们都想去听听他为什么这么有名，他讲课是什么特点。所以雷海宗、潘光旦这些名教授的课我都去听过，开开眼界，欣赏欣赏西南联合大学的大师如云，是怎么样一个大师如云呢！

给我印象最深的是雷海宗先生主讲文理科大学一年级必修课《中国通史》。雷先生博古通今，学贯中西，博闻强记，精通多门外语，是以西方史学方法研究中国历史的代表人物之一。他教学认真，讲课富于计划性和条理性，语言生动。上课堂从不带片纸只字，但对历史人名、历代重要人物的生卒年月、地名、年代、参考书目，娓娓讲来如数家珍。随手板书，从无漏错。在三尺讲台上，凭着过人的学问与智慧以及三寸不烂之舌，把传道、授业、解惑三项教学任务统一起来，深受学生的欢迎。他授课精湛的名声迅速在学生中广泛传播，以至在他讲课时能容200人的大课堂座无虚席，临教室外走廊的窗户打开，窗外也站满了闻风前来旁听的学生和校外人士。当时在联大学生好似有个说法，上了联大，名师如云，真是幸运，但如果没有上过雷海宗、潘光旦的课，这联大就白上了。这就以实例说明了"大学者，有大师之谓也"。

由于入学机会来之不易，我在西南联大的时候学习非常用功，当然我也有自己的一套学习方法，这方法还是跟黄子卿先生学的。黄先生是广东梅县人，说普通话说不清楚，他上物理化学课时总是把他讲题的要点写在黑板上。有一次我下课到他讲桌前看他的笔记本，看见他的笔记本上用印刷体整整齐齐写着授课的主要内容，每一堂课都写得清清楚楚。我非常钦慕，就说我回去要写一本和他一样的笔记。所以我在听完每一堂课以后就对着英文教材整理我的笔记，真的把我的笔记本整理的跟他的一样，都是用英文印刷体，一个字一个字写得清清楚楚。这样我考试成绩就能好了，因为我整理过一遍以后，根本不要再看，等到考试的时候，翻开复习一遍就行了。特别有一次，他出了关于物理性质方面的一个题，全班都不及格，就我一个人考六十几分。大家就传出来，大家都没考好，就申泮文一个考好了，所以黄先生对我印象最深刻了。以后尽管我大学毕业了，别人偶尔跟他谈起申泮文在南开大学，他立刻就说，那是我的学生，那是我的学生，他很得意的。

又如我们学的第二外语是德文，老师是清华大学的著名教授杨业治。他给我们讲课用一个化学德语教本，他念一段德文，教我们如何读音，会读音以后，再用英语把这段德文翻译解释。这时我就抓窍门了，他说一句，我立刻就把它全部记下来。下课以后可以对照着学，德语是这么样一个语气，这么样一个语法，它变成英语了实际上是类似的。到考试的时候，给你原来书中的一段，让你翻译成英语。我就能很快地答题，总是第一个交卷。后来许多同学知道我有这么样一个笔记本，都来跟我借，所以学习只要掌握了好的学习方法，你就能拿好成绩了。这样，我用两年的时间修完了三年的课程，弥补了因为战争耽误的一年时间，于1940年7月以较好成绩大学毕业，取得西南联合大学和南开大学双重学籍的理学学士学位。

在这两年学习中我也曾经为生活费所迫，最后还是求助于杨先生才解决问题。刚到联大的时候，由学校发给的沦陷区学生补助每月8元，长兄郁文也每月邮来10元补贴。我每月伙食用去6元，这样还是敷用的。但后来国民党政府滥发钞票导致通货膨胀，生活费不断上涨，我必须得要去打工才能维持生计。当时因为西南联大来到昆明，云南的学生都想要考西南联大，所以一些高中生要找人来给他们补课帮助他们考学。这时有老师关心我的，比如张伯苓的大儿子张希陆因为是教我的数学老师，就照顾我介绍我去补课。这样我每月又多了十几元收入。

但到了1939年下半年，生活费用上涨到每月需五十几元才能维持最低生活水平，距我实际可能收入尚有几十元差额。我的课业又相当重，最后一年必须坚持读满学分，不能更多地到外面去谋求收入。考虑再三，没有别的路，只有去求助于杨先生。这本来是一桩难于启齿的事，加上对杨先生固有的敬畏心理，到杨先生家里去拜访，确是一件要硬着头皮的事。战战兢兢地向杨先生汇报了我当时的困难，并说明请求帮助的来意之后，杨先生便开口安慰了我，说你有困难为什么早不来找我呢，南开大学办事处还有点钱，可以借给你。这样我才心情平静下来，对未来增长了希望。杨先生问，你估计每个月还需要多少钱呢？我说，每个月再有20元钱就够了。杨先生又很关心地帮我计算了一下，说这样不是太紧张了吗？我说紧缩一点是够了的。于是杨先生给我开了一张纸条，着我每月到南开大学驻昆明办事处支取20元补助费。这样，在杨先生的关怀和帮助下，我才得以最后完成学业。所以我一直说，没有祖国人民的哺育，没有母校南开的支持，没有诸位恩师的帮助,就不会有我的人生。爱祖国、爱母校、爱事业,回报祖国、回报母校、回报恩师,滴水之恩,应该涌泉相报,这是我终生的志愿。(节选自《申泮文百岁自述——我的教育人生》)

我要回南开大学

1945年8月15日，是我从云南大理的华中大学到西南联大任教报到的日子。那天我赶到昆明刚一进城，就听到鞭炮声火爆得响彻云霄。"这里发生了什么？为什么人们这么高兴"？"先生还不知道那个天大的喜讯吧，日本鬼子投降了"！这时我再往街上一看，人们奔走相告，日本鬼子无条件投降了！抗战胜利啦！欢呼声到处可以听到，我也情不自禁地加入到欢庆的人群中。

就这样，我一边欢呼着一边来到西南联大。当我走进校园，梅贻琦校长正主持全校的"庆祝抗战胜利大会"，闻一多等老教授相继走上台。这些平日里稳重严肃的先生们，个个情绪激动慷慨陈词，尽情地抒发胜利的喜悦。他们的发言虽然言辞不一样，但都表达了一个共同的心声：光复了国土，我们终于可以回家啦！

回家的感觉真好！我也从心里发出由衷的感叹。那天，我的情绪一直很激动，逢人就说我可爱的母校——南开大学被日寇炸为废墟的惨状，还告诉大家老校长是如何回击日本鬼子的。我们是带着仇恨的火焰随学校南渡，离开南大时，大家悲愤的心在哭诉：流浪，流浪，哪年哪月，才能回到我可爱的家乡……"。终于盼来了胜利，终于可以回家啦！那天夜里激动得无法入睡。天一亮，我又获得了一个好消息，西南联大校务委员会开始筹划回迁方案，学校将一分为四，北大、清华回北京，南大回天津，部分留云南。"我一定要回南开大学"。这时我再也等不了了，因为我的心已经飞走了。

清华、北大、南开三校公物迁运复员北上回忆录

一、三校公物联合迁运北上任务概况

抗日战争胜利,昆明西南联合大学完成了历史使命,"联合竟、使命彻、神京复、还燕碣"(注:西南联合大学纪念碑文中的名句),1946年5月1日正式宣布结业,是日上午九时在昆明西南联大北院图书馆举行了结业典礼。组成西南联大的三所学校清华、北大和南开大学各都恢复本校建制。按原计划三校自5月10日开始向平津迁移。但是由于事态之繁复,西南联大常务委员会迟至7月3日召开最后一次会议才宣告本大学结束。自筹备复员北迁之日起至三校在平津复员建校上课当中的一段历程,可以说是由联大到独立三校的过渡时期。在这时期中的工作有分有合。分的是三校各按自己的建制实行独立职能,如制定各自的复校规划等;合的是所有复员部署均采取联合行动,例如三校师生复员北上的旅程安排、沿途接待和辗转等组织工作,又如三校公物的联合迁运复员北上等。因为由昆明至平津,旅途遥远(三千五百余公里)、交通险阻、江山残破,造成工作效率迟缓,加上国民党政府的黑暗统治,人为困难重重,使得此复员过渡时期竟延迟到1947年7月始克竟全功。而此时三校都各在平津上课一学年了。在《西南联合大学史资料》和《西南联合大学大事记》中,对这一段中间过渡均无所记载,而且事过境迁,一般校友对这一段经历亦鲜有所知。笔者本人自始至终参与了最后一批三校公物复员北上的联合迁运任务,历尽艰辛,与这一段过渡时期相始终。爰就个人回忆作一简录,供校友们参考。

为办理三校复员北迁任务,联大曾两次组织三大学联合迁运委员会。第一次是在1945年8月23日,校常委会通过设置以郑天挺教授为主席包括五位委员的三大学联合迁移委员会,以后在1946年初陆续三次增聘郑华炽教授等五人、李继侗教授等三人和马大猷教授等十二人为委员。在这个委员会的主持下,1946年5月26日委派徐彰为主任的五人押运小组负责将第一批急运的三校图书仪器物品69吨625箱运回平津,于8月底顺利地回到北方。

1946年7月25日,联大第二次组成三校联合迁运委员会,由三校分别推定的代表组成,包括贺麟、孙云铸(北大)、霍秉权、沈履(清华)、黄钰生、冯文潜(南开)等教授,以霍秉权为主任委员。根据三校推荐和协商决定,委派申泮文(南开)为主任押运员、王大纯(北大)和黄胜涛(清华)为副主任押运员,组成包括七人的押运小组负责300吨公物北迁的任务。

这300吨公物分属三校,其中包括少量三校教职员的行李、书籍和衣物,大部分为图书仪器。如属于北大、南开的公物主要是图书;属于清华的工科的仪器设备。公物都装在技工制造的一定大小的木箱里,私人物品则有行李包、衣箱、装书籍的木箱不等。

这批物资的运输路线是由昆明以载重汽车经滇黔湘公路运到长沙,在长沙雇用民船将公物经湘江洞庭湖转长江至武汉,在武汉装江轮顺长江而下运到上海,再在上海换海轮运到天津,最后将清华、北大的公物以火车运回北平,分别向所属学校交割。原计划三个半月完成迁运任务,谁知事不由人,屡出意外。整个迁运任务反映了旧中国社会的一些侧面,人民多灾多难,给我们这几位天真少知的青年知识分子(那时年龄都在30岁上下)极为深刻的教育,但也使我们加深了社会阅历,锻炼了工作能力。

这批公物的运输是在三校联合迁运委员会的主持下,包给裕和企业公司承运的。这家私商的性质就像是旧社会中的某种皮包公司,自己没有什么资本和运输工具,而是靠与三校联合迁运委员会(甲方)签订合同,有殷实商家或银行作担保,从甲方领取一大部分运费,然后他再找第三方来分包。例如从昆明运出需要100部卡车,这就由许多小包商3部、5部卡车地分包了去,有的甚至是1车一包,零零星星,难以管理,由此造成从昆明出发一再延迟,以及扫尾工作难以完成的主要原因。裕和公司的经理姓吴,当时年龄在四十岁左右,昆明人,是当地的一名帮痞头目。不知道三校联合迁运委员会是通过何种关系找到这种人来承包运输的。也许那时若不找这种地头蛇来承包是一车东西也运不出昆明的。(注:第一批公物也是由裕和公司包运的。)我们知识界在旧社会本来是软弱无力的,只能睁着眼睛让这种人把钱赚去。好在我们押运人员只负责押运,起个监督作用。至于运输承包的总金额是多少,预付多少,合同条文是怎样定的,我们全然不晓。我们也从来没有参加过三校联合迁运委员会的会议,由霍秉权主任委员向我们布置任务,我们按指示办事。而我作为主任押运员的主要任务只是对公物扫尾殿后而已。

二、对昆明恋恋不舍

全部 100 部汽车公物，分三批离开昆明。第一批在七月中旬动身，由清华大学物理系助教黄胜涛率领两位助手押运北上。他这一批公物比较顺利地回到平津。第二批约在九月中动身，由北大地质系助教王大纯负责，率领助手二人，北大图书馆职员单溥和清华事务科职员王树才共同押运。十月初抵达长沙，按计划他们要等我的最后一批公物到齐，集中装船北运。所以王大纯等三人和裕和公司代表陈毓善等在长沙停留，等候我和最后公物的到达。

我们三校押运人员的工作，首先是监督承包的卡车到联大留守仓库装车，给公物编号加写箱外标志或挂标签，登记装车单，然后招呼装好货的车辆驶离昆明，沿途进行督促检查，防止失误。

裕和公司也派了三位雇用人员管理沿途运输、转运和押运任务。负责人叫陈毓善，是西南联大1942年毕业生。他是南开中学1937班毕业生，而我和王大纯恰好是南开中学1935班毕业生，按关系我们是他的老学长。陈毓善在联大毕业后就留在昆明从事投机商业工作，沾染了一身旧社会商场习气。我和大纯常以同学老大哥的身份，在他表露出社会恶习时，就毫不客气给予批评，加以抑制。他碍于同学关系，只好顺从听话。由于这种合作甲方占有优势，所以运输途中，甲乙双方没有出现过重大矛盾纠纷。即使对外出现尖锐问题，甲乙双方押运人员也能够同舟共济、紧密合作、维护共同利益，一致对外，没有出现过一方推卸责任抽腿溜号或背信弃义的事。这是有"校友"关系的一大好处，否则在我们后来遭遇到的重大事故中，事情是真会十分难办呢！

在我留在昆明做扫尾工作时，最后一些承包车辆零零散散姗姗到来，使我不得不翘首待望，天天在等装车和启运的消息。我那时还受学校委派，在南开大学驻昆明办事处（文化巷20号）帮忙办结束收摊工作，把一切文件公物装箱交运。原工作人员赵子聘（会计）和张志诠（注册课职员）离昆明北上后，就我一个人住在南开办事处空荡荡的院子里（最后离开时把全部家具交割给昆明师范学院）。后来索性搬到昆华师专院内联大公物仓库附近的宿舍里，办理最后扫尾。

由于承包运输的车主和司机大都不是正正派派的买卖人，有些人拿了承包款，不来拉货，甚至又去承揽别的货运，先跑别的运输去了，弄得我在最后两个多月里十分狼狈，又要盯着来车装货，又要跑裕和公司，批评他们不守信用，督促赶快派车启运，东跑西颠，收效甚微。我须乘最后一部卡车离昆明，而这最后一部车就是千呼万唤不出来，继续拖延。我曾在昆明天祥中学教过课，教过的学生每次听说我要动身，都集合到昆明汽车东站等着送我。待听说走不成了又失望而回，这样空送竟达六七次之多，一直拖到十二月初的一天才算最后成行。这样我在昆明整整滞留了半年，真好像是天公有意，给我机会来表达我对美丽春城昆明的眷恋之情！而昆明天祥中学同学对我表达的依依难分的师生情谊，也是我终生难忘的。

三、昆明至长沙

昆明至长沙，公路旅程约 1500 公里，路途险阻，卡车如好好行路，一个星期便可走毕全程。由于司机人员常常不好好运行，走走停停，走完全程到长沙约用了十天时间，所以我在 1946 年 12 月中旬才到达长沙。

我这一行共有 3 部车，每车有一司机和一助手，还有一位是这 3 部车的车主，我就便带了一位天祥中学高二学生黄庆华，他课业拔尖，中学未毕业就破格考取了清华大学，须北上就学。我便利用当时手上那一点权力，免费带他到长沙，旅途我也有个伴，不致寂寞。

沿途上这位汽车主调皮捣蛋，一路诉穷要我借钱给他维持开销。我当即严词拒绝，说任何开销费用，均与我三校无关，我只负责押运，别事一概不管。这位车主也狡猾，看动摇不了我，却看中黄庆华一个中学生心软可欺，趁我不在场时向黄庆华借钱。黄听说他无钱吃饭怕误了行程，就借给他几十元钱，然后才告诉给我。我当即告诫黄庆华，出门在外，不要轻信花言巧语。车主没钱是假，想挤我们给他出血是真，名为借钱，靠他自觉偿还是没有指望的。但我又安慰黄庆华不要担心，到长沙时裕和公司还要付给车主最后一笔运费，到时我可通知裕和立即扣回借款，不能让车主诈骗得逞，这钱还是捏在我们手里的，但今后切忌途中露白，他跟你哭穷，你也跟他诉苦。到了长沙后，裕和陈毓善来接我，我当即责成他扣回车主向黄庆华借的钱，当着车主的面偿还给黄庆华。翌日就把黄庆华送走乘火车去北平上清华去了。后来黄庆华在清华学习优秀，毕业后工作中亦屡有成就，现在已是某工业部一个研究所的所长了。这是后话，不提。

从昆明至长沙，一路总算平安无事。但到长沙与王大纯、陈毓善会面，就听到他们向我汇报一件令人震惊的事件，给我们在长沙滞留一冬拉开了惊险的帷幕。

四、蒙受不白之冤

王大纯、单溥和王树才比我早到长沙一个多月，王大纯为了安静，寄住在长沙一路吉祥基督教青年会寄宿舍中。单、王二人则嫌青年会规则严谨，不自在，住在外面的"自福旅社"。我到了之后，就住进青年会宿舍316号。为了严谨，我以主任押运员身份建议单、王二人也搬入青年会，无奈他们不同意，我也不便强求，这也给后来造成悲剧伏下了祸根。

裕和公司在长沙租用了一处民房，陈毓善等三人住在那里，不过陈毓善总来到青年会找我和大纯一道搭伙去吃饭。整个冬天三人常在一起计议工作和聊天。我想在这一时期，我们二人对陈毓善是起了良好影响作用的。

一到长沙，王大纯和陈毓善就向我报告，在我到长沙的前一天傍晚，有一部装运三校公物的卡车被长沙军宪警联合督察处（以下简称督察处）扣留，从车上搜出藏在公物箱中私运的鸦片烟土。司机及其老婆孩子均被扣押，但司机当天又藉故逃跑，丢下老婆孩子在关押处所。该督察处（实际上是一个变相的特务机构）规定，要在明天上午全部开箱查验，着三校和裕和公司的负责人亲临现场会同检查。

根据该督察处一位特工人员所说，原来在昆明贩卖鸦片的人与长沙的"缉毒"人员是互通信息的，有"警官与小偷"之间的联盟。司机一买到烟土并把它装在三校托运的箱子里，告密信立即由昆明传到长沙，甚至汽车牌号，何时开出昆明，烟土装在哪一箱子里，有何标志，都有十分具体的情报。所以长沙督察处截获此卡车后，毫不费力就把鸦片起出。根据我们的分析，司机并不是逃跑的，而是由特工人员卖放了的，老婆孩子纯属无辜，早晚要放。鸦片已经搜出，本无必要再搜查其他箱物品，硬要搜查，是对我们进行威胁，别有用心。情况是复杂的，我们必须谨慎对待此严峻现实。

次日清晨，申、王、陈三人去督察处，会见了一位姓沈的督察长，听取了情况，原来这车公物全部都是北京大学教职员交运的行李。搜出藏有鸦片的一个中型皮箱，属于北大历史系的一位教师所有，内部所装都是手抄藏经，想必十分珍贵。在此箱中搜出的鸦片已"上缴"，我们始终未见该赃物。那位沈督察长气势汹汹，态度粗暴，语言蛮横，对待我们很无礼貌。开箱搜查的人也动手野蛮，硬是打烂每箱的锁子或锁鼻，把箱内物品全部翻倒出来，再让我们逐箱收拾。当时我气涌心头，立即向沈督察长提出抗议，说这样打烂箱子，我们无法收拾，回去也无法向学校和同仁们交代。他大怒，反诬我抗拒检查，要着人扣押我。当时由陈毓善和王大纯好说歹说打了圆场，才算解围。后经我们软中有硬固执要求：暂停检查，明日我们请一位锁匠来开锁，买来绳索准备捆扎烂的箱子，再一一进行搜查不迟，以免私人行李受到更多损失。最后按我们要求达成协议。次日我们果然请到锁匠伴同前去，检查就比较顺利，很快完成。大概也是他们看我们并非软弱之辈，挤不出什么油水来之故。但他们并不放弃继续刁难，提出新的要求，一是要对我们在长沙存仓的全部公物，逐箱检查，二是要对以后到来的每车公物，都要开箱检查。这时我们深感寄恶人篱下，无法拒绝，我们也无力量和经费去做任何打点买通关子的事情。所以后来在长沙滞留，日子确不好过。此时我们大概尚有二十几车公物未到，只好把棘手的事情责成裕和公司按承包责任去办，我们尽量做好监督协办工作，也帮不了更多的忙。

与督察处发生冲突的当天傍晚，三校押运人员和裕和公司人员都聚在我所住青年会的宿舍中议论对策，突然来了两个年青人，自称是报馆记者。一个递过名片，头衔是湖南晚报记者，张口就提出要求，要我们举行一次记者招待会。事情很明白，要敲竹杠。我当即递回我的带主任押运员头衔的名片，把发生事情经过向他们作了简要叙述，并声明我们没有旅途办公费，歉不能举行记者招待会，希望谅解。这二人并不耐心听我的话，在受到婉言拒绝之后悻悻而去。当时我们确实很不懂得"无冕之王"加上"流氓"的厉害。

次日下午，《湖南晚报》以赫赫头版头条位置刊出清华、北大、南开三校复员公物卡车私运鸦片被查获的新闻，捏造事实说当该卡车被军宪警督察处截获施行检查时，押运员申泮文无理阻挠，态度蛮横，拒绝检查，结果在强行检查下，搜出私运鸦片，现人车俱已扣押云云。读了这段"新闻"，真叫做贼咬一口，入骨三分，心里说不出的气和恨。但当时只蔑视这是野鸡小报敲诈不成、造谣中伤的伎俩，在思想上还不够重视。谁知第二天早晨长沙的几份大报如《中央日报》、《扫荡报》等都以重要篇幅予以转载了。照此推想，以讹传讹，一定会在全国各地报纸都会转载。"谎言重复多次就会成真理"，至此，我们才真正认识到问题的严重性。在我们寄住的青年会宿舍里也议论纷纷，天天碰头碰脸的人对我侧目而视。好心的人要问一声"何事搞的喽"？（怎么搞的?）看来我们不能不有所表示了。我和大纯立即去几家报馆，向《中央日报》和《扫荡报》要求在显著版面（报头）刊登启事广告，竖行的上部是二号大字"清华、北大、南开大学联合迁运委员会主任押运员申泮文王大纯启事"，下面四号字主文声明，《湖南晚报》

所载新闻与事实不符。先说明私运鸦片汽车被扣日期在先，申泮文押运的汽车到长沙日期在后，两者不是一回事。其次声明私运鸦片纯粹是司机所为，与三校人员无关。这个启事次日刊出，很有效，把在长沙出现的谣言立即平息掉了。

五、远方的影响

然而，报纸新闻的不胫而走，在远方造成了不同的影响，很多亲友都寄以忧虑和悬念。下面只记两件事。

一星期后，我接到南开大学化学系主任邱宗岳先生的信，措辞很严厉，说见报载我们在长沙出了事，要求我急速向他作详细汇报。我当即连夜赶写了一封比较详细的汇报信，记得文字是文言白话两用（即语录体），洋洋数千言，介绍了事发经过和我们的对策，最后报告我们平安无事，请求信任和放心。信发后很快又得到邱先生复函，表示高兴和嘉勉。这里插一句补话，后来我返校后听同事们讲，我给邱先生的信收到了好效果，这大概是祸兮福所倚罢！邱先生夸奖我的信写得好，文字清爽，并且表明人很能干。从那时起我在邱先生头脑中印下了好印象，决定等我回来以后让我担任系秘书的工作（相当于系主任助理）。此是后话不提。

与邱先生信差不多同时，资源委员会驻长沙机构收到该会驻兰州机构的一封内部密电，请求帮助查找三校押运员申泮文的下落。经他们多方面探寻，电报送到青年会。原来我在资源委员会驻兰州西北运输处工作的哥哥，见到报载新闻，以为我已坐了班房，放心不下，通过资源委员会内部电报前来查询。接到这份密电又是一次啼笑皆非。因我的老父母均在兰州，只好战战兢兢赶快补写一封平安家信。幸而我的老父母都身体健康，他们也都是久经风雨、见过世面的人，受得住惊吓。如果是差池些的，就真会"谣言杀人"了。

六、孤立无援

我们本来对三校公物复员如此承包出去的方式十分不满，出现司机私运鸦片事件等于火上加油，促发了我们对三校联合迁运委员会的无名怒火，先后连续发出函电催促主任委员速来长沙，亲来处理这种棘手问题。但清华的霍秉权教授却很沉得住气，既不肯来，也不作任何答复。可能还是我们年轻气盛，不能体谅他当官做教授的苦衷，不予谅解，给他写信中不少批评意见，火药味很浓，要求他不要仅在北京"遥控"，而是应该身临现场，处理实际问题。但他是有涵养的，就是不来。

事过差不多两个多月之后，根本什么事也没有了，这位主任委员才姗姗来迟，乘飞机到长沙来看望我们，实际是来视察的，对我们既无慰问之意，更谈不上嘉勉。言语之间好像有点批评我们不该以顶撞态度对待督察处和《湖南晚报》，意思好像说事情是我们惹出来的。真是岂有此理，我和大纯态度也不和缓，当场就顶了回去。我们也给他出道难题做做，问他，北大某教师个人行李装藏经的皮箱因被司机藏了鸦片，被督察处没收，要不要请他陪我们一道去交涉索回？他赶忙说不能去，多一事不如少一事。就此，我们也没有去督察处依法索回那只箱子。我们说，我们的押运工作，把三校全部公物基本无缺地运回平津，这"基本"二字就代表除了北大一箱私人文物和清华一箱公物（见下文）之外，其余公物全部完整无损地回到所属学校了。

在这里再补一笔，据王大纯同志回忆，他回到北平后，了解到霍秉权和贺麟曾在我们在长沙出事最火热的时候，悄悄地来到长沙，但没有和我们见面，却又悄悄地回北平了。大纯对此甚表不满，而我对此事却一无所知。如果确实如此，大概他们二位都是不坚定者而被谣言击中了，怕纠缠在其中，故不敢露面，而是三十六计走为上计。这是很可笑的，当然也难怪，他们本来就是属于手无缚鸡之力、杀鸡也怕的软弱知识分子之列的，我们希望他们出来给年轻人担担子，岂不是非分之想。我这一段回忆在于说明，我们当时的处境是"孤立无援"的。只有"放弃幻想，参加斗争"。

七、刁难、勒索和滞留

我本来对长沙这第一次事件作了极坏打算：督察处和《湖南晚报》是勾结在一起的，他们可能对我作进一步迫害，因此我要做好准备。天天对事态发展作详细笔录，并把笔记本藏在床褥底下。告诉王大纯如果发生意外，他可找到笔记本准备打官司。大纯以玩笑口吻说："你真厉害"。完全出乎意料，督察处和《湖南晚报》再也没有碰我们，可能是我们在大报上的大号字启事广告起了威慑作用，再看我们没有油水，也就不来撩拨我们了。尽管如此，督察处在检查上作文章是不肯放松的。首先是要逐箱检查我们在长沙存仓待运的公物。裕和公司租用了一大间仓库，储存着几十车的公物。我们先去视察了仓库情况，见公物木箱堆码得如山高，我们很高兴，如果督察处不怕麻烦坚持开箱检查，我们愿意奉陪。又出乎意外的是，在约定检查之日，来了一位年青英俊的军官，谈吐有点儿知识分子味道，通情达理，态度极好，几句话就谈投了机。他说你们学校的东西没有什么问题，我只是例行公事一番。结果他在浮头上抽查了几箱公物便算检查完毕回去交差了。至今我对此人还有很好印象，可惜没有和他交交朋友。这一关就算容易地过去了。

第二桩要检查的，是今后再来的车，一律要逐车逐箱检查，而且还拿出一套缺德的办法，在长沙西部公路入口处专为三校公物汽车设一个新检查卡，弄一批地痞流氓守在那里，一有三校公物车到达，就拦截住，打电话通知我们去会同检查。不准我们带人去卸车装车，而是必须由他们的人来卸车和检查后装车，由我方按他们的规定付给劳务费。当然还不免要暗中勒索一些买路费。这些费用，当然我们三校人员是不管的，按承包章程应由裕和公司负责，所以这份差事留给陈毓善去做。好在他对旧社会的一套行当全懂，由他去办我们放心，只是裕和公司要多破费一些钱财。

按理说，我押运的是最后一批车，是殿后的，后边不该再有车来了，其实不然，我到长沙之后，统计尚有二十几部车未到，原因是多种多样的。有的是半路车坏了，屡修不好，车主亏累不堪，途中滞留的；有的是车主又承揽了别的运输任务，把三校公物存在途中老百姓家，又去拉别的脚；有的是车主不好好经营，吃喝嫖赌抽样样都来，穷光了身子，把车卖了，致三校公物流落途中不一而足。有的车主比较老实，虽然遇到困难，耽误了时间，但最后仍把车开到长沙。所以在我到长沙之后，仍断断续续有三校公物车开到长沙。我们后来就为等这一部分尚待完成任务的车的到来，犹如守株待兔，在长沙滞留了整个冬天。这一批后来的车当然都得接受长沙督察处的检查勒索，我们从此也都对罪恶旧社会加深了认识。

八、一波又起

在长沙，冬天多雨而且阴冷，寒意刺骨，街道上泥泞不堪，老百姓打着雨伞拖着高脚木屐，在路上嗒嗒地走着，全街声响是那么令人感觉单调和烦躁。没有公物汽车到来的时光，我们只好留在宿舍里烤炭盆火聊天。我和大纯都因烤火致一氧化碳中毒而昏倒过。就在此时，一波刚平，一波又起。

在1946年12月中的一天，驻长沙的宪兵十五团团部派人到青年会来通知我们，有一车三校公物，司机私运鸦片，被该宪兵团截获，已将人、车扣留在该团部，须开箱检查起赃，请我们货主前往会同检查。我们已是惊弓之鸟，心有余悸，现在又出来一件新鸦片案，确实令我们又大吃一惊。我和大纯只好硬着头皮赶忙前去。首先看到该团的曾团长，他态度很客气，谈话间还互相拉拉关系，原来他是天津南开中学早年的毕业生，自然我们就赶快拉紧这份校友关系。大纯是足、排球健将，曾团长也是体育运动迷，越谈越投机，谈得入港时，这位性格爽朗的团长毫无顾忌什么都讲。还是一样，这部卡车司机在昆明一买入鸦片时，告密信息就很快通知到长沙。不过这次信息没有传到督察处，而是传到了宪兵十五团。这都是发财机会，为了捷足先登，先下手为强，宪兵十五团派出队伍到督察处所设关卡之外的郊区守候，把这部汽车截获，押解到宪兵团。也一样，鸦片装在哪一箱公物里，他们也是知道的，谈够了情况，就着手卸车开箱检查。这一车公物都是清华大学工学院的仪器设备。没打开几箱就把鸦片找出，整箱公物被盗空，装满满一箱油纸包的黑色烟膏。这是我们生平第一次见到鸦片烟膏，无人指点是不会认识它的。检查完毕后，宪兵团长即着人开车把公物全部送到我们存仓地点交给我们点收。我们对此次事件解决得如此爽快和顺利，十分满意，没想到这里又会有"福兮祸所伏"，竟会弄出人命案来。

尽管宪兵团曾团长对我们貌似信任，互相交谈很亲切，但不知为什么又对我们的人有某种怀疑。前面已介绍过，北大的单溥和清华王树才，为了自由方便，二人住在外面小旅馆里。岂不知第二天夜里宪兵突击搜查了他们住的小旅馆，对他们二位翻箱倒柜搜了个彻底，也没有查出什么名堂。但王树才当时因只有三校押运员证明书而无复员证明书备受盘查，遭受惊吓，精神积郁，一度失踪。我们只得于12月20日在长沙《中央日报》登出寻人启事，寻返后精神失常。后来，我们去到岳麓山清华大学驻长沙办事处联系，希望他们肯于接待王树才到那里去养病。那里一听是精神病，便严辞拒绝，怎么也不肯接受。眼看王树才一天一天萎缩下去，我们也十分着急和担忧。

最后为了合理解决把王树才尽快送回北平交给清华大学去照料，与裕和公司商妥，先安排已集中在长沙的公物装船北上，三校一方由单浦押运，裕和公司也派二人同行，共同照料王树才北归。这就作为一项紧急任务安排了。开始是一切顺利的，在长沙公物十二月下旬在湘江畔装船启运，随后陈毓善从武汉打电报回来，说已将公物顺利地装了江轮从武汉启运了。不料在长江途中，单溥从轮船上发来电报，在离开武汉的第二夜，王树才上厕所，避开监护人，从厕所窗子跳出投江了。这是我们三校公物北上途中不明所以损失的一条人命，收到电报不胜哀伤。王树才，江苏籍，为人老实谨慎，忠于职守，为押运清华公物受尽辛苦。想不到刚刚迎来八年抗战的胜利不久，却成了旧社会的牺牲品！

九、风浪过去了

送走了单溥押运的公物后，大风大浪算是过去了。但仍有约十几部卡车公物滞留途中，我和大纯留下来就是为了扫这个尾。看来不能再"守株待兔"了，我们决定动身回到中途站贵阳去查找。但我们商定一定要明确这是裕和公司的责任，应由他们主办，我们监督协助。所以我们打急电给裕和公司吴经理，以严正措词，要求他来贵阳与我们会面，切实负责做好查找失落公物的工作。1947年3月初，我们二人由长沙乘汽车去贵阳，吴某从上海乘飞机回昆明然后乘汽车来贵阳。已讲过，吴某是个帮痞头子，挂上个总经理名义，利用三校运费在上海做生意又开了洋荤，所以趾高气扬，对我们把他呼来喝去甚不高兴，板着个面孔来会面。我们和他讲合同、论道理，他也理短，不能不照办。后来还是通过他的各种线索，跑了几个乡县，把失落在途中几车公物一一找到，由裕和公司再雇车运回长沙，这时约已到1947年4月底了。

我和大纯二人押着最后一批公物，经武汉、上海而天津，回到天津已是1947年7月中旬。别离天津整整十载，风景依然，只是在日军长期占领之余，繁华程度大大有所退化，回到学校，见到同事们和亲友们，都不胜今昔之感。

公物用海轮装到天津后，由裕和公司把清华、北大公物转包给脚行，运到天津火车南站存仓，等待装上货车启运北平。记得还是南开大学秘书长黄钰生先生，他说，弄车皮还得我亲自出马去办交涉。他带着我去北站天津铁路局，向有关领导部门负责人关照，才拨到车皮，使清华、北大二校公物顺利装车运回北平。我在七月底去北平交差，我们押运任务至此胜利结束，为三校的复员建校，尽了我们应尽的努力，也算做出了小小的贡献。

我诚恳地希望，在即将编写的西南联合大学校史中，能在结尾部分，写上最后一笔，把我们为三校公物复员北迁所经受的风浪与艰辛，给与适当的评说。

附　申泮文致梅贻琦①（月涵）的信

月涵校长道鉴，敬启者：

清华大学所派三校公物押运员王树才君，于十二月十七日上午失踪，已于十九日专电禀陈，谅邀钧览，兹将详细经过情形，胪列于后：

自三校公物连续发生两次鸦片案之后，三校押运同人，在此被一般社会人士误认有重大嫌疑，报章竟明指属等为运毒案主角，彼时同人等并未置辩，唯紧促霍秉权先生早日驾临，藉希到长沙后，对事实及责任有所声明，以维校誉，而明是非！

嗣以秉权先生认为三校公物已包予裕和公司承运，并无前来之必要！遂致谣诼日盛。王树才君与北大单溥君寄寓于自福旅社，本月初夜间曾被宪兵严格检查，王树才君因仅有三校押运员证明书，而单溥君则另有复员证明书一纸，于是王君备受盘诘，精神方面或已受有刺激。自是日以后，所居旅社即常有便衣特务人员深夜来询联大人员行踪，并谓系与鸦片案有关，为王君听悉，极度恐慌，认为安全无保障，精神日益紧张，渠曾倩单溥君代发电报向校中索取复员证明书以为证明之用。于本月十五日夜王君患染腹泻症，押运人员均各携有特效药剂，唯王君拒绝服食。十六日全日未起床，是日上午收到信件二封。其一即系清华冯君寄来之复员证明书一纸，其余一信为何则无线索可查。十七日上午九时三校押运同人申泮文王大纯单溥三君同去长沙南郊黄土岭检查站，会同该站人员开验十六日晚到达之行李一车，王君留于旅舍未去。同人等下午返来后即悉王君外出，方未料及有他。至晚九时仍未返来，同人等即发生疑虑，盖王君平素谨慎简出，在长亦无亲友可访。果于是日以后即渺若黄鹤，渠有行李各物，则均全数遗存旅舍未动，同人等当至各处寻访，均无下落，现已登报寻访，并通知警察局宪兵队托为查找，迄至发信时尚未得有任何信息。依同人等之推测王君可能系自萌短见而

---

① 梅贻琦（1889年12月29日—1962年5月19日），字月涵，祖籍江苏武进，后落籍于天津，南开中学第一班毕业生。1914年毕业于美国伍斯特工学院电机系，即到清华担任教学和教务长等职，1931年出任清华大学校长。1938年任西南联大校务委员会常委兼主席，1945—1948年担任清华大学校长，1949年赴美。1955年筹办台湾新竹清华大学前身——清华原子科学研究所，1958年任台湾当局教育部长、兼清华大学校长。

出走，分析发生意外之原因，有下列之可能：

（一）王君为人忠实谨慎而胆小，颇受鸦片案件惊恐而致精神不宁，检查盘诘□□（原文不清）特务之追踪更予以重大之刺激。

（二）久滞客途精神积郁。

（三）时际严寒而押运同人均冬衣未备，加重心理上之威胁。

（四）王君离家日久时作乡思，同人等虽同意王君可返家一行，唯以清华行李仍有一部未到，未敢擅离，王君或有家务纠纷，不肯告人，精神日衰，同人等不明底蕴，亦迄未发觉。

（五）十六日所接二信，其另一信或即系王君出走之导火线。王君在病中，精神即已有失常态，渠生性沉默，不擅言笑，致同人等无从防范。王君尽忠职守，则至为难能可贵，故于渠失踪后同人等均倍感哀伤！专肃禀陈敬祈

明詧并颂

道安！

属　申泮文　王大纯① 单溥　同启
（1946年）②12月20日

附　申泮文致黄钰生③（子坚）的信

子坚夫子道鉴，敬启者：

现在受业等在长沙又遭遇一件意外逆事，兹将致梅校长函一件之留底寄上誊

---

① 王大纯（1915年10月—2007年1月8日），祖籍河北丰润，南开中学1935班毕业生。当年考入清华大学地学系，1943年毕业于西南联大地质系。1946年到北京大学地质系工作，7月参加三校公物押运工作，任副主任押运员。1949年以后，历任北京地质学院、武汉地质学院教授，水文及工程地质系主任，中国地质及工程地质研究所副所长，是中国水文地质学的奠基人和开拓者。

② 括弧内书写年份由编者考定，下同。

③ 黄钰生（1898年4月—1990年4月），字子坚，祖籍湖北沔阳。1912年就读于南开中学，1915年考入清华学校，1919年留学美国，获芝加哥大学教育学硕士学位。回国后被聘为南开大学教授，1927年任该校秘书长。1938年任西南联大建设委员会委员长、师范学院院长，1940年兼师范学院附中主任。抗战后，主持南开大学重建工作。1952年因"三反"运动遭受不白之冤，被调离教育战线，担任天津市图书馆馆长至1986年，为图书馆事业做出了新的贡献。黄钰生先生是申泮文的恩师，他和夫人梅美德资助申泮文参加长沙临时大学湘黔滇旅行团去昆明。

阅。一位押运同人失踪，颇使人有兔死狐悲的感觉。对于押运职务我校方面是否须受业坚持下去？抑或可以先行返校？请惠为指示，受业一切遵命，绝不乱来，肃叩

年安！

受业　申泮文肃上
（1946）12月20日

附　申泮文致邱宗岳①的信

宗岳夫子道鉴

自别教范瞬已四月敬维起居康泰为颂为祷敬启者此次复员公物运输情形至为零乱我校公物壹佰肆拾柒件中迄今仍有陆拾件尚未到达长沙行李则已全部到达除第一批已运到津校者外在长沙存有公物十四箱行李四十箱件于日内即可水运去沪转津兹将号码单一纸寄呈请转交负责接收人以便到津后点收前次到津各物恳请转饬将妥收各箱件清单壹纸寄来长沙以便清查至未到之陆拾箱何日始能到长沙未敢预料受业在此久候又连遭意外（两次鸦片案，一次清华押运员失踪，寻返精神失常）心绪至坏际此严寒冬衣未备中心焦灼无以名状一俟我校公物完全到齐之后受业当即遄返天津前次运回抵津之公物南大办事处No.H箱系办事处结束时零星什物所装内有化学药品十馀瓶系在办事处中留存之物受业以弃之可惜故装入唯其中有一瓶钼酸铵（Baker Analgzed Ammonium Molybdofe）系受业私人所有乃系于美军撤退时自摊贩以之廉价购得者该项药品若送来系中敬祈吾师将此药剔出留存专肃禀陈敬叩

年安

受业　申泮文肃上
（1946年12月25日）

---

①注：邱宗岳（1890年6月5日—1975年7月8日），祖籍浙江诸暨。1910年考取庚款留美预备班清华学堂。1911年8月—1915年6月在美国加利福尼亚大学学习，获学士学位。1915年7月—1916年9月先后在美国芝加哥大学、麻省理工大学、哥伦比亚大学学习。1916年10月—1920年6月在美国克拉克大学学习，获化学硕士和哲学博士学位。1921年8月—1928年6月任南开大学教授兼化学系主任、理学院院长和大学部主任。1929年8月—1938年8月任南开大学教授兼化学系主任、理学院院长。1938年9月—1946年6月任西南联大教授。1946年9月—1975年6月任南开大学教授、化学系主任，其中1946年—1952年兼任理学院院长。邱宗岳先生是南开大学化学系创建人、理学院的奠基者之一。

附　申泮文致王刚①（树勋）的信

树勋兄：

　　自天祥同学处得知吾兄通信处，途中仅在沾益来函一件，此外仅白桂南兄自筑一函，再未获得任何来书，故途中情形如何，时在念中，今既已安返故里，至为慰。弟仍在南开办事处等候结束，与大纯共被派为公物北运押途人员，本应于本月底以前起程，因包商现尚未将车子找妥，起行迟迟，约在下月十日前后或有动身可能，依照上次运输情形，大概须十月中旬抵达上海，十月底或十一月初到达平津。此次押运陆路共用卡车七十部，弟与大纯一路总责，故弟到后仍可公差到北平一行，天祥还乡黄一直无音讯，目前始来索照片一张，吾兄玉照已向张素琴同学索得一张，另由弟向国际像馆冲洗一张还给，张素琴同学语须以吾兄到平津最近照片三张抵还，弟已代兄矣，如有近照即直寄张素琴同学为盼。君璞仍留昆明服务，昆明迩来已成恐怖地区，故每日除公务外，居家简出。天祥于九月一日开课，学费拟收七至十一美元，市政府近规定为六美余元，究如何尚不可知。吾兄到家后将高就何处？至祈见示。闻同学□言吾兄有返昆之意，弟不以为然，昆明空气过劣，大不易居，应慎之思虑也。杨荣在北宁线上汉沽站天津化学工业公司汉沽工厂第二厂服务，余不一一，即问

近安

弟　泮文叩
（1946年8月）

---

① 王刚（树勋），南开中学1935班班友，1946年毕业于西南联大文学院历史系。曾任北京市政协副秘书长。

第二部分

联大人

西南联合大学历史经验之我见
——纪念西南联合大学建校 70 周年

楔子 1937 年 7 月抗日战争全面开始,平津沦陷,南开大学被侵华日军炸毁,国民政府教育部指令北大、清华、南开三所大学南迁湖南长沙,联合组成长沙临时大学,于 11 月 1 日开学上课。嗣后战事发展,漫延至武汉地区。1938 年 2 月,教育部复令三校西迁云南昆明,更名为国立昆明西南联合大学,于 5 月 4 日开学上课。西南联大集三校的优秀办学传统和广大杰出名师群体,团结奋战,惨淡经办,保持弦歌不辍。至 1945 年 8 月,抗战胜利,伟大祖国神州光复。经过一年的准备,西南联大一分为四,三校胜利复员北上,再建旧园。西南联大师范学院落地生根,建设成今日的云南师范大学。北大、清华、南开、云南师大四校结成为永远的姊妹院校,成为四校师生永志不忘的纪念八年抗日战争的丰碑。

自 1937 年 11 月 1 日长沙临时大学开学算起,到 1946 年 5 月 4 日西南联大正式结业,西南联大全部历史 9 年,在昆明 8 年,到今年 2007 年 11 月 1 日正好是建校 70 周年。回顾办学艰苦岁月,师生共同奋斗,业绩卓著,杰出人才辈出,被世界教育史学家赞誉为"世界教育史中的奇迹"。西南联合大学可以认为是中国的第一所、也是迄今唯一的一所国际一流水平的大学。办好中国的高等教育,尚需付出极多极大的努力。西南联合大学的办学经验,弥足珍贵,值得总结学习。就个人在联大学习和工作所见,挂一漏万,谈谈自己的认识,希望广大校友们给予批评指正。

一、西南联合大学的办学体制
——校长负责制,依靠名师群体,民主办学

西南联合大学的优越教育体制,是校长负责制,全力依靠学识品德高尚的教育专家群体办教育,教授治校,民主办学,创造出世界教育史中的奇迹。

西南联大有三位校长担任校务委员会主席,张伯苓、蒋梦麟、梅贻琦。前两位老教育家为了支持校长负责制一元化领导,公推年青的梅贻琦校长主持校务,他们二位退居二线,常驻重庆,督办国民政府对西南联大的支持。所以西南联合

大学自始自终都是由梅贻琦校长主政，实行了"校长负责制"。

梅贻琦校长有一句名言："大学者，非大楼之谓也，乃大师之谓也"。梅校长大公无私，全心全意依靠广大教授名师群体，实行民主办学，锐意办好西南联合大学。西南联大确实没有大楼，有的是茅草顶土坯房，但是因为有如云名师的团结奋斗，竟然在艰苦条件下，创造出杰出人才辈出的光辉业绩。

在梅校长的领导下，校行政有两个机构，一个是校务委员会，一个是教授会。校务委员会及其常委会是学校权力管理机构，校务委员会委员由教授会民主推荐，校长批准任命，校长是校务委员会当然主席。校务委员会通过民主讨论和决议全面主管全校重大事务。教授会是一个校务咨询机构，虽不是权力机构，但很有威望，成员包括全校教授，经常工作由全校教授推选常委会主办。教授会是校长的得力参谋，也是办学中校务得力骨干的资源库。

西南联大校务委员会主管校务的职能部门的领导人，全部都是知名教授，其中包括常设的校务委员会秘书长、教务长、总务长、训导长、建设长等，全部由教授担任。各长由教授会推荐，校务委员会讨论通过，报校长批准任命。这些职能部门首长，无一不是饱学的名师，举例来说：校委会秘书长杨振声，中国文学教授；前后两届教务长潘光旦，社会学教授；杨石先，化学教授；前后两届总务长周炳琳，经济学教授；郑天挺，历史学教授；训导长查良钊，教育学教授；建设长黄钰生，教育心理学教授；等等。在校领导班子中绝对没有非教闲杂人等滥竽充数，所以也就没有外行领导内行的问题了。

西南联合大学优越经验的第一启示，就是应该请真诚的教育家群体来办教育。

各位职能部门首长，还各有自己的教学任务，有的还有带研究生的任务，他们都能任劳任怨，双肩挑做好兼职任务两不误。最重要的特色是兼职不兼薪，没有行政部门工作岗位津贴，人人只拿一份微薄的教授工薪，全心全意地为教育事业做无私奉献。

最典型的范例，例如做了8年化学系主任的杨石先教授，同时兼任了6年的联大教务长重任，每周还要两次往返步行十几里路到联大工学院给学生上"普通化学"课。在化学系还给高年级学生开"药物化学"和"天然产物和植物碱"等专门课，工作繁重，也仍然乐于超饱和工作量，安于拿自己的一份教授工资。

各学院有院教授会，各学系有系教授会，院教授会主席后来改称为院长，系教授会主席后改称为系主任，由相应院系教授会民主推选，校务委员会讨论备案，报校长批准任命。各院系教学及管理业务，统由教授会评议，由院长系主任执行实施。所以院系教授会实际上是院长系主任领导下的民主办学权力机构。

西南联大的每位教授都各有专长教学任务，没有不教学的教授。有行政工作能力的教授还有义务接受民主推选，担任常设的或临时的行政兼职，承担教育家的全面职责。

西南联合大学行政管理机构简约，从领导到职工，各尽所能，各司其职，工作效率高超。

对于不属于职能部门的临时性重要工作，则由校务委员会讨论研究，请教授会推荐适宜人选，组成各种临时工作委员会，并推选负责人，主持工作。工作任务完成后即行解散，保持主体常设职能机构精干灵活。被推选参加这类临时工作委员会的人员，也是兼职不兼薪，没有任何工作津贴，完全是义务工。

最典型的范例是黄钰生教授，在本文的二.1节将有较详细的介绍。

以上记述的史实，就是已故邹承鲁院士在遗愿中提出的"重建一所西南联合大学"文中所说的西南联合大学"教授治校"的真谛。过去有些极左人士，视"教授治校"如洪水猛兽，看作是资产阶级知识分子占领上层建筑，对无产阶级实行专政。今天我以西南联大老校友的身份，为文介绍西南联大"教授治校"的真实面貌，给其正式平反。抱有谬误观点的人们，应该随着今日社会的进步，洗洗自己的脑筋了。"教授治校"的实质，就是"真诚的教育家群体办教育，民主办学，不拘一格，奋力培养高素质杰出人才"的代意词。

西南联合大学被人们传颂为"民主堡垒"，这"堡垒"应该正确理解为西南联合大学的民主办学的光辉传统，她保护了联大抗战八年的正常教学秩序，保证了联大杰出人才的辈出。西南联合大学的民主办学风气，也是给今日教育的重大启示之一，千万不要把"民主堡垒"的真正含义理解歪曲了！

二、名师如云，教育业绩非凡

西南联大集中了三校名师精华，这是西南联大之成为世界一流大学的重要基础。作者在校学习时的学籍是南开大学学生，参加工作时又是被南开大学所聘，所以对南开大学的学人最为熟悉，因此本文限于记述南开大学的名师对西南联合大学的奉献。至于北大、清华、联大诸多名师的光辉业绩，各校的校报、校史、有关著作都有记录，作者就不作饶舌了。

1. 黄钰生无限遗爱永留西南边陲

黄钰生是南开大学教育心理学教授兼大学秘书长，代表张伯苓校长参加联大校管理层，对联大事业的实际贡献良多。西南联合大学教育史的第一章"长沙临时大学湘黔滇旅行团"的长途教育行军大课堂就是在他的直接带队领导下完成的。他的一句壮语是"行年四十，步行三千"。黄钰生在西南联合大学领导班子中，是一位"不管部大臣"，凡不属于教务、总务、训导等部门主管的学校临时大事，梅校长大都依靠黄钰生来抓总。梅校长在日记中，总是昵称黄钰生为"子坚"（黄钰生字子坚），梅校长与黄钰生是南开中学先后同学，同是张伯苓的亲淑门生，所以对黄依赖有加。黄钰生也不负所托，事务不问巨细，总是默默无闻地潜心完成分外工作。他完成的第二件大任务是担任联大建设长，大西门外那一片联大新校舍，就是在黄钰生的奔波筹划、督促建设下建成的，体现了联大人艰苦奋斗、勤俭办事业的不朽精神，这是西南联大校史应反映并传世的第二大精神（第一大精神是崇高的爱国主义情操），黄钰生为此做出了典范。此外，黄钰生还在他师范学院院长繁重本职任务之外，先后领导或参与许多繁杂任务，有如：捐助寒苦学生委员会、建筑设计委员会、大学校舍委员会、校务会议司选委员会、中学教师进修班委员会、联大计划内迁四川委员会、赴四川叙永勘察校舍和建设分校任务、联大遭受日机轰炸后的损害救助委员会、四大学招生委员会、抗战胜利三校复员迁移委员会、闻一多被害丧葬抚恤委员会、三校复员第二次迁运委员会等重要兼职。梅校长离校赴渝述职，常由黄钰生代行校长职权，他为西南联大事业做出了丰溢的奉献。平心而论，黄钰生对校务的贡献，仅次于梅贻琦校长。

黄钰生的师范学院院长业绩，有口皆碑，不消赘述了。他是位教育专家，有教育理论，有教育理想，有秉承张伯苓办学的教育经验，有满腹经纶的办学才干，善于用人团结人合作共事。联大尽管大师云集，可也再没有别人有他那份能力办好管理好这所校中之校了。所谓校中之校，指的是师范学院就是一所自成体系的学校，有一套管理班子（只与联大共后勤与财务），有自己分系科的办学体系，有自己的学生管理体系，还有一套自己的附属学校——幼稚园、附属小学和附属中学。联大任命黄钰生自兼附校主任，多种任务加于一身，业务负担确也是足够沉重的。黄钰生显示了他的非凡工作才干，不但师院办得井井有序，实现了为云南培养优秀中学师资的任务要求，而且师院附中也办成为昆明市的著名中学之一，拥有盛名。

特别应该记录的是，黄钰生在把师院办成名副其实的师范教育殿堂之余，还为师院的未来发展走向做了精细筹谋。从 1943 年就开始筹划一旦抗日战争胜利，三校复员北返，师院能够及时脱离母体成为独立的云南师范校。制定了"西南联合大学师范学院过渡时期办法方案"，做好未来独立的筹备工作。未雨绸缪，远见卓识，尽出于爱国敬业精神，堪可启示于后人！

1945年8月，抗日战争胜利。1946年秋，三校开始复员，昆明师范学院按计划独立诞生，占用大西门外原西南联合大学校址，成为西南联合大学留给云南人民的一座永恒的纪念丰碑。

2. 杨石先传承化学教育，南开大学化学学科再领风骚

杨石先（1896—1985）祖籍安徽，蒙古族，美国耶鲁大学化学博士，原南开大学理学院院长。在长沙临时大学时期和昆明西南联合大学时期，均任化学系主任，1943年复又兼任了西南联合大学教务长，直至抗战胜利，以学术休假出国访问。

化学系在西南联合大学是一个大系和强系，由三校教授组成的教师队伍十分整齐，有清华大学的黄子卿、高崇熙、张子高、张大煜、张青莲；北京大学的曾昭抡、钱思亮、朱汝华、孙承谔、刘云浦；南开大学的邱宗岳、杨石先、严仁荫等，阵容之强大，迄今也是绝无仅有的，堪称国际一流。在如此如云的大师面前，系主任是很难当的。杨石先恰好是当时化学界的一位难得的有崇高威望的公认领袖人物，他为人正直正派，公平公正，待人彬彬有礼，又事事严肃认真，给大家办事能够一碗水端平，无亲无疏，善于团结群众合作共事。所以尽管别的系主任屡有更替，而化学系却从长沙到昆明，1937—1945长达8年期间，杨石先一直一致被推选为无可替代的系主任，在诸大师之间形成了巨大的凝聚力。在极为艰难困苦的一穷二白条件下，大家自己动手，平地起家，简易上马，从无到有建立起实验室，昆明建校半年后学生就可以进实验室做化学实验了。条件逐步改善，到后期师生也可以进行条件要求不太繁难的科学研究实验了。大师们授课大都精湛，师生关系也非常融洽，培养出大批优秀人才。1938—1946年期间共有毕业生227人。待至新中国建国后，原西南联合大学化学系师生成长为中国科学院院士者共有16人之多。

教师中的院士是：杨石先、曾昭抡、黄子卿、张青莲、张大煜、高振衡；（钱思亮后来去了台湾，当选为中央研究院院士兼院长）。毕业生中成长为院士的有：朱亚杰、曹本熹、萧伦、唐敖庆、申泮文、张滂、何炳林、陈茹玉、钮经义、邹承鲁。

在此之外，联大化学系毕业生中还成长了极多的专家、学者、大学教授和实干家、化学化工技术骨干，为新中国的化学建设事业做出了广博的贡献。桃李无

言,下自成蹊。世界一流大学也不过如此尔尔。

　　杨石先在到美国学术休假期间,接受张伯苓的委托,物色邀聘著名学者来南开大学任教,重整南开大学河山。在化学方面,杨石先邀聘到一批著名学者包括自己的联大门生:高振衡、朱剑寒(女)、何炳林、陈茹玉(女)、陈天池、王积涛、陈荣悌、姚玉林等。1946年秋,南开大学在废墟上重建,又是一番披荆斩棘艰苦奋斗的新创业战斗格局。西南联合大学化学系的艰苦创业精神,在杨石先、邱宗岳的带领下,在南开大学再一次得到传承和发展。杨石先在周恩来总理的委托下,创办了高等学校的第一家化学研究所"南开大学元素有机化学研究所",着重从事农药化学研发,占领了我国农药开发领域的半边天。何炳林把带回来的离子交换树脂成果无偿在全国范围推广,领衔建立了全国离子交换树脂产业和普遍应用,首次创造了高等学校办工厂的经验,受到了毛主席的赞赏并号召仿效推广。南开大学化学系的教学和科学研究平行发展,互相促进,培养出来的毕业生以业务扎实、动手能力强,特长于化学合成实验技术,受到用人单位或攻研学校的欢迎。教学相长,南开大学化学系的教师队伍也相应地空前壮大起来了。

　　1979年中国科学院学部进行第三届院士评选,1980年发榜。南开大学化学系有五位教授同时当选为化学部学部委员(院士),他们是:高振衡、何炳林、陈茹玉、陈荣悌、申泮文。连同老院士杨石先,此时南开大学化学系共有了6位院士。这种一所大学以同一学科的群体教授同时当选为中国科学院院士的态势,不但是空前的,现在看来也是断后的。现在根本不可能一个单位可以有两位专家同时当选为同学科院士,南开大学化学学科当时的这种态势只能表明在建国初期南开大学化学教师队伍的强大和学术水平的鼎盛。

　　在以后的20年当中,南开大学化学学院的李正名(中国工程院)和程津培(中国科学院)先后当选为院士,南开大学化学学科先后共有院士8人,在高等院校中处于前列。在业务和学术造诣方面,南开大学化学系也自有春秋,化学学院现拥有元素有机化学研究所、高分子化学研究所、新能源材料化学研究所、应用化学研究所、催化化学研究所、配位化学研究室等研究机构,拥有农药化学、高分子吸附分离化学、有机化学等国家重点实验室。积累了丰富的科研成果,在教育改革方面也走在全国前列。为迎接我国进入WTO后的教育改革大潮,南开大学的化学教育改革工作先走一步,改革成果已获2001年国家级优秀教学成果一等奖,2003年基础课教学创造了全国创优名牌课程并获得国家资助。为配合新的教改形势,以申泮文为主编、王积涛为副主编的全套10部"南开大学近代化学教材丛书"已经编撰完成，由国家级出版社出版，把化学教学改革的进程推向全国。继续继承西南联大化学系的优良教学传统，带动全国，为中国的高等化学教育走向世界，做出更大的贡献。

3. 陈省身传承西南联大数学教育，全力建造国际数学中心，为中国高等教育走向世界，开辟了创新道路

陈省身（1911—2004），浙江嘉兴人，1930年毕业于南开大学算学系，1934年获清华大学硕士学位，1936年获德国汉堡大学博士学位，后游学法国，1937—1943年在西南联合大学任教，主讲高等几何、微分几何、微分方程式论（以上必修课）；以及几何学与拓扑学等系列课程、形式几何讨论班等选修课程。他学术精湛授课有方，在师生中拥有极高声望。1943—1946年在美国普林斯顿高级研究所任研究员，1946—1949年回国在中央研究院数学研究所任代所长。1949—1984年在美国历任芝加哥大学、加州大学伯克利分校教授、名誉教授，伯克利数学研究所所长等职务，1984年后任伯克利数学研究所名誉所长。曾获数学Wolf奖及多项国际重奖，是当代国际最著名的伟大数学家之一。

陈省身热爱祖国，关爱中国数学教育，关爱母校南开大学，对中国的现代化发展寄以厚重的期望。新中国建立后，他是自1972年以来最早回国访问的旅外科学家之一，以后每年回国访问，筹划帮助中国发展数学教育。1981年表露出落叶归根、回国定居、为祖国教育效劳的意愿。适逢1984年邓小平同志在一次报告中提出加速引进人才促进国家建设的指示，南开大学及时建立了南开数学研究所，聘请陈省身为所长，给陈省身提供了把中国打造成国际数学大国宏伟志愿的驰骋空间。

陈省身力图利用个人影响和国内数学家的共同努力，在中国建成国际数学交流中心。今天看来，他的宏伟计划大致分三步走，第一步为1985—1995年的十年。在1985年他说他怀抱一个一岁婴儿（指南开数学所），要把他哺育长大。年年举办学术年会，研究讨论数学的一个分支学科专题，例如第一年讨论偏微分方程；第二年讨论微分几何等等。利用暑假休闲，举行国际性的学术讨论和交流会，运用他自己的国际影响，邀请该学科最著名的外国学者前来参加做学术交流，又邀请全国高校的数学博士导师带着他们的研究生一起来参加讨论会，使国内各校师生不出国门便可领略世界水平的学术交流，极大地推动了各高校数学学科的开放和进步，影响深远。国内传媒赞誉陈省身为全国数学研究生的总教练。

陈省身计划的第二步，是1996—2000年的一个五年计划，中心任务是以南开数学研究所为全国中心，在中国建立自己的数学人才培养基地。要培养出全

国、全世界第一流的数学专家，并创造各种必要条件中止人才外流，让专家留在国内为祖国建设事业服务。这一阶段工作在陈省身苦心积虑的安排下取得了极大成效，南开数学研究所现已拥有5位长江学者和许多后备力量，培养的博士生学术水平完全达到国际一流，毫无逊色。

2001年，陈省身又适时提出，南开数学研究所的人才成长已经达到一定水平，发展工作应该进入一个新的阶段，再上一层楼，建设国际数学交流中心。当时最主要的问题是建设与国际学术中心相适应的国际建筑物——建造一座国际数学交流中心大楼。陈省身的宏伟计划，经南开大学上报国家有关领导部门，立即得到国家主席的有力支持，指示国家计委给予立项，财政部拨巨款投入（列为江泽民李岚清专项）。现在大楼已经破土动工，国际水平学科的建设，指日可待。陈省身建设国际一流水平学科的光辉事例，给中国高等教育的现代化，提供了很多有意义有价值的"启示"，创办世界一流大学虽非一蹴可就，但也并非遥不可期，事在人为，继承西南联合大学优秀传统，结合当前我国特点，推陈出新，创新前进，光辉典范就在身边。

陈省身对中国数学学科发展的另一重大贡献，是促成2002年（8月20—28日）第24届世界数学家大会在中国北京召开。他事前对国际数学家组织的领导人做了许多说明疏导工作，使得从来没有在发展中国家召开过的世界数学家大会得以在中国召开。另外还求得了我国政府的首肯和大力支持，江泽民主席亲临参加大会开幕式并发言致欢迎词。国家领导人参加国际学术会议，这对世界数学家会议来说是空前的，受到与会的四千余名各国科学家的热烈欢迎，极大地提高了我国政府在国际科学界的地位。在这次大会中，有中国16位后起数学家在分组会上作45分钟发言，报告他们的研究成果，显示了我国数学家发展中的实力，这在中国数学科学发展史中也是空前的。陈省身的贡献将永载中国科学发展史册。

4. 雷海宗主讲中国历史第一大课堂

雷海宗（1902—1962），河北永清人，美国芝加哥大学历史学博士，原清华大学历史学系教授。在长沙时期就已来到临时大学参教。1938年来到昆明，参加主要由清华和北大两校历史系联合组建的联大历史系。该系拥有著名教授刘崇弘、雷海宗、郑天挺、钱穆、姚从吾、向达、陈寅恪、吴晗、邵循正、葛邦福等多人，盛极一时，是当时联大的一个强系。雷海宗主讲文理科大一学生共同必修课"中国通史"。他博古通今，学贯中西，博闻强记，精通多门外语，是以西方史学方法研究中国历史的代表人物之一。他教学认真，讲授富于计划性和条理性，语言生动声音宏亮，上课堂不带片纸只字，但对历史人名、历代重要人物的生卒年月、地名、年代、参考书目，娓娓讲来如数家珍。随手板书，从无错漏。在三尺讲台上，凭三寸不烂之舌和大脑积存的学问与智慧，把传道、授业、解惑三项教学任务统一解决于课堂之上，深受学生的欢迎。授课精湛的名声迅速在学生中广泛传播，以至在他讲课时闻风前来旁听的学生或校外人士，趋之若鹜。在他上课时，能容纳约200人的大教室，熙熙攘攘坐满了人，座无虚席，临教室外走廊的窗户打开，窗外也站满了旁听人众或迟到没有找到座位的选课生。真是名噪一时之盛。那时联大学生中好似有个说法。上了联大名师如云，真是幸运，但是如果没有上过雷海宗、潘光旦的课，这联大就白上了。这就以实例说明了"大学者，有大师之谓也"。校有名师，得到学生爱戴，学校一方懂得尊师重教，有利于共同创造校园和谐风气。雷海宗的例子，是联大名师授课的典型和特色，极具"启示"价值。今日要创办世界一流水平大学，就应该拥有多多益善的课堂效果精湛的授课名师。2001年教育部发布了一份《提高高校教学水平的若干意见》的4号文件，其中一条，要求教授上课堂授课，为甚么呢？因为当前高等教育中有一支错误指挥棒，以发表科研论文作为评定教师水平和业绩的标准，教授们大都偏重于发表急功近利的论文，不愿意上课了，当然授课精湛者更是凤毛麟角，雷海宗的事例就可以作为今日大学教师的典型示范了。

　　雷海宗、郑天挺在南开大学传承了联大历史学传统，创造辉煌。1952年我国高等教育实行院系调整，清华大学撤消了历史学系，教师调入北京大学和南开大学。雷海宗和郑天挺调入南开大学。调动的名义是加强南开大学历史学系，其实另有原因。有一位教授调侃说："那边搞清理，南开得丰收"，南开大学历史学系确确实实是受益匪浅。雷海宗（中国史和欧洲史）和郑天挺（明清史）的到来，带来了西南联合大学的治学传统，他们先后担任历史学系主任，带领一批联大毕业生后起的名师王玉哲（先秦史）、杨志玖（元史）、杨翼骧（两汉史和史学史）、黎国彬（元社会史）等，同时还有学有成就的名师杨生茂（美国史）、来新夏（中国近代史）、魏宏运（近代史）加盟到南开大学历史学系的教师队伍，群贤毕至。齐心协力，在教学和科学研究两个方面，都有创造发展，使南开大学历史学系的办学水平在全国高校历史学科中名列前茅，继承了西南联大历史系的优良办学传统。这再一次证明了，办好现代化的大学，第一需要有名师，第二要有成规模的高素质教师队伍，第三要创造优良学术风气。雷海宗和郑天挺两位大师都是热爱祖国、刚正不阿、道德高尚、治学严谨的伟大学者，在他们的带领下，南开大学历史学系成为南开大学的办学强项之一，为学校争得了荣誉。半个世纪过去了，两位老先生已经作古，数英雄人物还看今朝。祝愿今日南开大学历史学科后继有人，传承西南联大光辉传统，百尺竿头继往前进，再创新的辉煌。

三、优秀的学生群体，是办好高水平大学的最重要条件之一

办好一所高水平大学，首先需要有适合的办学环境，云南人民和昆明市为西南联大提供了优越的存在环境。对高等学校本身能否办好，那就要看四方面的条件了：（1）学校领导班子；（2）后勤及管理班子；（3）教师队伍；（4）学生群体素质。西南联大办学之成功，论者对前三个条件都有分析论证和赞不绝口，应该说是均属上乘。但这只是成功的一半，另一半是要有优秀的学生群体，没有好学生想办好学校也是不可能的。西南联大办学之成功，表明西南联大有好学生，所以才会人才辈出。作者本人在联大时有过一些考查，西南联大学生群体优秀，有以下几个特点：

（1）基本素质好 在当时抗日战争的爱国主义大潮中，学子们千里迢迢奔赴大西南的昆明，求学上进，每个人都具备了基本优秀素质，"爱国主义教育环境出人才"，这是我的一条总结。不过在那个大环境中，人人的文化水平也难免参差不齐，仍有差异。

（2）淘汰率高 西南联大对学生的淘汰率高，延续了三校原有的传统。举个例子，作者在化学系，有个考查，1938年入学的一年级学生，实有43人，但其中只有9人通读四年到1942年毕业（这9人当中出了2位院士）。其他34人淘汰（留级、退学、转系等）。但这个班毕业时，仍有29名毕业生，另外20名由退班生、转学插班生、借读生补足，但也是经过层层筛选出来的。这个班在西南联大是个强人班，一共出了4位功勋卓著的院士，其他的毕业生也都是佼佼强者。

（3）优秀的中学向联大供应优秀生源 这一点很重要，过去，现在，将来都不可以脱离这一条，办好高水平大学必须依靠好的高级中学（除了自学成才者外），这是永远打不破的规律。在昆明的前期，生源大都来自远方，比较分散，国内有名的中学占了优势。在昆明的后期，联大的毕业生或在校生参加昆明中等教育，或办学或执教，提高了当地中学水平，出现了许多有名的中学，例如联大附中、云大附中、南菁中学、天祥中学、长城中学等，联大的生源路子就更广了，生源也接近本土化了，直接促进了大西南高等学校的文化教育水平。

四、西南联大师生杰出人才辈出的一个统计数字

办教育,最根本的任务是培育英才,百年大计莫如树人。但是人才的成长并非一蹴可就,需要经过时间和历史的检验。今天纪念西南联合大学创建70周年,已经可以实际考察和检阅西南联大如何人才辈出了。今天十分重视创新型科技杰出人才的培养,作者本人又是西南联大理科出身,只好就有文字记载和本人熟悉的范围,谈谈西南联大理工科的人才鼎盛。新中国成立后,中国共产党和人民政府十分重视国家的科学文化发展,先后建立了中国科学院和中国工程院,现在已经发展到有院士一千二百余人。这些院士是中国科技创新型人才的典型,作者姑就有文字记载的可以查到和统计的西南联大师生"院士成材率",来审视西南联大人才辈出的态势。先注明几点声明:

1. 本文统计了西南联大理工科的人才辈出形势,不等于我忽视人文社会科学方面的人才鼎盛。西南联大的文、法、商、教育等学院,也为战后中国培养了大量的文化大师,著名学者,大教育家等等。一是我不熟悉,二是时势在变化,中国社会科学院在初期评选过学部委员,后来又中断了,找不到有记载的可信资料,所以只好暂付阙如,请校友原谅。

2. 本文只记录对科技院士成材率的统计,也不表明忽视西南联大广大非院士理工毕业生对战后国家建设事业的诸多伟大贡献。在新中国广袤科技文化领域中,西南联大毕业生所占地位和所作贡献都是非凡的。巨大工程负责人、总工程师、高级工程师、各校教授、重大科技获奖者等等,不可胜数。也是因为资料分散,难于统计,这也要请校友们原谅。

3. 对理工院士的统计中,包括在外国科技机构中获取院士殊荣的西南联大人。

(1) 西南联合大学理工学院师生总院士成材率的统计

1938—1946年期间,西南联大的理学院和工学院,教授总人数粗计120人(因有流动变化,故为粗计),毕业生1500人。西南联合大学不愧是一座人才高炉,教授和毕业生中都出院士。统计各系科教授和学生成长为院士者,共得137人。按总人数计,总院士成材率为12:1,即每12位师生出产一位院士,这样的成材率可称盖世!

(2) 西南联合大学理科各系的院士成材率

西南联合大学理科各系毕业生的院士成材率统计表

系别	1938—1946 毕业生	出产院士人数	院士成材率
数学系	70	5	14:1
物理学系	137	14	10:1
化学系	227	10	22:1
生物学系	80	2	40:1
地学系	166	21	8:1

从上表可以看出，西南联大的数学、物理、地学（地质、地理、气象）三系，院士成材率高，化学系稍差。这也不难理解，因为在20世纪上半叶，化学尚处于实验科学范围，出化学科学高水平成果，需要高水平实验条件，就我国实际情况，对人才成长有一定限制。但就生物学科来说，是学科本身的问题，上世纪前半叶，生物学还仅是一门分类学科，处于调查、采集、分类的阶段，至多达到细胞水平，人才难出。所以西南联大生物学科人材率较低，也不难理解。但总的说，西南联大理科人才辈出的结论，是不可动摇的，希望我的这项统计分析，能够成为今日办大学的一项评优指标，那将是很有意思的。

结论　本文记述了西南联合大学的教育体制——主要是教授治校，民主办学，记述了西南联大的部分名师治学的风貌，做了优秀生源的特点分析，以及西南联大人才辈出的重点统计。如果这些点滴个人见解，能够为今日高等教育提供一点启示，作者当感快慰，希望得到广大校友们的批评指正。

张伯苓颂

(1996年为纪念张校长诞辰120周年而作)

伯苓先生120周年诞辰,①
研讨会纪念会伴奏雷雨声。②
育人伟业彪炳千古,
万世师表丘后一人。③
仲尼弟子三千,
伯苓门墙二十万师生。
有教无类诲人不倦承继仲尼传统,
德智体群美劳伯苓要求全面发展均衡。
礼乐射御书数孔门六艺,
化工经济现代科技伯苓情有所钟。④
孔府学宫育儒千载,
南开五校教泽永存。⑤
有中国即有南开,⑥
善哉斯言吾信其真。

---

① 张伯苓校长诞辰为1876年4月5日。

② 120周年诞辰纪念日上午南开大学和南开中学分别举行研讨会、座谈会,下午南开中学校友演出曹禺校友的《雷雨》话剧。

③ 孔丘,字仲尼,中国布衣创学的先行者,被历代君王尊为至圣先师、万世师表(公元前551—479年)。

④ 20世纪30年代,天津因有南开大学的经济学科和化学化工学科,已形成为华北重要商埠和化工重镇。

⑤ 南开五校为南开大学、天津南开中学、天津第二南开中学、重庆南开中学、四川自贡蜀光中学,均为严范孙和张伯苓先生留给中国人民的宝贵遗产。伟大贡献前无古人,后难有来者。

⑥ "有中国即有南开"为蒋介石于南开学校被侵华日军所毁时向张校长发表的慰问词。

育人精髓爱国主义,
谆谆遗训南开精神。
允公允能润泽华夏大地,
日新月异紧追世界前垠。①
汲汲骎骎智勇真纯,
以铸以陶文质彬彬。②
英才辈出代有传人,③
莘莘学子同忆师恩,
伯苓先生请安息吧!
您的音容笑貌和教导将在我们心中永存!

---

① "允公允能,日新月异"为南开校训,为全国各级各类学校中校训之 "最",育人目标明确,要求全面,无出其右。

② "汲汲骎骎,智勇真纯,以铸以陶,文质彬彬"为南开校歌主词句,示南开教育的高标准素质要求。

③ 南开已培育出 3 位国务院总理副总理、4 位人大副委员长、4 位全国政协副主席、4 位科学院工程院中央研究院院长、11 位大学校长、南开中学已培养出 60 余位两院院士、南开大学成长 34 位三院院士;无数文化名人科技专家和名医,难以尽举。人才效益全国之最。

张伯苓先生的教育思想和办学经验是我国教育事业的宝贵财富

张伯苓先生是我国近代著名的爱国教育家。他奋斗终生,为中国人民留下五所著名学府:南开大学、天津南开中学、天津南开第二中学(原南开女中)、重庆南开中学和四川自贡蜀光中学。他为祖国培养了大量建设人才,桃李满天下,曾在南开学校就读过的学生不下二十万人。张伯苓先生的教育思想和办学经验,永远为世人所称道与重视。今年4月5日适逢张伯苓先生诞生一百一十周年纪念日,为缅怀师恩,就我个人在天津南开中学和南开大学就读之亲身体会,把我对张伯苓先生的教育思想和办学经验的认识,摘其要者作一回忆,与我南开校友和大中学在校师生共勉。

一、爱国主义是南开精神之核心

张伯苓先生把他的教育思想和办学宗旨概括为一个抽象的概念,称为"南开精神"。把所有与南开事业发生过联系的人(教职员工和学生)统称为"南开人"。南开精神深深渗入了每个南开人的心中,成为他们团结奋斗,为祖国的复兴和繁荣富强而献身的一种推动力量。

我是在1929—1935年在南开中学学习,1936—1940年在南开大学学习的(1938—1940在昆明)。这十年的南开学生生活给我留下了极为深刻的印象,影响了我这一生对事业的追求和努力。南开精神在我的头脑里经常回绕,历历难忘。每想到这里,我对为南开事业毕生辛劳的老校长张伯苓先生和南开学校这个集体,怀有无限感激的心情。也为我能作为南开人之一感到无比的骄傲。

从初一年级踏入校门,老校长张伯苓就反复给大家讲解南开精神。校歌里也高唱"巍巍我南开精神",这精神确实不是空话,它概括了十分丰富而深刻的内容。它在我们身上化为无穷无尽的力量,推动我们随着时代的前进而自强不息。现在我虽然已经年近古稀,但当我想到校歌里这段名句"巍巍我南开精神"的时候，我就感到仍然年轻，依然浑身充满了力量，要继续努力为祖国的四化建设事业贡献我的余生。

南开精神的最核心内容是高度的爱国主义思想。我的六年中学生活正是处在国难重重当中。在课堂里经常可以听到离校外不远的墙子河外，敌人演习的打靶枪声和喊杀声，曾有数次因"津变"而弦歌中辍。在万般困难的威胁下，张伯苓先生坚持办学，以教育救国为己任，把深刻而含蓄的爱国思想寓于他的教育活动之中，力图把学生培养成为有"爱国爱群之公德，与夫服务社会之能力"的人才，形成了他的"公"与"能"的教育思想体系。他和全校教职工一道，时时处处以爱祖国爱人民的思想教育学生，默许和暗中支持学生的抗日救国活动，使"振兴祖国，匹夫有责"成为全体师生的共同信念。我的中学同班同学在毕业前后，纷纷走上了报国的途程：有的投考了陆军学校或航空学校，后来在抗日战争中献身于祖国的疆场或蓝天之上；有的在抗日战争期间，到冀鲁农村组织农民武装，发动游击战争，抗击日寇；有的参加了中国共产党领导下的革命行列；有的继续升入大学或出国学习深造，求取更高的科技文化知识，为祖国的复兴准备力量。根据我班现存同学在各条战线上所做出的贡献，可以得出结论：南开的爱国主义教育是成功的。热爱祖国的赤心是我班同学发奋图强，努力工作的共同动力。

我在1936年考入南开大学学习，但在天津八里台南开大学校园只读了一年，便开始了艰苦的八年抗日战争。1937年7月29日南开大学被日本侵略军轰炸，校园被夷为平地，南开中学亦有一部分校舍被炸毁。这正是因为张伯苓和南开学校师生的爱国主义精神为日本帝国主义者所痛恨，所以在卢沟桥事变不久，便迫不及待地想一举把南开学校从中国的大地上抹掉。日本军国主义者根本不能理解，张伯苓校长创导的南开精神是永远不会被他们的侵略气焰摧毁的。相反，南开校园的被毁，更加激发了海内外南开人的同仇敌忾。南开人把他们爱戴的老校长誉为爱国教育家，是完全有根据的。

二、培养学生德智体全面发展

张伯苓先生教育思想的另一重要组成部分，就是通过教育把学生培养成德、智、体、美全面发展的人才。在这之中，他把有道德放在教育工作的首位。

南开的教育非常重视基本道德品质修养。其中包括思想品德的陶冶，提倡团结、友谊和尊师爱生等。最使我们难忘的印象之一是校门内东楼楼道北侧，立着一座如人高的穿衣镜。上面木框刻有几行镜箴："面必净、发必理。衣必整、钮必结。头必正、肩容平。胸容宽、背容直。气象：勿傲、勿暴、勿怠。颜色：宜和、谊静、谊庄"。这些训导用意良深。我们经过这面镜子时不禁要停在镜前，肃然整容。六年里经过这些训导的点滴渗透，形成了指导我们一生中生活方式的规范。经过抗日战争的动乱，南开中学原有的整容镜和镜箴已经散失，复制的一帧又已并入周总理纪念馆（原东楼）。为使母校南开中学恢复这一珍贵传统，我们南中1935班校友在南中八十周年校庆时，又重新复制了一帧新的整容镜和镜箴，奉献给母校，悬诸中楼楼道入门的北墙上，用以激励在校同学和供来访校友之怀旧共勉。共同关心母校事业也是南开精神的一个重要组成部分。

为了加强对学生的品德教育，张伯苓先生在南开中学还设了一门各班共同必修的"修身课"，固定上课时间为每周三下午两小时，在大礼堂上课。主讲人常常是张伯苓校长本人，每次讲一个题目，如做人之道，或国内外大事。有时候也邀请社会名流、学者来校讲演，讲政治、外交、经济、艺术、工业建设以及青年责任等问题，以开拓学生思路，陶冶学生情操。我深感今日学校中的思想教育，在形式多样化方面也应当学习张伯苓校长的作法，以生动活泼的形式对学生进行思想教育。

南开学校的校规十分严格，不许蓬头垢面，不许体态放荡，不许言语粗野，不许奇装异服，也不许随地吐痰。对饮酒、吸烟、赌博、早婚、冶游、考试作弊更是严加禁止的。一经发现学生考试舞弊，一定挂牌记过，严重者开除学籍。南开学校有良好的校风，是张伯苓先生和老师们谆谆善诱的结果，也是广大同学共同维护的结果。人人爱护校誉就象爱护自己的眼睛一样。南开校友以在校所受的道德教育作为自己的立身处世的规范准则，放之于今日社会也仍然是属于高标准的。南开同学的绝大多数都是无愧于母校的严格要求的。

张伯苓重视智力教育是众所周知的。他不惜重金延聘许多热爱教育事业的杰出教师来校任教，教师们除在课堂上传授知识外，还在寒暑假为学生组织学术活动，帮助学生提高科学文化素养。如我高中时敬爱的张信鸿老师，他在1932年秋到1935年夏这个期间，曾经先后四度给我们班组织算学讨论会，不畏严寒酷暑，亲自主持讨论，为我们班对数学有偏爱的同学增补和加深数学知识。今天我班同学在我国科学技术界和高等教育界有不少成才知名人士亦绝非偶然，这与母校老师们的精心培育是分不开的。其他使我们仰慕不已的还有叶石甫、孟志荪老师的高年级国文选修课、李尧林老师的高级英语选修课、郑新亭、胡廷印老师的化学课、韩叔信老师的西洋史课等等。他们的辛勤劳动都使我们受益匪浅，给我们的终生事业打下了广博和坚实的知识基础。这些老师如今虽已作古了，但他们的音容笑貌仍常常浮现于我们的回忆之中。我们永远怀念他们，是他们培育了我们热爱科学文化，热爱真理的情愫。他们为祖国的教育事业建树了不可磨灭的功绩。

在大学里，张伯苓先生十分重视基础课，特聘请知名教授任教。我在大学一年级的几门主课，都由著名教授讲授。杨石先教授讲授普通化学，姜立夫教授讲授高等数学，王恒守、祈开智教授讲授普通物理，这是我终生引以为幸的，是他们把我引入了科学之宫的大门。

南开学校的体育教育在近代中国体育发展史上是可以大书特书的。张伯苓先生本人是发展我国体育事业的先驱。他曾担任过中华业余体育运动总会会长和远东运动会会长，不遗余力地推动我国早期的体育运动。南开中学的体育运动更是华北之冠。我们1935班的体育活动从二年级起就在全校运动会中占据了首席，一直到毕业。我和大多数同学一样，是一个体育活动积极分子，举凡足球、篮球、排球、垒球等球类和田径运动（跳高和中距离赛跑）无不涉猎。今天我仍有健康的体魄能为人民工作，也是多承南开教育的赐予。

三、重视学生能力的培养

张伯苓校长在重视德智体全面培养之余，还非常注意创造条件使学生有机会深入社会，了解社会和培养学生从事社会工作的能力。这正如周恩来总理所说，他在南开学校除接受启蒙教育之外，还锻炼了组织工作能力。在南开的高中阶段，各年级设有社会调查课，这是南开的独创。学生在老师的指导下，按照事先编定的社会调查大纲，到工厂、救济院、监狱等社会机构作实地访问，回来后每人写出调查报告交给老师。这种社会调查课使学生得以了解书本以外的社会实况，丰富了学生的感性知识，也提高了他们对社会的责任感。

南开的教育还培养了学生的集体主义思想。张伯苓先生制定的校训里就规定了"日新月异"，"允公允能"的要求，大力培养学生热爱集体、热爱公共事业、一心为公的思想。母校在这方面的教育也不是说空话的，而是通过具体实践进行锻炼的。从初一到高三，班有班会，年级有班会联合组织。全校有学生自治会组织，通过发扬民主，实行自治，学生们选举自己爱戴的同学充当各种干事，管理各级学生组织的事务。人人都有为广大同学服务的锻炼机会。在实际工作培养"公"与"能"的才干,使同学们的聪明才智得到充分发挥。学校同学们的课外活动是丰富多彩的,有各种学术性社团和体育团体,如话剧社、美术社、童子军、武术学会、军乐团等。这也是和张伯苓先生的自由教育思想分不开的。这些活动使学生在实践中认识到了集体主义和为社会服务的价值,使每个人成为热爱集体、热爱民主生活和有组织才能的活跃分子,而不是书呆子。这也是南开教育最为成功的一个侧面。

四、学校的管理独具特色

张伯苓办学之成功,除了他的教育思想和办学方针之外,还由于他有一套独具特色的符合科学道理的管理办法,使南开学校成为队伍精干、办事效率高、勤俭办学的典型。

张伯苓善于选贤任能,任人不疑。人们都知道,他办南开中学有得力的助手中学主任(后来的重庆南开中学校长)喻传鉴先生,他办南开大学离不开得力助手黄钰生先生。喻、黄都是张伯苓先生的得意门生,都是专攻教育学的专家。张伯苓分别委以重任,并授予全权,使这二位专家在各自岗位上发挥他们的教育才能、组织才能和行政才能,把学校办得各有特色,闻名于国内和国际。

南开的教职员队伍精干是久负盛名的。就中学来说,我在校学习时,全校有教职员110人,而学生为1500人,教师职工对学生的比数为1:13.6。而教师与学生之比为1:20。从这两个比数来看,南开的工作效率是非常高的,是今天许多学校无法比拟的。南开大学更有其特点,不像别的学校之普遍设有教务长、总务长、训导长、校长办公室主任等职务,而仅设秘书长一人,在校长的领导下总管全校的一切教务、总务与行政工作。黄钰生先生自始至终是老南开大学的秘书长,是南开大学的重要创建人之一。老南开大学虽是一个规模较小的大学,抗日战争前学生仅三百余人,但学校机构更精简,就我的记忆,当时注册课(即别校的教务处)除主任伉乃如先生外,只有职员二人,他们把三百多学生的注册、教务、排课、成绩等工作全部都包了下来,管理得井井有条。南开人之辛勤工作和高效率由此可见一斑。

南开办学精神中还有一个穷干、硬干和苦干的精神。南开的全部历史是一部奋斗史。自草创建校以后,在旧社会,这所学校是在越来越困难的环境中发展成长的。环境越困难，全体师生员工的干劲越大，越战越勇，百炼成钢。我们同学也都受到了这种持之以恒的干劲的感染，所以在祖国的革命和建设事业中大都成为坚强的战士。

张伯苓先生的教育思想内容丰富而深刻，形成了一套有哲理基础的体系，他的办学经验也是丰富而有特色的，纵向是大中小学俱全，横向是重视德智体全面发展，重视质量与实效。张伯苓先生的教育思想和办学经验，是他留传给我们的宝贵财富。他留给我们的五所著名学校，正日益得到新的发展和进步。张伯苓先生的遗愿"凡我友好同学，尤宜竭尽所能，合群团结，为公为国，拥护人民政府，以建设富强康乐之新中国，无限光明远景，余将含笑待之。友好同学，务共努力"。[①]将一定会得到实现，南开精神也将进一步得到发扬光大。（原文载《南开大学学报》1986年第3期）

---

① 张伯苓先生于1951年2月病逝于天津，这段话是他遗嘱的最后部分。

中国近代体育运动之父张伯苓
——纪念著名爱国主义教育家张伯苓诞辰一百二十周年

一、楔子 远东运动会中国代表队总领队

1990年10月,第11届亚洲运动会在北京举行,盛况空前。中央电视台为了配合此次亚运会的宣传工作,在晚上黄金时间播放了连续四集的集锦片"亚运小常识"。一开头介绍了亚运会的历史,其前身是本世纪初期的远东运动会。播放的第一个镜头是1915年在上海举行的第二届远东运动会开幕入场式中国代表队入场队伍的照片。因为已经年代久远,没有人能认识照片中谁是谁了。但是我作为南开学校的毕业生,一眼就认出队伍中为首的一位身材高大魁伟、头戴大礼帽、身穿燕尾西服的巨人是享名中外教育界、体育界和文化界的闻人、南开学校校长张伯苓先生。他是这次运动会中国体育代表队的总领队。在这次会上中国队员、南开学生郭毓彬在八百八十码和一英里赛跑中连得两块金牌,长了中国人的志气。1917年5月第三届远东运动会和1930年5月第九届远东运动会都在日本东京举行,张伯苓也都以总领队身份率领中国代表队出席参赛。在第三届会上,张伯苓代表中国体育组织会见了大会名誉会长大畏重信和会长嘉纳治五郎,并在开幕式上作了大会发言。在第九届会上,日本人很不光彩,闹出一幕大丑剧,他们派出一批妖艳少妇少女,专门伺机勾引外国运动员,在公园或运动场僻静处就地野合。当时人们推断其动机,一可能是消耗外国运动员的体力,使其竞赛成绩下降,以利于日本运动员夺标,二可能是与当时日本当局一贯执行的改良日本矮小人种、引入外来优良人种的优生政策有关。因为这件丑行有集群性而不是个别偶然事件,被外国记者曝光,举世哗然。在中国代表队由于张伯苓防范得宜,对运动员谆谆告诫,务以人格国格为重,并对运动员个人严加约束,幸得与丑闻无涉,顺利完成参赛任务胜利归来。张伯苓以一位教育家和中国新体育运动开创人,为率队参加国际赛事作出了杰出贡献。张伯苓不遗余力地从各个层面推动旧中国开始萌芽的现代体育运动的发展,是国民政府时期中国近代体育运动当之无

愧的领导人，历任全国半官方体育运动组织中华全国体育协进会的总负责人，历届全国运动会和华北运动会会长、总指挥、总裁判长等重要职务。他为推动我国体育运动事业的发展，竭诚努力了一生。新中国建国以来，在"极左"路线影响下，历史虚无主义盛行，忘记了任何历史发展都有其继承性。体育运动事业的发展也一样，不会是无源之水。应该对历史中对事业发展作出贡献的先进人物给以肯定的历史地位和纪念，借以教育和启发后人。1986年4月5日，党中央决定在天津南开大学盛大纪念张伯苓诞辰110周年，由李鹏、周培源、钱昌照三位国家级领导人出席主持纪念会，会上评价张伯苓为"著名的爱国主义教育家"。他在教育方面的伟大业绩得到广泛宣传。但张伯苓在全面促进我国建设事业的现代化上，其贡献和远见卓识是多方面的，他在体育事业方面的贡献，是与他在教育方面的业绩齐名的，有如日月同辉，应该比翼给予纪念。值今年1996年4月5日是张伯苓先生诞辰120周年，为纪念这位伟大人物在旧中国推动体育运动事业现代化所作出的非凡贡献，笔者就个人能力之所及，就资料搜集与记忆之可能，草成本文为凭吊，借以表达他的学生们对敬爱的张伯苓校长的深切怀念和崇敬之忱。

二、依托南开学校，推动全国体育事业

张伯苓幼年体弱，青年时考入北洋水师学堂（满清末年的海军专科学校，时在1891年)，学习近代科学文化知识，接触到了体育锻炼，他很重视学武，身体逐渐强壮起来，亲身体会到了体育锻炼的好处和重要性。满清甲午战败后，张伯苓深受满清政府丧权辱国的刺激，脱离海军，矢志献身教育事业，追随严范孙，以教育救国为己任，先后创办了天津南开中学（1904）、南开大学（1919）、南开女子中学（1923）、南开小学（1928）、重庆南开中学（1936）和四川自贡蜀光中学（1938）等校。现在除南开小学于1937年被侵华日军炸毁未恢复外，其余诸校都已成为国家级或省市级重点名校，这是张伯苓给人民中国留下的一大份宝贵遗产，永垂人民的怀念。

张伯苓办教育的目的是救国，即以教育来改造国家。他认为任务的中心是"改造国人的道德，改造她的知识，改造她的体魄"。他在外国考察教育时，发现中国留学生到外国工厂实习打工，身体和工作效率都不如外国人，他理会到这是我国国民体质弱，一代一代相传下来的结果。他参加过海军，故也理解到，国家

的强弱，固然国防武备很重要，但更重要的是国民的科学文化素质和体魄健康状况。他一贯强调在教育中德智体不可有一方偏废，而"在德、智、体三育之中，我国人最差的是体育"，他主张"强国必先强种，强种必须先强身"，主张"强我种族，体育为先"。所以他的办学方针，总括为如下五条：

重视体育

提倡科学

倡导团体作用

注重道德素质培养

培养救国力量

把重视体育放在办学方针的第一位，这也和张伯苓救国雪耻的坚强意志是一致的。他指出，"国人有五病：愚、弱、贫、散、私"。外国人看透了中国人的愚弱无能，称中国人是"东亚病夫"。因而敢于肆无忌惮地对中国进行野蛮侵略，这也是国人蒙受诸多国耻之外的另一项奇耻大辱。所以张伯苓在办教育的实践中，首先认识到了体育与教育之间的密切关系和体育的重要性，他说："教育如果没有体育，教育就不完全"，又说："不懂体育的人，不能当校长。"他在这方面的认识，无疑走在他同时代人的前面，也走在今天某些人的前面。无怪乎张伯苓能够以他的实际行动成为他那个时代的推动全国现代体育运动发展的先行者。

张伯苓在体育事业方面的雄心壮志，是健强全国公民之体魄，缔造一个康乐富强的国家。但他也看到，在一个积弱不振人口众多的国度里，把健身强种的道理全面宣传推广，落实到行动，绝非一朝一夕之易事。千里之行，始于足下，从大处着眼，还须从小处做起。正好利用自己办学之机，从几个学生、若干班级和学校整体慢慢地但积极地做起，逐步地向社会渗透，影响天津，推广全国。张伯苓在1889—1904期间，在天津士绅严、王两家教家馆时，就教学生各种力所能及的体育活动，例如他曾将鸡毛掸子摆在两张凳子上当作跳竿，让学生练习跳高。待到后来他成为全国性的体育领导人时，这一段典故成为学生辈传颂一时的佳话。

南开中学建立之后，张伯苓便有了实现报国救国雄才大略的肥沃土壤，使他能够以南开中学为依托，建造一座光芒四射的灯塔，将他的改造中国、改造社会、改造历史的宏伟理想，辐射向远方，辐射到全国。在体育方面，他扎扎实实地做了许多后来确实影响及全国的基础性工作，兹分别加以概括如后。

1. 建设一支品学兼优、坚强有力的教师队伍

办好一所学校、一个学科，主要要依靠教师。选贤任能，按学科需要，礼聘品学兼优的教师到校任教，是张伯苓办学特长之一。为了办好南开体育，他首先选任了原教物理但酷爱体育和精于体育策划的章辑五出任体育教师和体育科主任。张伯苓任人不疑，委以全权，全面主管后来的大、中、女、小学四部的体育教学业务，使章辑五如鱼得水，畅尽所能，辅佐张伯苓，把南开学校的体育办成全国一流和各级学校体育的典范。张伯苓又慧眼识人，聘请后来成长为"中国篮球之父"的董守义来校担任体育教员和篮球田径教练，培养出一支享誉全国、威震远东的篮球队"南开五虎"。南开学校后来聘请的体育名师，几乎都是大学教授级的学有专长、技艺高超的高材，限于篇幅，下面用表格形式简要介绍南开学校的一些体育大师。

由上表可见，南开体育教师队伍是高素质、高水平的。他们不仅为南开学校培育出一代一代的优秀学生，而且他们也是营造南开体育声势、扩大南开体育影

表一 南开学校的体育名师

姓 名	生卒年月	学 历	在南开任教年限	职 称
章辑五	1889生 1975移居美国	直隶高等学校毕业，美国哥伦比亚大学师范学院体育硕士	1915~1937	体育教员 四校体育部主任
董守义	1895~1978	协和书院大学部毕业，美国春田学院体育系进修	1916~1934	体育教员 篮球田径教练
张淑悌	不详，在美国	无记录	1915~1937	女中体育教员
齐守愚	不详	潞河中学毕业，篮球健将	1927~1932	南中体育教员 篮球教练
侯洛荀	1901~1990	东南大学体育系毕业	1926~1990	南中体育教员 南大体育教员 西南联大教授
陶少甫	不详	著名排球教练	1933~1935	南中排球教练
刘冠军	1910~卒年不详	北师大体育系毕业	1933~1936	南中体育教员
赵文选	1910~1996	北京师大体育系毕业，师大篮球五虎之一	1933至今	南中体育教员 南大教授
廖蔚棠	1913~	南京体育专科学校	1933至今	南中体育教员
文进之	不详	东南大学体育系毕业	1933~1936	南中体育教员

响，把南开的体育教育办得有声有色、兴旺发达的协同战士。

2. 大力建设基础体育设施

张伯苓披荆斩棘，惨淡经营，不懈余力地筹款建设南开学校的体育基础设施，首先是着重建设运动场地。到20年代，南开中学已占有校舍场地三百余亩，其中男中女中教学用房舍不足百亩，其余二百余亩为体育设施用地。在南中北院建有网球场6个，篮球场4个，排球场2个。在南院大操场有四百米跑道大运动场一处，标准足球场一个，篮球场6个，排球场2个；大操场西墙外尚有足球场2个，棒球场一个，冬季人工溜冰场和冰球场一处。在大操场内单双杠、木马、吊环、平梯、吊绳、吊杆、跳箱、跳高和撑竿跳高设备等器械和场地俱全。新式体能体力测试器具和体育器材国内所无者也不惜巨资从国外购进。以上设施都是发展体育运动的物质基础，一所中学有如此丰富的体育财富，无疑在当时中国各类学校中是名列前茅的，保证了南开体育的先进地位。

到了30年代中期，日本帝国主义侵略铁蹄继"九一八"之后越过长城入侵华北。值得大书特书的是，张伯苓有见于华北平津岌岌可危，为早作战争准备计，1935年移斥南开办学基金入川，在重庆沙坪坝购买了七个山头八百余亩地，按高校规格建设了重庆南开中学。在建教学楼、礼堂、图书馆、宿舍的同时，利用自然地形，在山头之间的谷地平坝建造了一座宏大的体育场，包括四百米跑道和足球场，以及多个篮球场和排球场等，田径与体操设施完全。其特点是运动场四周利用山坡自然地形构筑看台和观礼台，气势宏伟，在全国学校中属绝无仅有，这座体育场是全南开学校体系的骄傲。

南开学校体育设施的完善程度，为南开体育先声夺人奠定了物质基础。

3. 建立完善体育教学体制，普及体育运动

为了普及体育运动，张伯苓在南开中学实行强迫体育教育和自觉体育运动相结合的方针。在初中一二年级组织童子军课业活动，学生一律参加，每周上课两节，教给学生劳动、医卫、救护、安全、公益、炊事、野营等活动方面的知识，让幼年学生逐步接触社会生活、经营团体活动，这可看成是初级的体育活动。张伯苓本人也很热心于支持童子军活动。童子军有全国性组织，天津南开童子军团是中国童子军第77团，重庆南开中学童子军团是第78团。

南开中学自初中三年级以后，体育教育实行双轨制，即课堂现场教学与课外运动并举，每周分开上课两小时，教授器械体操、各种球类运动技能和田径运动等，有的年级还增加武术教学。这种体育教学课是强迫性的，学校规定体育课测验不及格，或高中三年级以前体育成绩未达标者，不能毕业。对上体育课还有严格规定，无故旷课达三次者不给成绩作不及格论，体育课也有补考制度，督促学生人人坚持上体育课，使身体及体育技能的锻炼得到基本保证。

体育普及的另一个重要方面是课外体育活动，使学生得到实践在课堂学到的体育知识和技能的机会。南开中学从早期就积极推行各种课外体育锻炼，使之成为南开体育教育的重要组成部分。张伯苓明确提出，课外运动也同样有具体要求和教学内容。每课日下午三点半以后，学生们抱着球类和体育器材从教室或宿舍纷纷走向操场，进行锻炼活动。

学生的班和年级都组织有各种运动队，校有各种校队，跨年级的体育会和运动队等自发团体也有如雨后春笋。甚至在南大和南中之间也组织有跨校的运动团体，例如，南开大学中学联合足球队，曾在校际、埠际和国际比赛中名噪一时。在南开校内普遍举行体育比赛，例如每年春秋两季都各举行一次以田径为主的全校运动会，至于举行大型球类比赛如班际赛、年级赛等则是经常的活动了。学生运动团体的优级队允许参加天津市的万国赛（即国际比赛），二级队参加天津市公开赛，三流队则参加天津市中学联合赛，各有千秋。

张伯苓在公务之余，也常参加师生的课外体育活动，有时还参加球类比赛，主持重要球赛的开球典礼等，对学生参加课外运动的积极性给予了极大鼓舞。据笔者的统计，南开学校培养出来的事业有成的毕业生，在校学习时大都是运动员，或至少是某项体育运动的爱好者。

4. 制定和完善体育规章制度

在张伯苓的指导和支持下，南开学校体育科制定了一系列关于体育运动的规章、制度、措施、办法，如运动员资格、运动员须知、运动队建制、运动员标准、裁判规则、对裁判员的正确态度、奖励运动员的规定等。

南开学校在运动队的组织、管理、训练等方面以及各种赛事的组织管理的一系列规章制度和措施，在当时是先进的、科学的和严密的，对以后地方的和国家级的运动队以及比赛的组织和管理都起到了指导和借鉴的作用，其影响也达到了全国性的规模。此外，这些体育立法的制定，使南开体育运动之长期处于领先地位，也起到了有力的保证作用。

5. 组织体育用品和器材的生产

为解决体育用品和器材的自给，张伯苓通过社会关系动员和支持商家组织它们的制造和生产。伴随着南开体育事业的发展，在天津出现了两家体育厂商，春合球类制造厂和利生体育器材厂。前者制造生产足、篮、排、垒、棒等球类，后者生产各种运动器材，小如乒乓球网台、铅球、铁饼、标枪、跳高杆架，大到篮球框架、单双杠、平梯、鞍马等器械。这两家厂商都是背靠南开中学面向全市全国的。它们初期的门市部就开设在南开中学门口大街上。这两个厂家与南开中学体育事业的发展互相呼应，南开学校向它们提出要求、提供样品，反过来两厂为南开以至全国的体育运动服务，相得益彰。开始时这两个厂家也是创业维艰的，因为面向学校供货范围过小，所以创业时都仅是手工作坊。只有后来体育运动发展向全天津市、全华北区以至全国，这两家厂子才发展向规模工业化生产。后来这两家都成为全国闻名的体育用品厂，货供全国，甚至有些产品出口供国际比赛应用。这两家体育用品厂也为我国近代体育运动事业的发展作出了它们自己的贡献。

6. 立足南开，面向全国，推广近代体育运动

张伯苓以南开学校体育运动的发展为基点，逐步向全国推广，最重要的努力是以影响所及组织和推广各种体育比赛。南开学校的体育运动开展了普及了，势必对天津市的其他学校产生影响，首先是一些教会学校如汇文中学、新学书院等校，紧接着就是一些公立学校和社会团体，如天津高等工业学校、扶轮中学、公立中学、基督教青年会、开滦煤矿局、北宁铁路局等，也都跟着开展了体育活动和组织了各自的运动队。在此基础上发展出 1922 年的天津学校联合运动会。对外地学校的体育联系，南开学校与北京的清华大学、燕京大学、北京师范大学等校年年都有互相往来的球类和田径比赛。影响所及，促成了地区性的华北运动会。最早的华北运动会只有学校参加，以后才发展向社会，有省市地方组织代表队参赛。

如果说张伯苓推广体育运动的活动，从南开中学到天津市再到华北地区运动会，是一条从下而上的路线，那么他并没有忽视双管齐下的方略，也重视从上而下的路线，较早地注意到开创全国和国际的体育赛事来推动全国。第一届全国运动会是在 1910 年 10 月在南京举行的，张伯苓任大会总裁判。他这时年仅 34 岁，距南开中学建校亦仅 6 年。在张伯苓的历史资料中没有记载他是如何如此快速成长为全国体育界重要人物的。在此以后直到第七届全国运动会（1948）张伯苓一直是历届大会总裁判或副会长兼裁判主席。这大概是时势造英雄，天命降大任于斯人，在当时旧中国体育界似乎没有别人在威望、学识和能力方面可以取代张伯苓担此重任。

张伯苓在体育界的影响不仅是全国性的，而且跨越了国界，也在国际上发挥了作用。在 1911 年张伯苓与天津基督教青年会干事葛雷（美）和菲律宾体育协会主席布朗共同发起，创议组织由中国、日本和菲律宾参加的远东运动会。第一

届远东运动会于 1913 年 5 月在菲律宾召开，历史资料没有记载张伯苓有否参加此次赛会，但南开中学有记录一名南中学生获得此次大会的男子铅球第一名，南中有该生的放大像片，悬挂在办公楼中。有历史记载的是张伯苓参加过第二、三、五、八、九等届远东运动会分别任大会总领队（二、三、九届）和总裁判（五、八届）。所以张伯苓推动中国体育运动的发展是多层面的，南开学校体育事业星星之火，终于满足了张伯苓的燎原壮志。限于篇幅，本文难于详尽张伯苓的终生体育业绩，只在下节中用年表的形式记录其体育活动史的梗概。由此年表也可看到本世纪前半叶中国近代体育运动发展史的概貌和张伯苓在此历史进程中所起的巨大作用。

三、张伯苓体育运动事业年表

1876 年 4 月 5 日	张伯苓生于天津，名寿山，以字行。
1889 年	考入北洋水师学堂学习。
1895 年	入役清海军通济轮实习。
1898 年	退出海军，受严修聘，主持严氏家馆。
1904 年 10 月	在严修支持下创办南开中学。
1910 年 10 月	第一届全国运动会在南京举行，张伯苓任总裁判。
1911 年	张伯苓与天津基督教青年会干事葛雷和菲律宾体育协会主席布朗共同发起远东运动会。
1915 年 5 月	张伯苓率中国代表队赴上海参加第二届远东运动会。
1916 年 5 月	张伯苓率南开体育代表队参加在北京举行的中国北部学校运动会，发表讲演："中国急宜讲求体育"，并当选为华北体育联合会会长。
1917 年 5 月	张伯苓为总领队，率中国运动队赴东京参加第三届远东运动会。
1919 年 4 月	张伯苓参加并主持在太原召开的第七届华北运动会，任总裁判长。
1919 年 10 月	创建南开大学，张伯苓任校长，周恩来入学为第一届学生。
1921 年 5 月	第五届远东运动会在上海举行，张伯苓任会长兼总裁判。

1922 年 2 月	张伯苓邀东南大学体育专科主任、中华业余运动联合会书记麦克东来南开中学指导体育运动。
1922 年 9 月	邀聘董守义任南开体操教员和篮球田径教练。
1923 年 5 月	第十届华北运动会在天津举行,张伯苓出席主持大会。
1923 年 9 月	南开女子中学建立,张伯苓任校长。
1924 年 5 月	第三届全国运动会在武昌召开,张伯苓任总裁判长。
1924 年 7 月	中国全国体育联合会在东南大学召开成立大会,张伯苓任大会主席,并当选为董事。
1926 年 11 月	张伯苓为上海两江女子体育师范学校建校四周年题词。
1927 年 6 月	第八届远东运动会在上海举行,张伯苓任总裁判长。
1927 年 9 月	天津体育协进会成立,推张伯苓为名誉主席。
1928 年 9 月	创建南开小学,张伯苓自兼校长。
1929 年 4 月	第八届华北运动会在太原举行,董守义率南开中学篮球队参赛大学组,先后战胜东北大学队、冯庸大学队和北师大队获得冠军。
1929 年 6 月	南开中学篮球队在教练董守义率领下远征上海,连战沪江大学队、外侨队和美国海军队,获全胜。继与访沪的菲律宾冠军队作公开表演赛,南开队以 4 分优势取胜,载誉沪上,得"南开五虎"美称。
1930 年 4 月	第四届全国运动会在杭州举行,张伯苓任总裁判长。
1930 年 5 月	第九届远东运动会在日本东京举行,张伯苓任中国总领队。
1932 年 7 月	张伯苓受教育部聘,担任全国体育会议筹备委员会主任委员。
1932 年 8 月	张伯苓出席在南京召开的第一次全国体育会议。
1932 年 10 月	出席教育部体育委员会,议决:1. 审定中小学体育课程标准;2. 设立教育部体育委员会学校体育课程讨论委员会;3. 筹设中央体育学校等案。
1933 年 6 月	张伯苓为江南大学体育协会题词。
1933 年 10 月	第五届全国运动会在南京举行,张伯苓任田径总裁判。会后参加全国体育协会会议,当选董事。
1934 年 10 月	第十八届华北运动会在天津召开,张伯苓任副会长兼总裁判。南开啦啦队"勿忘国耻"、"收复失

	地"、"勿忘东北"旗字表演，受到观众欢迎，日本抗议，张伯苓支持学生正义行动。
1935年7月	在青岛举行中华全国体育协进会体育讨论会，张伯苓参加并发表"从教育立场谈中国体育"演讲。
1935年10月	第六届全国运动会在上海举行，张伯苓任裁判委员会主任委员。
1935年12月	张伯苓在宜昌与鄂西女子中学体育教员谈体育问题，主张"体育无论在学校与社会，必须德、智、体、群四育并重，不可偏于求知的智育"，"专就体育而言，则当力求普遍均衡发展"。
1936年10月	创建重庆南开中学，建成规模宏伟的重庆南中体育场。
1936年11月	张伯苓赴上海主持中华全国体育协进会会议。
1937年7月29~30日	侵华日军炸毁天津南开大学、中学、女中和小学，张伯苓发表谈话："日人所毁者为南开之物质，不能毁我南开之精神，南开经此挫折将益愈奋励"，蒋介石慰问张伯苓说："南开为国家牺牲，有中国必有南开"。
1941年2月	张伯苓以主席名义召集中华全国体育协进会会议，决议请董守义兼任该会总干事。
1943年10月	中华全国体育协进会举行第一次理、监事联合会议，决定发起募集体育经费五百万元运动，推张伯苓、朱家骅、吴铁城、张治中、沈鸿烈、商震、郝更生、马约翰、董守义等九人为筹募委员。
1945年8月	抗日战争全面胜利，天津南开学校于1946年复员回归天津。
1949年10月	新中国建立，南开学校获得新生。
1950年9月	张伯苓从重庆返回天津。
1951年2月23日	张伯苓在天津病逝，终年75岁，遗嘱告南开学生友好："竭尽所能，合群团结，为公为国，拥护人民政府，以建设富强康乐之新中国。"

四、大球和小球

建国后在我国乒乓球代表队五连贯夺取世界冠军之际，在体育界出现了一种论调，说我国的球类运动，只有小球行，大球是不行的。这种论调也是属于历史虚无主义的，忘记了我国过去的大球运动，曾经有过一度辉煌的历史，而这种辉煌却又与张伯苓亲自哺育的南开学校体育密切相关。在这里不妨重温一下历史记录。

篮球 在我国的篮球运动史上曾有一段辉煌的记载。在20年代中期，在"中国篮球之父"著名篮球教练董守义的指导下，天津南开中学高中部培养出一支无敌于全国威震远东的篮球队，经常上场的主力队员是魏蓬云、刘建常、王锡良、李国琛、唐宝堃。国人誉之为"南开五虎"。

这个篮球队在1929年继在太原召开的华北运动会上夺标之后，远征上海，先后击败上海冠军队沪江大学队、上海外侨队和美国海军匹斯堡篮球队，轰动了上海滩。最后在一场表演赛中以4分领先打败了从日本全胜转来上海访问的菲律宾圣提托马斯大学冠军队，受到全场上海观众的热烈欢呼，为国人增了光。谁说我们的大球不能打败外国人呢！"南开五虎"由此在上海得名，后来传遍全国篮球界。

南开五虎的前锋唐宝堃在新中国建国初期，受聘担任中国人民解放军八一篮球队的总教练，为八一篮球队的成长作出了贡献，体现出了中国体育运动的历史延续性。

足球 在30年代前后，在南开学校内兴起了足球热。南开中学学生1000人，有3个足球场，南开大学300人，有一个足球场，为学生提供了足够的锻炼场地。在中学几乎每个班每个年级都有自己的足球队，学校每年都举行班际和年级足球赛，优胜者给予奖励。中学除了有自己的校队之外，还挑选出最优秀的足球队员与大学部选手共同组成南开大中联队，在天津市和埠际、校际比赛中，素负盛名。每年冬季与清华大学足球队的交替比赛（一年在清华，一年在南开）盛况非凡，一次次激起了三校（清华、南大、南中）学生对足球运动的热爱狂潮。在比赛现场三校啦啦队的加油助阵呼声和此起彼伏的歌声，促进了竞赛的高潮。球迷队伍也兴盛起来了。这样也在平津与河北两市一省掀起了足球热。天津也组织起自己的足球代表队，并成为当时国内的劲旅之一，著名的天津球员姜璐全国知名。

在我国口岸城市中，上海、广州和天津对外开放较早，华洋杂处，受外来影响较多，足球热也兴盛得早。广东足球队有较强的实力，它的著名球员李惠堂被球迷喻为"国脚"，球艺高超，闻名国际。英国国家足球队拟出重金招募李惠堂去英国效力，被李谢绝。李惠堂在1928年著有《足球》一书，是年8月，张伯苓特专门为该书作了序。张伯苓本人对足球运动也有特殊的钟爱。1935年冬，在天津举行"爱罗鼎"万国足球大赛（即国际足球赛，爱罗鼎是该赛的冠军杯）。在张伯苓的主持下，以南开大中联队和天津足球队为基础，组成了中华队参赛。结果中华队以不失一球的战绩勇夺爱罗鼎赛冠军，又一次煞了碧眼人的威风。比赛记录是3:0胜英国队，4:0胜世界联队；决赛1:0胜俄侨队。这次胜利也以事实证明，中国的大球是有过光荣历史的。旧中国培养足球运动员的经验，以及天津市普及足球运动的经验，都值得今天加以总结和借鉴。

排球　在中国排球也是在30年代兴盛起来的，在天津和上海两市率先发达。在天津，南开中学仍是发展排球运动的中心。1931年南开中学自发体育组织南敏体育会组成。南敏体育会是南开中学诸多俱乐部式体育组织中规模最大、人数最多、组织最健全的一家，拥有足、篮、排球队和田径队，在校际或对外比赛中，南敏成员常是校代表队的参赛骨干。

南敏排球队是南敏体育会的主要球队。在此前，在天津所向无敌的南开排球校队曾两败于上海复旦大学队和北平燕京大学队。所以南敏排球队一成立就喊出"胜复旦，克燕京，为南开雪耻"口号。1933年春南敏排球队出征北京，以绝对优势战胜燕京队，并七战七胜打败了所有的北京一流球队。是年冬训，南敏排球队聘请天津著名教练陶少甫为指导，猛练基本功，取得了很大进步。翌年4月南征宁沪，在南京战胜南京体育专科学校队和金陵大学队；在杭州战胜航空军官学校队；随后去上海，首战国内素负盛名的复旦大学队，其上场队员大都是参加远东运动会的国手，南敏以3:2胜。上海新闻报道说，"南人之长渐为北人所得"，不胜惋惜。

当时排球比赛规则是九名球员出场，头、二、三排各三人，采取定位打法，露天球场比赛。南敏排球队队员们都在训练和比赛中练就了过硬球艺，诸如战术进攻的发球、扣球、吊球、短平快、佯攻、掩护、换手扣、近体快等；防守上的拦网、互相保护、补位、鱼跃、垫球、打探头球等，都各有所长。在实战中也练就了二排代头排补位、三排代二排补位等战术。通过南征北战，南敏也把自己的战术和技艺向全国传播，促进了当时排球运动的繁荣。

几种小球　除了足篮排大球运动外，南开学校还有学生酷爱的几种小球运动。运动量大并激烈的有棒球和冬季的冰球。棒球是比较高级的体育运动，它要求的场地设施、运动器械、球员服装等条件都很高，球员的体魄、机动灵活性和技艺也都要求全面。相对来说是一种贵族球类运动，所以一般玩棒球的人比较少，不如足篮排球运动之普遍。但尽管如此，南开中学仍辟地建了棒球场，建立了大中联合棒球队，时有参加校际和与外国侨民的比赛。南开棒球队在天津也是一支劲旅。棒球运动后来发展为垒球运动，因为垒球运动要求条件不那么苛刻，比较容易普及，而且男女咸宜，不似棒球只能由青壮年男子来玩。后来在南开校内垒球也达到普及的程度。南中和女中的垒球校队也都是天津的优胜队。

在冬季，南开学校的溜冰运动比较盛行。南开中学的溜冰场有两处，一处是天然溜冰场，在女中南侧不远的墙子河上，冬季河冻冰封，工人凌晨打开冰窟舀水泼冰面上，冻出光滑凌面，即可供师生作冰上运动，只要有一付冰刀一双冰鞋就行了，是一种方便和平民化的体育运动。另外学校还在外大操场上辟地建席棚大屋。建设室内人工溜冰场。在凌晨温度最低、滴水成冰时，工人早起往地上洒水，一层层地冻冰，待至一定厚度和有光滑凌面时，即可供冰上运动员练习和比赛之用。场当中建冰球场。因冰球运动是一种高速大运动量有危险性的运动项目，对运动器械、服装、防护和球员体魄都有较高要求，适合身体强壮胆大灵活的男青年参与，所以参加者也相对较少。但南开学校每年仍组织冰球校队。参加校际、埠际和国际（对外侨）的比赛。南开的体育运动还是比较全面均衡发展的。

至于乒乓球运动，兴起较迟，学校只在学生娱乐室中设置了两张乒乓球台，球网、球拍和乒乓球均由学生自备。学校提倡乒乓球运动的力度是很不够的。这可能是因为南开的体育教育比较重视群体活动，以培养学生爱群团结的情操。而那时的乒乓球运动，似乎只着重在个人球艺，还没有发展成为团体活动。不过学生自发运动的兴致很高，在他们的自由活动中，乒乓运动也有一定发展，例如前中国科学院副院长、气象学家叶笃正院士和前新华社党组书记方实（叶笃成）兄弟在校时都是民间的乒乓健将。或许由于同样原因，桥牌和棋类彼时在南开都未被列入体育项目。

五、重视女子体育事业

自南开女子中学建立后，张伯苓也重视并不遗余力地推动女子体育运动事业之发展，聘章辑五的夫人张淑悌为女中专职体育教员。女中体育教育在章辑五的精心策划与张淑悌的长期努力和培养下，也曾哺育出一批在全国和华北运动会上著名的运动员和运动队。例如，在20年代后期，南开女子中学曾培养出一位比较全面的学生运动员詹宗曾，她在全国运动会和华北运动会以打破50米短跑比赛全国记录而夺冠，女子200米接力赛亦因詹宗曾的参与使南开女中队获得冠军。詹宗曾又是篮球、排球和垒球运动的健将。在30年代，南开女中的田径队、排球队和垒球队都曾称雄于全国和华北运动会，获锦标和奖杯累累；著名运动员辈出，例如，田径运动员韩鏊、韩亮、崔慧贤等，垒球运动员韩亮、崔慧贤、王观琪、杜文芳等，排球运动员祝宗岭、杜文芳、包经弟等。为了提高南开女中的篮球球艺，张伯苓于1929年秋，邀请著名的上海两江女子体育师范篮球队来津访问并比赛，轰动了津门。两江女子体育师范学校建校四周年时，张伯苓为该校题词致贺："强我种族，体育为先，平均男女，健身强国。"由此题词可见，张伯苓的男女平权、健身强国的思想，在当时亦是很先进的。

六、张伯苓发展体育事业的先进指导思想

张伯苓把体育看成是教育事业的一个有机组成部分，所以他发展体育事业的指导思想自然与他的教育思想是密切相关的，是互相依存的统一整体。作为一名爱国主义教育家，张伯苓的教育思想可以概括如下："以爱国主义教育为中心，对学生进行全方位的公民素质教育，使学生在德、智、体、群、美、劳等方面全面均衡发展，成为对祖国建设事业有用的人才"。体育是人才成长的重要因素之一，又与受教育者的其他素质要求有关，可以通过体育来补充其他方面教育之不足。所不同的是，张伯苓考虑的教育问题，是面对他的学生，而体育所面对的范围更广，要面对全国人民，因而还有通过体育对全国人民进行公民素质教育的问题。张伯苓是意识到了这个问题的，所以他在全国推广普及近代体育运动的过程中，也毅然承担起这个重任。下面对张伯苓发展体育事业的指导思想的几个方面作一些简要论述。

（1）通过体育弘扬爱国主义精神　张伯苓把发展体育事业看成是强种强国的大事，力图通过体育培养和造就体格健壮、思想健康、精力充沛、德智体并进的"完全发达"的人才，进而达到建设康乐富强国家的目的。这是张伯苓发展体育事业指导思想之核心，自不待言。另一方面，体育是群众的事，脱离不开政治，所以体育又与政治上的爱国主义有关。这里举张伯苓的两件历史故事，说明

张伯苓也通过体育活动，在政治上高举爱国主义旗帜。

在本世纪初叶，近代体育运动是舶来品，是从西方引进的，所以一开始各项体育运动无不打上外来印记：运动术语、规则、体制、器材等都引用外语（英语）和外货，甚至于开重要运动会要请外国人来主办，官方语言竟要以英语为主语，处处打上了半殖民地烙印。所以办中国体育事业就有一个是崇洋还是爱国的问题。继续接受西方的这种"全盘西化"的影响，当然不利于弘扬爱国主义精神和长祖国人民的志气。张伯苓在教育上虽然也主张学习西方，但更主张"土货化"，使外国文化和文明为我所化、为我所用。对发展体育事业张伯苓的观点也是如此，并力主在实践中把外来体育运动土货化。在1923年5月在天津举行的第7届华北运动会上，张伯苓是大会会长和总裁判，他毅然决定本次运动会，从筹备到大会举行，一律不请外国人参加服务，裁判工作均由中国人担任，并禁用外语。把这次运动会办成为完完全全的中国运动会。以此为创始，以后我国自行举办的运动赛事就完全脱离了外来影响，中国人从此在体育界完全站立起来了。因此，在体育界弘扬爱国主义精神，应以张伯苓为首创者，功居首位。当时天津传媒《大公报》在社论中赞美此举云："自是而后，华北体育界乃大放曙光，纯为独立国家之体育机关矣，各国对我之评语，亦因是而渐嘉，中国体育之人才，亦因是而渐众"。通过这种变化，中国作为独立国家的尊严和荣誉得到真正的捍卫，值得永垂怀念。

张伯苓利用体育运动作为反抗日本帝国主义侵略的工具，也表现有非凡的勇气。在1935年秋，第10届华北运动会在天津举行，张伯苓任大会副会长和总裁判。在开幕式上，南开啦啦队在主席台对面看台上，用紫白两色方旗，组编并打出"勿忘国耻"、"勿忘东北"、"收复失地"等巨型宣传字幕。举场观众鼓掌欢迎和喝彩。受邀参加开幕式的日本领事当场提出抗议，指为"反日"，张伯苓则答以"中国人在自己国土上进行爱国活动，这是学生的自由，外人无权干涉"，加以拒绝。日本领事愤然退席，并请日本政府向南京政府提出抗议，国民政府指示张伯苓从严约束学生不得有"越轨行动"。张伯苓召见南开啦啦队负责人，反而给予正面鼓励，说"你们讨厌，讨厌得好，下次还要这么讨厌，要更巧妙地讨厌"，一时传为美谈，振奋了学生群众和国民的爱国心和抗日热情。分析这次运动会中的抗日爱国举动，毫无疑问张伯苓是事前知情的。此次啦啦队是由南大、南中和女中学生组成的，队长是南大学生严仁颖，绰号"海怪"。他是严修的嫡孙，既是南开学生，又是张伯苓的晚辈，啦啦队在开幕式上作抗日旗字表演，是一件大事，严仁颖不可能不事先向张伯苓请示，不可能是啦啦队的孤立自发行为。张伯苓自"九一八"后，被天津市人民推选为天津市中等以上学校救国联合会主席，力主抗日救亡。南开学校又素以纪律严明著称，所以此次啦啦队的表演，张伯苓如果不是幕后策划人，至少也是事前知情和给予支持的，是张伯苓审查并批准此次行动的。因而拒绝日人抗议、事后给学生以袒护，自是意中之事。此次巧妙抗日尝试，显然也是对国民政府的不抵抗政策禁止反日活动政令的反抗，也是对运动会上广大观众、运动员和学生的一次生动爱国主义教育。张伯苓不愧是一位伟大的爱国者，深值后人景仰。

（2）通过体育培育公民道德素质　张伯苓在发展体育运动中，特别重视体育道德的培养，把体育看成是铸造公民优良素质的重要途径之一。他主张"德体并进"和"体与育并重"，下面介绍张伯苓一段讲话：

张伯苓提倡体育运动之目的，不仅在学校，而在社会；不仅在少数选手，而在全体学生。学生在校，固应有良好运动习惯，学生出校，亦应能促进社会运动风气。少数学生之运动技术固应提高，全体学生之身体锻炼，尤应注意。最要者学校体育不仅在技术之专长，尤重在体德之兼进，体与育并重，庶不致发生流弊。故体育道德及运动精神，尤为致意焉。

张伯苓常常亲自给运动员讲话，讲求"运动员风格"（Sportsmenship），要求运动员在竞赛中精神上要光明磊落，不投机取巧，不耍花招，不占便宜，培养团结合作和大公无私精神。在南开学校制定的有关体育的各种规章制度中，对运动员、裁判员以及体育观众，都有明确的要求。例如要求运动员在保持"运动员风格"之中，有明确具体的要求。对运动员的总体要求是：1. 在本队、敌队和观众面前，应时时表现义气、诚实、公开、谦恭与节制的态度；2. 必须以运动规则为双方比赛的标准；3. 不可在来宾面前炫耀己长而求人喝彩，遇观众喝彩时，自己应表现谦虚。对运动员个人的要求是：1. 须抱纯粹的游戏主义；2. 不求特殊优待；3. 须有百折不回精神；4. 应有败不馁、胜不骄的态度；5. 严格遵守运动规则；6. 服从本队队长及教练的指导；7. 服从裁判员的裁决，维护裁判员尊严。对于在运动比赛场中的观众，也有高风亮节的要求，因为观众的表现，不仅影响赛场秩序，而且也代表观众的文明程度、社会风气和学校的校风。这些要求包括：1. 为运动员的高尚风格喝彩；2. 为运动员的高超技术喝彩；3. 运动员若有不良表现时，观众不宜作声，不要影响裁判员的裁决；4. 裁判员裁判有失误时，观众不得有粗野怪叫或谩骂指责等情事。张伯苓又常教导运动员正确对待比赛胜负，他说："为赢易，为输难，输非难也，输而不自馁，斯难耳。"

张伯苓主张，运动员的品格，高于比赛的胜负，正当的失败，比不正当的胜利更有价值。他说：

"运动之所争者，胜负而已，苟一战而负，负而已矣，人格上固尤在也，若人格一有所损伤，则虽胜又岂值得若许代价哉？运动员对此应特别注意！"

他谆谆教导运动员不可因好胜之心过盛而有不正当的行动，应该在竞赛中维护校誉，保持国格，为校为国争光。张伯苓在发展体育事业中，对体育道德的以上要求，充分体现了在他的指导思想中极其重要的是以德为本的育人精神。他留给我们的这种精神永远是体育事业中的宝贵财富。

张伯苓反对单纯锦标主义，但不等于锦标第二。他要求在坚持体育道德的同时，运动员应刻苦训练，努力拚搏，夺取优胜，为国为校争光。要求精神文明和锦标两不误，即一手抓体育道德，一手抓优胜，两手都要硬。对比赛获胜的运动员和运动队都给予奖励有加。南开运动员从华北运动会、全国运动会或远东运动会载誉归来时，会受到全校师生的隆重欢迎，从火车站、电车站到校门口三路队伍欢迎，燃放爆竹，开欢迎大会，张伯苓或校部主任及师生代表致欢迎词，对运动员颁发奖品。每年校春秋运动会都要把历年获得的琳琅满目的体育锦标和奖杯奖盾进行陈列展览，以激励师生的体育竞胜精神。在国际运动会上获奖的运动员还获得在校办公楼内悬挂放大肖像的荣誉，给以如英雄般的盛待。在南开中学前后共有在远东运动会得金牌的四位同学曾获此殊荣。以上的举措在校内产生了积极影响，南开优秀运动员和运动队不断脱颖而出，使南开体育长期发达历久不衰，值得今日参考。

在另一方面，南开学校又不允许运动员特殊化，防止社会上"体育选手"的不良影响。张伯苓规定，南开运动员从校外比赛归来，应照样参加考试，有名的运动员如违犯校规或考试不及格，照样受校规处分或留级，绝不纵容姑息。张伯苓就是要通过这些严格规定，培养完全之人格，防止社会不良风气的侵蚀，其意义也在于发扬业余体育精神，不鼓励职业运动员。通过业余体育锻炼普遍提高公民健康和道德素质水平。张伯苓的这些思想也是值得我们今天深刻予以思考的问题。

(3) 在体育中贯彻公能校训　南开学校的校训是"允公允能，日新月异"，允公就是要求学生一心为公，大公无私，培养集体主义精神，允能是要求学生理论联系实际，学以致用，学得为人民服务的本领；日新月异是要求学生自强不息，不断改革前进。所以南开的教育称为"公能教育"，它为我国培养了大批量的合格优秀人才。基于此，张伯苓当然要把公能教育精神贯穿于体育教育之中。

在所有运动项目中，张伯苓既主张普遍开展，又情有所独钟，特别喜爱足、篮、排、棒、垒球运动，因为这些球类运动能有效地培养运动员的集体主义精神（允公）。例如他认为足球比赛是一种团结合作性很强的运动，全队十一个人必须团结一致，顽强奋斗，才可以争取胜利。在这类运动中自然就克服了人们"一盘散沙"的毛病，养成集体主义精神。足球比赛时间又长，紧张激烈，球员在努力拼搏中，忘记了自我，一心想着团体的胜利与荣誉，越到终场情绪越激昂，一定要坚持到底，也就不会有"五分钟热情"的坏习惯了。以此来培养锻炼服务于社会的精神是再好不过了。

张伯苓也十分钟爱南开学生的啦啦队活动。啦啦队是球迷或运动迷组织，拉到比赛现场上去给运动员助兴加油的。这也是在体育中培育集体主义精神的一种组织和活动形式。南开啦啦队常呼的助兴口号有："斯，进，吧，南开，南开，南开!"或者是"阿拉个庆，阿拉个翘，阿拉个庆庆翘翘翘，南开南开 Rua Rua Rua!""南开，加油，南开，加油!"等，有时高唱歌曲。这助兴口号是由队长拿着南开小校旗在队前从左跑到右，领着大家齐声高呼高唱的，在运动场上拉起群情激昂的高潮，观众鼓掌欢呼，运动员情绪振奋，此时此刻，全运动场内的集体主义情绪也发展到高潮，形成热烈火爆的场面。无形之中就把"允公"精神渗透到每个人的灵魂深处，起到了潜移默化的作用。

至于"允能"，南开学校在体育教育中，规定了学生各种运动项目的达标标准，目的在于使学生人人掌握各种运动项目的起码技能和技巧，做到一专多能。在张伯苓的教育要求中，学生不仅要掌握必要的业务本领，也应该学会一定的体育本领。因为掌握一定体育技能技巧的人，大都头脑机灵，行动敏捷，对于培养成多面手人才是大有助益的。并且这也有利于全心全意为人民服务的人才之成长。南开学校培养出许多有名的业余运动员和运动队，是因为他们在体育锻炼中的"允能"要求方面达到或超过了标准。

（4）体育与科学的卫生保健制度相结合　张伯苓作为一位有远见卓识的教育家，他也看到，如果没有科学的卫生保健制度相配合，体育是不能单独达到强种强国的。因此他在南开中学建立了一套独具特色的与体育相配合的卫生保健制度。

在 30 年代的南开中学，执掌学生医疗工作的卫生室是由体育科领导的，室址就在体育科的比邻。每年秋季开学，由体育科和卫生室共同组织对各年级学生的全面体格检查。虽然没有近代的查体诊断仪器，但检查仍然是很细致的：身高、体重、心肺听诊、腋下淋巴、肛门、生殖器、体能等都一一检查，记录在档，归体育科保管。体育科根据学生的年龄、身高和体重，给学生每人计算出一个健康指数，根据这个指数，制定该生各项体育运动项目的达标标准。例如跑百米此人应跑几分几秒，单杠引体向上须完成多少次，垫上仰卧起坐须一气完成多少次等等。由于有根据，区别对待，标准各异，学生能自己掌握达标要求，所以在体育测验（考试）后学生立刻就知道自己可得多少分了。学期结束，南开中学发寄给学生家长的学习成绩通知书共为三份，一份是操行成绩（德），一份是文化课成绩（智），另一份是体育成绩（体），借以向家长汇报学生这一学期在德、智、体等方面进步的情况。

在南开校规中有"严禁"的项目，规定严禁饮酒、吸烟、早婚、冶游（嫖妓）、随地吐痰等，这都与青年学生的身心健康有关，违反者都挂牌警告、记过或开除。张伯苓在每周给学生上修身大课时，都伺机对这些严禁项目给学生作详细讲解，说明原因，进行健康教育，使学生做到自觉维护完美人格和体魄。

南开学校还注意到中学生的生理特点，重视在全校进行性生理、性心理和性道德教育。聘请医学专家来校作青少年生理卫生教育讲座。张伯苓本人也利用修身课，亲向学生讲"纵欲伤身之害"，讲自渎的危害等。使学生从正当渠道获得性知识，打破性神秘感，促进学生身心健康发展和自我完善，移风易俗，破除封建思想。

完成以上卫生保健知识教育也是体育教员的部分任务，有时由体育教员在课堂上讲授，特别是由体育教练在运动训练中向运动员学生讲解，更有直接效果。

（5）节俭办体育事业　南开是私立学校，办学经费来源规定了它必须勤俭办一切事业，所以南开学校从校长到师生职工，都养成了节俭的良好风气，世代相传。

旧南开用人精简，南开中学大操场有四百米跑道和完善的体育设施，有上千学生上体育课，体育用品须要有人妥善管理，开运动会须有布置管理，但管理这个运动场只用了一个工人，任务是很繁重的。这位工人练就了过硬本领，运动场地和跑道划线不用工具划得整整齐齐，他还会修理球类和体育器械，球类用旧了磨出窟窿，他会给缝补好继续使用。只有在正式比赛时，才可领用新球。这位工人师傅是一位勤俭持家忠于事业的南开人。

南开中学在 30 年代废除了校队选手制，鼓励学生自发组织俱乐部式的体育会，前述的南敏体育会就是一个例子。这种体育会的经费自筹，允许自拉赞助。其管理、训练和比赛自理。这是南开学校推广普及体育运动的一种独特形式，可以锻炼学生的团结合作与独立工作能力，也培养学生精打细算克勤克俭的经济节约习惯，而学校则节省了体育开支。有对外比赛时，各种体育会常备不懈，随时可以抽调人马组成校队，短期训练即可上阵。这时的运动员服装及用具由学校供给，但赛事结束后仍由学校收回清理保管，下次比赛再用。这种节俭习惯对运动员与广大师生也是一种教育。节俭办一切事业成为"南开精神"中的重要因素之一，这种精神也是特别值得今天仿效的。

七、结语 继承前人的创业精神，奋发有为，为建设有中国特色的社会主义现代化国家而奋斗

张伯苓为之奋斗终生的教育事业和体育事业，为中国发展作出了不朽的历史贡献。在他的辛勤哺育下，为祖国培养出大批量的德才兼备的人才。最为典型最有说服力的示例，是南开学校把一位德智体等方面均衡发展的伟人周恩来奉献给中国革命，改变了中国的历史命运，为中国和国际无产阶级革命作出了不可估量的贡献。周恩来的革命业绩，举凡南昌起义、上井冈、创苏区、登雪山、过草地、二万里长征、创建人民共和国、主持国家大政等伟业，都无不与周恩来之有健康体魄和伟人素质有密切关联，而这些特质必应部分归功于南开学校的教育培养和体育锻炼，周恩来本人对此也是有所首肯的。周恩来同志伟人风范所表现的大仁、大智、大勇和真诚、纯朴，与南开校歌所要求的完全一致。所以周恩来是实践张伯苓倡导的南开精神最为成功的一人，缅怀前人的敬业精神，后人允宜加以弘扬和发展。

前已述及，南开学校培养出来的篮球健将唐宝坤在建国初期当了中国人民解放军八一篮球队总教练。在南开学校成长为著名篮球和田径教练的董守义在建国后历任国家体委运动司副司长和全国武协主席等职务，参加新中国第一、二、三届全国运动会的筹备和主持工作，受到周恩来总理的关怀和表彰。唐、董二同志的工作（以及许多其他旧中国体育从业人员为新中国体育事业服务），代表着旧中国体育与新中国体育的汇合点与延续关系，亦可见张伯苓创导的体育事业源远流长，其功是不可磨灭的。

张伯苓创导的教育和体育事业给我们留下的宝贵遗产，值得今人加以发掘和整理，总结有益经验教训，供改革开放事业作借鉴。张伯苓事业的突出特点是创办有中国特色的各种伟业，诸如办中国的教育、中国的体育、中国的科技、中国的文艺（特别是话剧活动）、中国的基督教会等等，无不符合当前的社会潮流——建设有中国特色的社会主义现代化强国。为纪念张伯苓的宏伟功业，在他一百二十周年诞辰之际，愿以此文与社会贤达和校友们共勉，共同为祖国的建设

事业努力奋斗。张伯苓校长的事业永垂不朽!

参考资料

1. 郑致光《张伯苓传》，南开大学出版社，1985。

2. 梁吉生《张伯苓与南开大学》，山西教育出版社，1995。

3. 王文俊、郑致光《南开人物志》306页，邢纯贵《体育教育家侯洛荀》，南开大学出版社，1994。

4. 同上，314页，徐行《中国篮球之父董守义》。

5. 同上，322页，邢纯贵《南开体育的先驱章辑五》。

6. 唐宝坤《忆南开五虎》，原载《南开中学建校八十周年纪念专刊》，69页，1984。

7. 娄光后《记南敏排球队》，同上专刊，76页，1984。

8. 黄中孚赠给南开大学档案馆的资料和照片。

9. 申泮文《张伯苓先生的教育思想和办学经验是我国教育事业的宝贵财富》，《南开大学学报》，6~9页，1986年第3期。

张伯苓与张学良的忘年交

一、一次震撼心灵的讲演

1990 年解除幽禁之初，张学良和夫人暂时留住在台北寓所休养，是年 8 月中在寓所接受了日本 NHK 广播协会记者的专访。采访的详细报道于 12 月 6 日发表在日本《产经新闻》上。12 月 17 日我大陆许多日报均有转载，不须赘述。

在采访当中，日本记者突然向张将军提问："先生在年轻时受谁的影响最大？"张将军不假思索地回答道：是张伯苓先生！接着张将军回忆了早在 1916 年他还是一位年仅 16 岁翩翩少年的时候，在故乡沈阳聆听了张伯苓先生的一次讲演，张伯苓的讲话十分感人，使他内心受到强烈的震撼。

1916 年 10 月底，天津南开中学校长张伯苓应沈阳基督教青年会的邀请，来到沈阳讲学，在沈阳青年会对青年教友作了一次讲演。讲题是"中国之希望"。这时张伯苓年届 40，正当壮年，办学有成，他创办南开中学已满 12 周年，积累了丰富的对青年进行教育的经验。以他口若悬河的天津话和善于鼓动的激情，打开了青年听众的心扉。掌声一次又一次地震撼了讲演大厅。

鬼使神差，谁也不知道在台下听众席中有一位显赫人家的子弟，东北三省督军大帅张作霖的 16 岁公子张学良。此时的张学良正是一位享受优越生活无所作为的富家纨绔子弟，前来听讲只是由于慕名张伯苓的办学业绩，同为基督教教友，抱着好奇心来猎奇的。但在他当时的二八年华，正是青年人憧憬未来征程，为国家和社会的前途踌躇苦闷、思想多变的时期。张伯苓讲到国民对国家的责任时讲出了一句语惊四座的话："中国不亡吾辈在！"在张学良的头脑中引起了震撼。张校长讲道："每个人都要自强，只要人人有了自我，中国就亡不了。我们必须有这么想的气概，不管人家怎么说，自己要有这种信念！"这几句话对张学良竟然丝丝入扣，震撼心弦，对他起到了拨雾指迷的作用。

张学良听了张伯苓的讲演词，认识到自己不应该继续沉湎于游乐、做父亲和家庭庇护下的公子哥儿，而是男儿当立志，应该能为国家和社会做些有益的事业。张伯苓的声影在张学良的头脑中深深打下了难忘的印记。

二、抗日救国的共同理想

1927年，张学良在奉军中已升任高级军官，人称少帅，受命主持华北政务。为对张伯苓表示尊重，聘请张伯苓出任天津市市长。张伯苓以不愿参与政治为由，婉言谢绝了。

是年9月，张伯苓为警醒国人，揭露日本对我东北地区的侵略意图，亲赴东三省考察，得到张学良的妥善关照和安排。返回天津后，于11月在南开大学建立了"满蒙研究会"，后改名为"东北研究会"。该会建立伊始就得到张学良的大力支持。张伯苓多次致函张学良，介绍办会宗旨和工作进展情况。1928年1月派人持函往见张学良，邀请他担任"东北研究会"名誉董事。张学良欣然接受邀聘，并捐助银元500元作为该会研究经费，对该会的活动倍加赞许。

这年4月，张伯苓偕"东北研究会"总干事傅恩龄再次赴东北三省调查研究，月余返校，也都受到张学良和东北官方的诸多优待。张伯苓根据调查所得，依东三省的丰富自然资源、经济、人文、地理等方面，积累了许多资料，发表了许多调研报告并且编著了一部《东北地理》，在南开中学开班授课，教育学生认识广大东北地区对祖国建设事业的重要性和日本的侵略所造成的危机。这些工作后来都引发了日本侵略者的忌恨。

"九一八"事变后，张学良因日本人有杀父亡家之仇，抗日救国的决心强烈；张伯苓担任了天津市各界抗日救国联合会主席，也是坚决主张对日抗战的。老张小张的共同抗日救国理念，使他们之间更加互相支持，在他们的忘年交之中增添了诸多传奇色彩。

三、张学良支持张伯苓办南开大学

1928年12月，张伯苓赴欧美考查教育，取道沈阳去欧洲。由于张学良对张伯苓改变自己人生观的那番讲演，一直怀念有加，对南开大学的办学时有关怀。对张伯苓的到来深表欢迎，曾两次邀请张伯苓"欢谈"，对张伯苓"以半百之身，远涉重洋，努力于教育之发展"，表示十分钦佩，并决定向南开大学捐助银元20万元，作为学校发展基金。张伯苓此次欧美之行，经历英、法、意、瑞士、美、日等国，对各国之教育进行了考察，次年9月回国。

1930年，张学良30岁，被蒋介石提升为全国陆海空军副总司令，显赫一时。这年秋天，受张学良东北军控制的天津警备司令部将小站营地约千亩稻田划归南开大学经租，租金作为南开学校办学经费。

12月10日张学良偕夫人于凤至和随从人员，分乘8辆小汽车，浩浩荡荡，开到天津八里台南开园，对南开大学进行一次视察访问。张伯苓校长在文科楼秀山堂的礼堂内，召集全校师生，为张学良一行举行了盛大欢迎仪式。据媒体报道，张学良对全校师生发表了"情词恳切的训词"，受到热烈欢迎。他在发言中再一次提起14年前张伯苓的讲演，情绪激动地说："予之有今日，张校长一言之力也"又说："我之所以有今日，实亦南开之赐！"

四、张伯苓帮助张学良办东北大学

张伯苓对张学良的热心于教育事业和体育事业也全力给予帮助。张学良在沈阳创办了东北大学，自己兼任校长，但缺少执行经常校务的得力助手。南开大学第二班毕业生宁恩承，是张校长得意门生，从英国留学归来，正好也是东北人。张伯苓遂推荐宁恩承到东北大学出任秘书长，执行校长职务。谆谆嘱咐宁恩承说："汉卿有求于人的困难，咱们应该帮助他解决这个困难。"他全力支持宁恩承在东北大学大胆工作，迎难而进，革故鼎新，整顿校务，取得了成绩。与此同时，张伯苓本人接受张学良聘请，兼任东北大学校务委员会委员，多次应邀赴沈阳指导工作，帮助改革和制定建设方案。又曾派遣南开大学秘书长黄钰生和体育课主任章辑五等人先后去东北大学帮助工作。此外，张伯苓还割爱把自己的校务得力助手、南开四校事务主任孟琴襄借调给东北大学一年，帮助东北大学整顿后勤工作。孟琴襄是张伯苓办学的四大金刚之一，是校务管理的行家里手，到东北大学担任事务部主任，带领员工辛勤工作，不久，校园就大变样：校园电灯亮了，马路平整了，下水通畅了，教工宿舍不再怨声载道了，工作一年下来，给东大节约了后勤经费20万元，誉满沈阳。由于东北大学多方面学习南开大学办学经验和校务管理经验，成效显著，所以沈阳传媒报道说："南开精神已由白河之滨移来辽河之滨了！"

五、张伯苓精神左右西安事变

待到1935年,张学良受南京国民党政府军事委员会及蒋介石的命令,驱师大西北,督率东北军和西北军,参加"剿匪"战争,在蒋介石"先安内,后攘外"口号驱使下大打内战。张学良出于良知,一向主张停止内战,团结抗日,同时也制约于部下东北军将领和士兵"打回老家去"的强烈要求,决心一试停止内战的努力。通过东北军内中共地下工作人员的联系,于4月9日毅然独自驾驶飞机飞抵陕北肤施,力图与中共代表接触,会谈抗日救国大计。当日傍晚,在一座天主教堂里,与中共代表周恩来会见了。

张周二人刚一见面握手,张首先对周说:"我和你同师,咱们可以说都是南开的人。"周恩来一愣,说:张校长怎么成了你的老师了呢?"张学良随即谈起如何受张伯苓启发,精神振奋,改变人生志趣的过程,然后爽朗地说:"我很感激张伯苓先生,我对他总是以师礼事之。"

历史总是会出现一些扑朔迷离的玄机巧运,谁能想到"张伯苓"这三个字竟会成为一次伟大变革的催化剂,给仍在春寒之夜凭空增添了许多温馨,给周张会谈增添了轻松和融洽,催生了一个伟大的历史转折。对张学良来说,从人生观转变、到促成全国团结抗日,可以说无不与张伯苓有某种联系。

会谈持续到次日清晨4时,双方取得了共识,周张握别时,张学良以私人款项2万银元相赠,回西安后又向红军馈赠了法币20万元充实红军粮饷。

酝酿中的变革终于以暴力的形式爆发了:1936年12月12日,在西安的军事领导人张学良和杨虎城以兵谏的形式扣留了蒋介石,通电全国要求停止内战,团结抗日。整个形势震惊世界,南京政府内部混乱了,分裂成两派。一派是以军政部部长何应钦为首的主战派,主张重兵进攻潼关、进犯临潼、西安。另一派是以宋美龄、宋子文和国民党元老为主的主和派,主张谈判调解,和平解决矛盾,解救蒋介石。

南京政府方面夙知张伯苓对张学良有影响,所以在诸多调解活动中,紧急电召张伯苓晋京,共商国是。张来京后,宋美龄和宋子文就央求张伯苓亲笔写信给张学良,这封信的内容未见外传,但可知不外乎是要求张学良以大局为重,悬崖勒马,释放蒋介石,和平解决危机。这封信派由国民政府行政院美籍顾问端纳飞西安面交张学良。端纳曾经做过张学良的顾问。随后两宋也联袂飞往西安,直接与张学良进行面对面的斡旋。

西安事变危机的真正解决，众所周知，是张学良邀请了中共代表周恩来到西安，与囚禁中的蒋介石会谈，为国共第二次合作共同抗日，达成某种妥协之后才得以和平解决的。张、杨宣布释放蒋介石，中国渡过了一次难关。遗憾的是，张学良为表白自身光明磊落、肝胆照人，毫无一己之私，没有听从周恩来的劝阻，毅然跟随蒋介石回南京"认罪"，遭致终身软禁之灾。张学良不愧是一条英雄汉子，但从此从中国政坛上销声匿迹了。

纵观西安事变的发生与和平解决，张伯苓的两位真假门生周恩来和张学良作用巨大，张伯苓像一条无形丝线，把中国近代史中的两位英雄人物联结到一起了。

六、张学良挥毫缅怀张伯苓120周年诞辰

张学良于1992年移居美国檀香山，闭门谢客，颐养天年。在美的生活情况，传媒亦偶有报道，不需赘述。过去在东北大学做他的秘书长的宁恩承比张学良大一岁，也在美国做寓公，是汉卿家常来往的门上客，兼代为张汉卿家做一些秘书工作。1996年4月5日是张伯苓老校长诞辰120周年，南开校友总会准备在南开大学举行盛大纪念以缅怀他老人家的伟大教育功绩。校友总会先期致函宁恩承，请他婉求张学良将军为纪念张伯苓校长诞辰120周年题词。宁恩承照办，3月14日宁恩承寄来张将军的亲笔墨宝，端端正正五个大字"桃李满天下"。宁恩承在邮件中附言说："兹奉上张学良题词，请酌放大装饰，以滋显著。汉公年老眼花，久不执笔，恐怕这是最后的墨宝矣！"

张学良将军于2002年在美国檀香山终老，享年102岁。张伯苓校长于1951年2月在天津病逝，享年75岁。（刊于《炎黄春秋》2005年第001期65-67）

张伯苓百年成功教育的魅力

——2006年11月26日在第三届全国教育家大会上的主题报告

一、前言

1.1 张伯苓简历

张伯苓是我国20世纪民办教育最伟大的教育家,天津人,生卒年代1876~1951,名寿春,字伯苓,以字行。满清晚年北洋水师学堂(海军专科学校)毕业生,逢遇中日甲午之战,满清海军覆败。伯苓深感国家积弱不振,立志教育救国,弃武从文,得到天津著名仕绅严修(范孙)的帮助与合作,积50年的艰苦奋斗,建立起来宏大的民办南开教育体系,前后师生号称20万人,英才辈出,彰显于国际和国家教育史册。

1.2 张伯苓创建的南开教育体系

1904年创建天津南开中学

1919年创建南开大学

1923年创建天津南开女子中学

1928年创建天津南开小学

1936年创建重庆南开中学

1938年承办四川自贡蜀光中学

新中国建立后,除南开小学未恢复外,天津南开女子中学易名为天津第二南开中学。南开系统一所大学和四所中学都是国家或地方重点学校,得到扶持和发展,继续为国家培养骨干建设人才做出辉煌贡献,成为伟大教育家张伯苓先生给中国人民留下的丰厚宝贵遗产。

1.3 百年教育成功业绩的魅力

2004年10月17日,适逢天津南开中学建校100周年,也是南开教育事业的一百周年,在国家的支持下召开了庆祝纪念会,盛况空前,南开百年教育纪念碑落成。本文作者以南开校友身份参加了盛会,有感于个人成就深深受益于南开母校教育，为南开的成功教育总结其魅力为如下三点：

（1）教育是人类社会的永恒事业，应该请真诚的教育家来办教育，不拘一格育人才；

（2）爱国主义是教育思想的灵魂，爱国主义教育环境出英才；

（3）培养高层次人才立足于国内。

愿以这三点感念，与全国教育家共勉！下面就这三点介绍张伯苓教育业绩。

二、真诚的教育家办教育

张伯苓办成如此庞大的教育体系，当然需要拥有一个庞大的教育家群体，根据作者对南开学校体系的历史的分析，认为张伯苓教育家群体可以划分成 5 个层次，分别记述如下。

2.1 总体领导班子光辉团队

可以认为这个领导团队包括 5 位著名教育家，包括校父严范孙，他是总顾问和主要创办奠基人；校长张伯苓，他身兼所有南开系列学校的校长（但他只拿一份低于南开一级教授的工资），美国哥伦比亚大学教育学名誉博士，是南开教育事业的总指挥；长期担任南开中学主任的喻传鉴先生，美国哥伦比亚大学教育学硕士，南开中学部的总策划人和领导骨干；南开大学秘书长黄钰生教授，美国芝加哥大学教育与心理学硕士，大学部的主要主持人管理骨干；南开大学理学院院长杨石先教授（后为西南联合大学教务长、化学系主任、南开大学校长），美国耶鲁大学化学博士，主持大学部理工科教育。

介入南开高等教育领导层的还有一些其他著名教授，例如主持法商教育的著名社会学家陈序经教授，主持南开经济学教育与研究所的何廉教授等，对南开事业都也有深刻影响，但相对而言参与时限较短暂，可以另议。

以上所述 5 位教育家所组成的领导团队，有形式上的分工，但在严范孙、张伯苓的统一领导下，又通盘团结合作，共同谋划南开教育事业的建设与发展，在旧中国创建出教育业绩和人才效益对经济投入的比值最高超的辉煌民办教育事业，极为可能在全世界教育史中也是效益最高的业绩。南开民办教育体系办学的历史经验，是中国近代教育史中最值得总结、分析、归纳和参考的部分之一。

这里专门讲一下在南开领导团队中张伯苓的个人作用。他对南开整体教育只做一般领导，着重主持和规划南开总体事业的建设和发展，亲自抓德育教育，给全校学生上"修身"大课,但把主要精力放在几件重大任务上:(1)走向社会为南开教育募集资金善款,充实办学经费;(2)走向全国宣传教育救国理念,呼吁重视教育,为民办南开教育全国公关;(3)领导全国的近代体育运动,他是 20 世纪中国近代体育运动的重要领导人,是南开学校体育→校际体育竞赛→天津市体育竞赛→华北地区体育运动会→全国体育运动会→远东体育运动会(即今亚运会)逐次发展建设的创导发起人。张伯苓推动全国体育运动,是从他的教育思想出发的:办教育就要培养给国家做事的人才,这人才必须是身心体魄健康的人,要排除国人"东亚病夫"的恶名,必须全民办体育。张伯苓又把体育看成是德育的载体,提倡"运动员风格(sportsmenship)",要求讲体育道德,胜不骄,败不馁,尊重竞争对方,讲友谊,讲团结,服从裁判,祛除不良习惯,等等。在全国提倡体育运动,同时也就是在全国人民当中普及道德观。所以张伯苓说:"不懂得体育的人,不能当学校的校长"。张伯苓是一位真正的真诚教育家。

2.2 各级学校的授权—长负责制

上面说张伯苓对南开各校只做一般领导,各校的具体教务管理和领导,都分别委托一位负责人,分别授给实际校长的职权,全面负责,例如在上世纪 30 年代抗日战争前,这些各校负责人是:

天津南开中学主任　喻传鉴先生(全面负责教务和校务)

天津南开女子中学主任　黄梅美德女士(留美硕士,全面负责教务和校务)

南开大学秘书长　黄钰生教授(全面负责校务)

重庆南渝中学(后改重庆南开中学)署理主任　韩叔信先生(全面负责南渝时期)

这些授权负责人都是真正的教育里手,既能上课堂直接授课,又能主持行政主管,而张伯苓则善于团结同人,任人不疑,授以全权,让他们放手工作,各尽所能,充分发挥他们的聪明才智,把各校办得井井有序,又通过严、张指导,汇成大南开总体。为南开教育的成功,奠定了组织基础。

2.3 精干的后勤管理班子

南开学校有一个精干后勤管理班子,人们称赞她的骨干为张伯苓手下的"四大金刚"。他们是校长秘书伉乃如,兼管校务;庶务主任孟琴襄,是后勤专家;会计主任华午晴,兼管基本建设;体育科主任章辑五,主管体育、卫生和医疗。在他们主管下的全校科室工作人员,满打满算不过 20 人,但南开教育体系的特点是抗日战争前,四所学校共有一套后勤班子,所以是人员精简,工作效率要求高超。南开学校是民办学校,办学经费大部要依靠社会募捐,所以一切工作必须量入为出，实行紧缩政策。张伯苓和他的四大金刚领导下的队伍，不愧是久经锻炼和考验的后勤班子，完全实现了"人手少多办事，个个精干内行"和"勤俭办一切事业"的两大突破。人人爱校如家，日夜勤奋以赴，而且都洁身自好，珍惜校产一草一木。人人都能忠于学校、忠于教育、忠于办学目标，关爱教师和学生，为教师和学生的主题需要竭诚服务。

可以介绍一个故事，从侧面说明南开学校的精彩后勤工作。上世纪30年代，张伯苓曾把事务主任孟琴襄借调给张学良创办的东北大学，帮助东北大学整顿后勤。一年后，东北大学校园大变样：校园电灯亮了，马路平整了，下水通畅了，校内秩序井然。一年下来节约后勤经费20万元，誉满沈阳。所以沈阳的报纸报道说："南开精神已由白河之滨移来辽河之滨矣！"

有一个精干勤奋和清廉自守的后勤管理班子，是办好学校教育的必要条件之一。南开学校体系具备了此种条件。

2.4 精英教师队伍是南开精湛教育的主力军

张伯苓在办学经济上，实行紧缩政策，但在有些事情上又会不惜工本，肯于大力投资。第一是在邀聘名师上肯于下本，以适当优厚待遇和尊师重教感情交流并重，选聘和留住优秀教师。其他舍得下本的事情是：造体育运动场和购置体育器材；建设理科实验室和添置实验仪器设备；社会调查课的师生调查研究费用等。

邀聘新教师，中学部需经过喻传鉴主任的面谈考核，大学部则需要央求名家推荐校长亲自敦聘，礼贤下士，务求宾至如归，求取教师队伍稳定茂盛发展。

就南开中学而论，从1904建校始，惨淡经营，到30年代，在积累有效办学经验的同时，也逐步积攒起来一支精英教师队伍，尽纳品德高尚、饱学和有丰富教学经验之士，办学成就和人才效益准备好了起飞条件。1935年的高中毕业班，出现为南开中学有史以来第一个人才大班，毕业生141人，经过抗日战争，进入新中国，在这个毕业班学生中，成长出院士4人，大学教授20人，其中大学校长2位，高科技工作者40位，文学家4位，其中包括近代著名诗人穆旦（查良铮）。其余为高级官员，外交官（驻外大使和外交官），经贸人员，等等。以下1936毕业班和1937毕业班也都是相同类型的人才大班，人才辈出情况大体与1935班类似。从连续毕业班的人才效益可以准确地估计出教师队伍的精英度，不需繁琐描绘了。

南开学校建设教师队伍，除了邀聘饱学之士之外，还有创造条件自行培养青年骨干教师的一条途径。选拔当年优秀大学毕业生，充实教师队伍，在传统严谨校风熏陶下，通过老教师的传帮带，学校尽力提供优越教研条件，经过青年教师的自身努力进步，很快就可以进入精英教师行列。中学部和大学部都拥有丰富的此类经验。

1937年7月，天津南开学校校园悉数被侵华日军炸毁。南开大学奉命西迁昆明，与北京大学清华大学合组西南联合大学，共同为战时中国高等教育做出了历史性贡献。南开中学的教育家群体，在喻传鉴主任的率领下，骨干后勤班子四大金刚（体育科主任章辑五赴美国进修）、部分精英教师和部分学生，千里跋涉，辗转西迁重庆，进入重庆南开中学，保持弦歌不辍。管理班子和精英教师的到来，大大鼓舞了新建的重庆南开中学，他们成为播火者，传承了天津南开学校积三十余年的宝贵教育经验，薪火得以延续。这些老教师又按南开传统，为重庆南开中学培养了一批又一批的青年教师，重庆南开中学日益鼎盛，成为陪都样版名校，继续了南开学校的传统高标准教育效益，从1938年起，一直延续到新中国建立，每年的毕业班，都一律是人才大班，年年出院士，人才效益全国之冠。

在抗战时期重庆南开中学成长起来的青年教师，许多德才业绩超凡，出类拔萃。到抗战胜利，通过复员，进入高等学校任教，当了教授。进入新中国其中还有两位当选为中国科学院院士。南开学校有如此高超的精英教师传统，给中国教育事业做出的贡献当然必定是多方面显效的。有效经验值得重视。

2.5 学生管理干部

南开教育家群体中最后一个层次是少数的学生管理干部。抗日战争前南开大学有两座男生宿舍一座女生宿舍，就设了两位男舍监和一位女舍监，管理和服务于住校学生。南开中学也有学生宿舍，也设有4位学生管理干部。抗日战争中他们全部进入到重庆南开中学服务。他们人数虽不多，但他们的工作仍然是系统工程中不可缺少的环节。他们勤勤恳恳的服务，都受到了学生群体的欢迎，为建设和谐校园做出了贡献。

2.6 为真诚的教育家喝彩

南开体系真诚教育家为中国和人民带来了光明，带来了希望，带来了前途！引用毛主席赞美白求恩大夫的话，为真诚的教育家们喝彩！一队民办教育家群体，依靠对教育事业的热爱和责任，走到一起，毫无利己的动机，把振兴中国的教育事业看成是自己的职责，把培养爱国、救国、建国的人才，也看成是他们自己不可推卸的职责，终身为之奋斗。这是一种什么精神？这是爱国主义的精神，这是高度献身主义的精神，这是共产主义的精神！一个人的能力有大小，但是只要有了这点精神，就是一个高尚的人，一个纯粹的人，一个有道德的人，一个脱离了低级趣味的人，一个有益于人民的人！一切从事教育工作的人都应该向他们学习！

三、爱国主义教育环境出英才

3.1 爱国主义教育是一切思想教育的基础

有人说，应该加强对青年人的思想政治教育，第一是远大理想教育，这是基础；第二是爱国主义教育，这是条件。我不同意这种说法，因为它颠倒了因果关系。作为中国公民，首先第一性的思想意识，就必须是爱祖国、爱人民、爱祖国建设事业，愿意为祖国的繁荣富强奋斗终生。这才是真正的基础，应该使爱国主义成为中国公民的第一禀性，不可动摇。远大理想教育，即共产主义教育，是对未来政治方向的选择，是外来的第二性的思想意识，青年人只在有了坚定的爱国主义思想的基础上，才能自主地考虑祖国的未来美好愿景，也才能正确地选定这正确的远大理想方向。没有爱国主义思想做基础，谈任何远大理想都是空的、假的，有害无益。

可以从马克思主义在中国的传播历史来证明我的以上观点。中国革命的伟大领导人，有如李大钊、毛泽东、刘少奇、周恩来、邓小平，他们在未成为马克思主义者之前，都首先是伟大的爱国者。他们的青年时代，正处在中国被外来帝国主义国家侵略压迫的危亡时代。他们出于高度爱国主义情操，立志要挽救中国于危亡，望眼世界，寻求救国之路。最后找到了马克思列宁主义，亲手把她移植到中国来，身体力行，领导并参与中国的革命，终于打出了一个红彤彤的新中国。由此可见，对他们这些伟大马克思主义者来说，爱国主义思想是第一性的，有了爱国主义思想基础，才能笃信马克思主义远大理想，做坚定的革命者。就今天的环境来说，也可以推出一个结论：优秀的共产党员，必须首先是一个伟大的爱国者。邓小平有一句名言："我是中国人民的儿子，我深深地爱着我的祖国和人民"，这就是邓小平的革命思想基础，我们应该学习他。也就是说，学习邓小平理论，应该高举两面大旗，一面是爱国主义大旗，另一面是邓小平理论大旗，才能够理论联系实际地学好用好邓小平理论。

3.2 张伯苓教育思想的核心是爱国主义

张伯苓矢志教育救国，出发点就是爱国主义的，从一开始就抓住了教育事业的命脉：爱国主义是教育思想的灵魂，所以他的教育事业无往不胜，取得了百年的成功。

张伯苓给南开学校订立的校训是"允公允能，日新月异"，是显示南开办学特色的爱国主义的训词。"允公"要求学生接受为公的教育，即要求学生爱祖国、爱人民、爱事业，一心为公，这是教学生如何做人。"允能"是要求学生学得本领，全心全意为人民服务，要求学生会做事。立德、立业，尽在其中。"日新月异"是要求南开学子自强不息，与时俱进，不断创新进步。南开同仁称张伯苓教育为"公能教育"，这公能教育就是爱国主义教育的代词。张伯苓的教育方针可以归纳成如下的表述：

南开学校的教育，是以爱国主义教育为核心，对学生进行全方位的公民素质教育，使学生在德、智、体、群、美、劳、创业、服务等诸方面，得到均衡发展，把他们培养成为爱国、救国和建国人才。

张伯苓执行的爱国主义教育，不是抽象的空洞语言，而是联系实际，言之有理，言之有物，与培养全面发展的人的公民素质要求相结合，与国家发展对青年人的要求相结合，而且教育者以身作则，给出形象表率。中国人爱中国，理所当然。所以爱国主义教育是学生们普遍欢迎的。老师们联系实际给学生进行爱国主义教育，学生一定就是一听就懂，一学就会，一抓就灵。应该常抓不懈，点滴渗透。爱国主义教育是当前教育体制改革中的重中之重。

3.3 爱国主义教育环境出人才

在抗日战争引发时期，中华民族积压已久的民族活力，像火山一样突然爆发出来，在全国形成了一个伟大的爱国主义教育环境与氛围。在此时期的一代青年人，报国有志，接受了抗日战争的教育、培养和锻炼，民族危机加深了这一代人"国家兴亡，匹夫有责"的责任感和爱祖国、爱人民的深厚感情，坚定了他们打败侵略者、振兴祖国的决心。所以这一代人都以高度爱国主义热情作为学习、工作和斗争的动力。心里只有祖国，勤奋学习是为了祖国，勤奋工作和坚苦卓绝斗争也是为了祖国。勤奋给他们带来了克服困难的力量，也给他们带来了前进和成长的机遇。他们之中有许多优秀战士为国捐躯了，另一部分优秀人才在这多难兴邦、时势造英雄的时代，茁壮成材，使抗日战争这个时期成为我国历史上一个空前伟大的人才辈出的时代。领导我国革命成功的党、政、军的第一二代领导人都是这个时代成长起来的。就科学技术界而言，中国科学院和中国工程院院士共有我国第一流科学技术专家1200余人，他们中的大部分也是在这个时代成长起来的。这个时代还出现了许多伟大的文学家、文艺家、作曲家、歌唱家、等等。这个时代人才鼎盛，是我国过去历史上任何时期所不及的。

张伯苓主办民间的南开系统教育，时间阶段是上世纪前半段1900~1950，正好是抗日战争酝酿期到抗日战争最后胜利。他在抗战最困难时期坚持办学不辍，结合当时的形势，鼓舞、激励和动员学生，为祖国生死存亡的战争勤奋学习，为祖国未来的复兴勤奋学习，鼓励毕业生走上报国疆场，无论是现实斗争疆场还是高层次学习疆场，为祖国的今天和明天作奉献。张伯苓在他那个时代，把南开学校系统打造成一座爱国主义教育大熔炉，培养出来一批又一批的高端爱国者，所以南开人才辈出，桃李满天下，这都绝对不是偶然的。

实践是检验真理的标准，举办教育是否有成效，主要看是否大批量和高素质出人才，看她的人才效益。但是古人已有预示，"百年树人"，教育是一项放长眼检验成就的事业，不能短视论英雄。今年是张伯苓诞辰130周年，距他开始办学已经102年，正好可以全面检视张伯苓教育的人才效益。但是，他办教育的全面效益太丰饶了，不是简单叙述可以尽全貌。只好在下一节"培养高层次人才立足于国内"中，以"南开中学的院士工程"为例，代表张伯苓教育业绩的泰山一角，略表我们对他的崇敬之忱。

3.4 党、国家和人民认可张伯苓的教育业绩

1986年4月5日，是张伯苓诞辰110周年，为表彰张伯苓的伟大教育业绩，党中央和国务院决定在南开大学举办张伯苓诞辰110周年纪念会，指派国务院副总理国家教委主任李鹏，全国政协副主席周培源、钱昌照出席主持，出席大会的国内外知名人士600余人。会后又举行张伯苓纪念铜像揭幕剪彩典礼，规模与盛况空前。这是建国以来国内教育界最盛大的举措，中国人民公认了张伯苓的伟大贡献，他的教育思想和业绩将永载中国教育的光荣史册。

四、培养高层次人才立足于国内

张伯苓教育的全面业绩，不是简单记述可以馨尽，本文仅以中国教育的奇景，南开中学的院士工程为例据，说明张伯苓教育的伟大价值，藉以简窥全貌。南开中学在100年期间，师生成长为各级科技院士（包括若干外国院士）者，多达60余人，人才效益全国榜首。本文称此现象为南开中学的院士工程。

在1904~1934期间，南开中学毕业生后来成长为院士的有：
旧国民政府中央研究院院士　　梅贻琦　陶孟和　吴大猷　钱思亮　殷宏章
新中国的中国科学院院士和　　江泽涵　张文佑　殷宏章　罗沛霖　吴阶平

| 中国社会科学院学部委员 | 陈新民　袁家骝　黄家驷　李文采　罗常培 |
| 范文澜　何其芳　何炳棣 | |

但在这个时期，院士初苗的成长，是个别的、分散的、未成规模的。

1934年，南开中学已建校30周年，适逢张伯苓校长将满60周岁，校友们为两庆举行了盛大庆祝会，捐资建设了范孙楼和"三六"奖学基金。这次庆祝的实际意义远非寻常，南开中学30而立，积累了丰富的教育经验，形成了有自己特色的优秀办学方针和传统，校规、校训、校歌、校风俱立，整体规模完备。从此开始一个长时期、连续多年毕业生中成批量地成长出未来的院士的一个创新历史时期。

如前所述，1935、1936、1937三个毕业班是连续三年人才大班，这三个班共产出院士9人（其中2位美国工程院院士）。

1937年秋，天津南开校园被侵华日军炸毁。津校的精干后勤管理班子、部分精英教师和部分优秀学生，陆续入川进入南渝中学，继续弦歌不辍，继续传承了南开中学的院士工程传统。1938年南渝中学更名为重庆南开中学，当年第一班毕业生中的马杏垣、林同骥后来成长为中国科学院院士，该班也继承了从天津开始的毕业人才大班的趋势。这种趋势一发不可截止，以后年年毕业班都是人才大班，年年出产院士种苗。下面提供一个统计图表，记录津渝南开中学院士工程的一脉相传，可以说明南开的教育精神是百年传承持续发展的。（见下页南开中学院士工程一脉相传统计表）。

南开大学在近90年的历史过程中，师生成长为各级的科技院士者共有39人。所以就南开学校总体来说，在20世纪，从南开学校体系走出来的各级各类院士多达104人（统计可能不完全），这是多么令人羡慕的数字呵！不消同别的名校作比较，就南开学校体系仅是一组民办校而言，呈献出如此高表现的人才效益，能给我们今日办教育提供甚么启示呢？回答当然是：民办南开学校的榜样，给我们以鼓舞、信心和勇气，中国人有志气、有能力、有条件，完全可以在祖国的大地上，培养出自己需要的各级各类高层次人才。参考张伯苓的办学道路，培养高层次人才立足于国内的理想，是完全可以实现的！

张伯苓的教育思想和业绩将永远是中国教育事业中的瑰宝，我们永远怀念他！

1935~1937、1938~1946、1947~ 津、渝南开中学院士工程一脉相传统计表

（每年毕业生中成长为院士者名录）

	天津南开中学	
1935	叶笃正　关士聪　申泮文（注1）　刘维正（美国工程院院士）	
1936	卞学璜（美国工程院院士）	
1937	刘东生　涂光炽　张　滂　翁心植（工程院）	
	重庆南开中学	
1938	马杏垣　林同骥	
1939	钱　宁	
1940	徐　僖　夏培肃（女）	
1941	朱光亚　郭可信　梁思礼（天津留守）　邹承鲁　侯虞钧	
1942	陆婉珍（女）　楼南泉	
1944	张存浩　任继周（工程院）　李　坪（工程院）	
1945	何曼德	
1946	陆钟武	
	天津南开中学	重庆南开中学
1947		周光召　周恒　王方定　杨士我　戴乾圜（欧洲）
1948		章　综
1949		林华宝（工程院）
1950	刘宝珺	温诗铸（工程院）
1951	孙大中	毛二可（工程院）
1952		孟兆桢（工程院）
1953	王大中	戴锦锟（美国科学院）
1954		张仁和
1955	王静康（女，工程院）	曾恒一（工程院）
1967	程津培	
教师	杨石先	魏荣爵　冯元祯

注1　姓名后无注解者均为中国科学院院士

张伯苓教育思想研究会会刊发刊词

(2007年4月2日)

张伯苓教育思想研究会第一期会刊,今天与关心张伯苓教育的广大同志们见面了,这是本会工作同仁们为研究和宣传张伯苓教育思想和业绩所付出艰苦努力的结晶。我认为这种努力是有益的和及时的,将会对我国教育事业的发展起到一定的影响作用。

我国改革开放、发展经济二十余年来,参加世界贸易组织五年来,经济建设事业发生了巨大进展。我国已经一跃成为世界制造业大国、外贸出口商业大国、外汇储备大国,正在步入强国之林。人民生活得到极大改善,步入小康和谐社会的步伐日益快速,建设成就举世瞩目。

结合当前形势,党中央和政府开始把关注力聚焦到教育事业上来,国务院总理温家宝在2006年内先后召开了4次有关教育改革的座谈会,收集有关普通教育、职业教育和高等教育的群众意见和建议,为在2007年内召开一次全国教育工作会议做准备。我国面临教育事业大进展的前夜。我们欢庆有温总理亲自出席主持我国教育事业进步的宏大举措。温总理说:"要把教育放在优先发展的战略地位,普及和巩固义务教育、加速发展职业教育、提高高等教育的质量。要着力深化教育改革,提高教学质量,培养德智体美全面发展的各级各类人才。我们有一流的教育,才能有一流的国家实力,才能真正成为一流的国家"。

办好我国的教育事业,也要遵循邓小平理论的指导,也要摸着石头过河,这里有两块石头:一块是我国教育史中办学成绩卓著的典型样板,另一块石头是国际上先进教育国家的办学经验和教育游戏规则。办教育也要走全球化的道路。

在我国办学成绩卓有成效经验的样板,普通教育以张伯苓教育体系最为突出,高等教育以抗日战争时期的昆明西南联合大学是最高典范,这两家都是办学业绩卓著、人才辈出,被国际教育家称誉为"世界教育史中的奇迹"。是我国教育建设事业中的参考典范。

张伯苓教育思想研究会会刊的出版,恰逢其时,为迎接2007年国家教育工作会议奉上一份我们教育工作者的共同祝愿。

申泮文在《中国话剧先行者：张伯苓张彭春》首发式暨研讨会上的致辞

（2009年10月18日）

今天的这个盛会，在我们国内也是很少见的一个盛会。我代表天津张伯苓教育思想研究会对大家的光临表示热烈的欢迎和感谢！

我也是在南开中学上学，然后到西南联大上学还是南开学籍；我也是话剧的爱好者，在我们高中的时候我们演了很多话剧象《父归》、《五奎桥》、《新村正》等，在那时候我在里面多是跑龙套。演过一个和尚，穿一件和尚袍。到了西南联合大学的时候，我在毕业的前一年重庆南开中学五十多个学生考入西南联合大学。里面就有当初我在天津时候初中的小朋友，他们考取西南联大的时候找到我说："你是老大哥，带着我们玩。"我说："玩什么？"他们就说："你带着我们演话剧吧。"结果我们几个就组织了话剧团，请我做总监，我带着他们演了很多话剧。在那个时期，话剧是很兴盛的，因为那个时候没有别的娱乐项目。张伯苓校长把话剧的演出作为他培养学生素质的另外一个手段，跟他主张体育运动一样成为他的教育思想的一个很重要的组成部分。在体育里面教育学生树立体育道德，体育道德带动了学生的全面道德素质发展，而在话剧里面也教给学生从思维上、行为上懂得做人、做事，如何演出一个真正的人来，所以话剧活动和体育活动在我们南开的学生身上起到了潜移默化、寓教于乐的作用。在抗日战争兴起以后，话剧活动成为团结全国人民、鼓励全国人民奔赴战场进行抗日活动的手段。西南联大的时候，话剧运动蓬勃发展，那时候曹禺的《日出》、《雷雨》、《原野》、《北京人》等新剧本都编出来了，我们都去看了，像我们当时都可以亲自上剧场看曹禺演戏那是很荣幸的。总之话剧运动和我们传统的南开的教育是分不开的。今天和大家来参加研讨话剧活动在张伯苓教育思想中的位置及在南开教育实践中的作用以及南开话剧在中国现代话剧史中的地位都是非常有意义的。

谢谢大家的光临，非常非常感谢！

黄钰生和南开大学
——记南开大学校园被毁于日本侵略军的历史片段

前言 本文是为纪念黄钰生先生逝世二周年而作。黄钰生先生有一未了遗愿："提起日本侵略军对南开大学的窥伺、骚扰、炮轰、抢掠、火焚，事隔五十年，我仍然感到气愤难消、耻辱未雪"。我们为继承黄先生遗愿，当努力推进南开学校对日本侵略战争损害索赔工作，务期有成，以慰先生在天之灵。

本文主要记录黄钰生先生在日本侵略军炸毁南开大学校园之际的亲历记，但为使读者更真实了解历史真相，有必要先用一些篇幅介绍"南开五校"、张伯苓和黄钰生其事其人，所以恳望读者在进入索读第五节"南开大学美丽校园毁于一旦"之前，请给予少许耐心读完前四节，庶可理解日本侵略者的蓄意残暴祸心。我们对侵略者的大张挞伐，跟中日人民世代友好完全是两码事，理通大义的人士当可有此共识，无须多议。

一 "南开学校"办学体系

提起南开大学，首先应该介绍在中国近代史中占有重要地位的"南开学校"体系，在满清末甲午之战，中国被日本打败。在有救国图强宏愿的仁人志士中，天津有一位开明士绅严修（字范孙，1860—1928），认为中国只要有先进教育，有了受教育的人，就可以富强，就可以御侮雪耻，跻身于强国之林。他在1894年担任过满清的贵州学政（相当于今日的省教育厅长），就曾建议改革旧教育体制，设经济特科培养新人才。后来见满清政府腐败退官回天津，专心致志于办民间教育。他物色到一位北洋水师学堂（海军专科学校）毕业生并从北洋海军退役的张伯苓（名寿春，1876—1951），另一位中国近代教育伟人，委以重任，创办新教育。他们互相默契，互相襄佐，从办家塾开始，艰苦营造，经三十余年的惨淡经营，建立起一个庞大的"南开学校"教育体系，列述如下：

1904 创办天津南开中学

1919　创办天津南开大学
1923　创办天津南开女子中学
1928　创办天津南开小学
严修故世后，张伯苓继承严的遗志，继续办学
1936　创办重庆南开中学
1937　承办四川自贡蜀光中学

所以"南开学校"这一名称，可以简括为凡是张伯苓创办的并曾以张伯苓为校长的所有学校，均包括在此体系范围之中。现在除了南开小学被日本侵略军炸毁未再规复，南开女子中学建国后易名为天津市第二南开中学之外，保留下的所有以上一所大学四所中学，均已改为国立学校，并且都是国家教委或省市重点学校，为我国的教育事业作出了长远的历史性贡献。这样一个非凡教育体系在全世界范围来说也是绝无仅有的。培养出来的人才真可算得是桃李满天下，在我国的社会主义建设事业的各条战线上以及国际学术与科技界中都少不了南开人的业绩与足迹。

二　张伯苓的教育思想

1931年张伯苓同美国一位教育家谈办教育的目的时说："我之教育目的，在以教育之力量，使我中国现代化，能在世界上得到适当的地位，不受淘汰。欲达此目的，务须对症下药，即：（一）注重体育，锻炼强健之国民；（二）注重科学，培养丰富之现代化知识；（三）注重精神修养，向深处培，向厚处培……，整理中国固有文化，择其适合于现代潮流者，阐扬而光大之，奉为国魂，并推而广之，以求贡献于世界"。张伯苓反对空谈，重实干，重视集体，要求学生把个人与集体的荣辱融为一体，反对狭隘个人主义。对学生要求力主求学、立身、处世、合群和救国相结合，德智体三育并重，宣扬爱国主义和民族主义教育。后来他把自己的办学主张总结成"日新月异，允公允能"的校训，又概括之为"南开精神"。凡是在南开学校就过读的学生或工作过的教职工，无不从张伯苓的成功教育之中获得在工作、学习和生活中坚强不屈的精神支撑力量。
张伯苓教育思想的核心，是爱国主义，他不但是如此主张，而且在实践中付诸实施。在他亲自给学生讲授修身课时，谆谆教导学生爱祖国爱人民救国雪耻的道理。他还早在日本经营南满铁路的初期，就觉察了日本的侵略企图。提出东北是

中国的生命线以对抗日本军国主义喊叫的"满洲是日本生命线"的口号。张伯苓还在南开大学组织了一个"满蒙研究会",后改为"东北研究会",组织人力对东北经济与地理进行了广泛调查研究,编写成一部《东北地理》,在南开中学组织授课,以提高学生的爱国主义觉悟。后来成立的"南开大学经济研究所"也存档了许多东北和华北的经济资料,受到日本侵略者的觊觎和忌恨。在30年代兴起的学生抗日风潮,在骨子里是得到南开学校当局的暗地支持的。所以日本侵略者蓄意要把南开学校从地图上抹掉,是有其深层的内在原因的。

三 黄钰生主持南开大学校务

比周恩来高两班的同学中,有一位来自湖北的学生黄钰生(字子坚,1898-1990),也是张伯苓的得意门生,1916年南开中学毕业后,考入清华留美学校,1919年官费赴美留学,主修教育,副修心理学,1923年获硕士学位,旋即归国于1925年任南开大学哲学系教授。由于他品学兼优,又表现有行政管理能力,在1927年被张伯苓校长聘任为南开学校大学部主任,后改称秘书长。

张伯苓办学之成功,除了他的教育思想和办学方针之外,还由于他有一套独具特色的学校科学管理办法,使南开学校队伍精干,办事效率高,并成为勤俭办学的典范。张伯苓善于选贤任能,任人不疑。人们都知道,他办南开中学有得力助手中学主任喻传鉴,他办南开大学离不开黄钰生。喻、黄都是张伯苓的得意门生,又都是专攻教育学的专家。张伯苓分别委以重任,授予全权,使这二位专家在各自岗位上发挥他们的教育才能和行政才能,把学校办得各有特色,闻名于国内和国际。

南开大学的行政组织结构是独具特色的,不像别的大学之普遍设有教务长、总务长、训导长、办公室主任等岗位,而仅设秘书长一人,在校长的领导下统管全校的一切教务、总务与行政工作。在50年代以前,黄钰生自始至终是老南开大学的秘书长,是南开大学的重要创建人之一。

黄钰生不仅是管理大学的能手,而且也是一位善于发挥张伯苓办学精神的严师。他曾向学生讲演办大学的宗旨,他说:"办大学是干什么的?简单地说,一曰润身,二曰淑世。润身是充实自己,提高个人的道德修养;淑世是为社会。求学问接受教育可以润身,学以致用,用润身所得去改造社会,就是淑世"。他进一步发挥了张伯苓"南开精神"的学说:"南开是不服气的支那人为争这口气而办的，堂皇地说，是抗命主义的代表"。又说"南开大学的意义，是要用人格与学术去争气，去淑世，去实现中华民族的最高理想。南大不信中国根本不行，中国事根本没有办法；不信在中国社会做事，必须要圆滑、要敷衍、要应酬、要在茶寮酒馆中商定大笔交易；不信中国的问题，不能用科学方法来研究、来解决；不信喊口号、贴标语可以制服军阀、打倒列强而救中国；不相信撰名词、空谈主义、做无聊的浪漫小说、请外国学者来做通俗讲演，就是文化，就是学术。南大不相信中国青年生性浮嚣，不守规矩，不肯念书，只会浪漫与颓废。南大相信的只有两件事，人格与学问——下功夫修养求得人格，老老实实学习以获得学问。到南开大学来要读书，要做实验，要守规矩，要受考试。怕难的不必来，好奉承的不必来，服了这口气的不必来。南大接受中国的难题，青年人能接受南大的难题吗"？作为学校办学领导人，有如此深邃的教育思想境界，并且以自己为表率，身体力行，还怕学校办不好吗！南开大学以一个民办小大学，建校十几年到1936年就已跻身于强校之林，为抗日战争期间与清华北大联合组成盛名一时的昆明西南联合大学奠定了基础。

黄钰生在主持南开大学校务的繁复工作中，特别重视秉承张伯苓的意愿，注意教师队伍的建设。既重视延揽现有人才，又重视培育新进。到30年代，受南开大学之聘来校任教的美国留学生比重越来越大。在1934年全校教师41人，留美归来的有31人，占76%，包括博士14人，硕士14人。其中有数学大师姜立夫、江泽涵，物理学大师赵忠尧、叶企孙、饶毓泰、祁开智；化学大师邱宗岳、杨石先；生物学大师李继侗；著名经济学专家何廉、方显庭；历史学家梁启超、蒋廷黻、范文澜等，都是国内外知名学者，他们济济一堂在南开执教，抬高了南开大学在当时高等教育界中的地位。

南开大学在教师队伍建设上还有一些远见卓识之举，就是选聘本校或国内著名大学的青年毕业生来校作助教，一方面接受名教授的指导，一方面创造优越的成才条件，使他们能较早地承担教学与研究任务，使他们能在很短的时间内崭露头角。如数学家申又辰、吴大任，物理学家吴大猷，生物学家殷宏章，经济学家吴大业等，就是大学刚一毕业，就先留校任教，在南开园的优越环境里，奋斗上进开拓他们自己成才之路的。曾在南开就学、任教十年，后来成就为国际知名物理大师的吴大猷在1987年纪念张伯苓的文章中称赞了南开大学这一办学特色，他写道："南开大学在声望规模、待遇不如其他大学的情况下，藉伯乐识才之能，聘得青年学者，予以研教环境，使其继续成长，卒有大成。这是较一所大学藉已建立之声望、设备及高薪延聘已有声望的人才为难能可贵得多了。前者是培育人才，后者是延揽现成人才。我以为一个优良的大学，其必须条件之一，自然是优良的学者教师，但更高一层的理想，是能予有才能的人以适宜的学术环境，使其发展他的才能，从这观点看，南开大学实有最高的成就"。南开大学在师资队伍建设中的特色，使他在与别校的竞争中，取得了一定的优势。

  黄钰生办学的另一重要特色是从严治校，重视新生质量，强调基础知识，考试严格，注重能力培养，厉行淘汰制。他主张大学要做到教者认真教，学者认真学，考试认真考，绝对杜绝舞弊，要求做到南开大学的文凭是不掺水分的。后来形成了"三严"原则，即严谨的治学态度，严格的教学管理，严肃的工作作风。在黄钰生毫不含糊的督促下，南开大学的办学秩序井然，教学质量不断提高，在当时的高校中，无疑处于前列。南开大学战前办学短短十几年，就成绩斐然，能与国内驰名高校为伍，而且毕业生的学习成绩单，被美国和英国的大学承认，准予攻读高级学位，这都绝非偶然的。

四 美丽的旧南开大学校园

  南开大学于1922年凭借国内士绅捐款和北洋政府拨付整理债券利息，购置了天津西南郊荒地四百余亩，开始建设大学园。1923年以李纯（字秀山，1860-1920）遗嘱捐款50万元建成文科教学楼"秀山堂"，并立秀山铜像以资纪念。同年建成男生第一、二宿舍及部分教员宿舍和女生宿舍。
1924年初建成由美国罗氏基金会和国人袁述之先后捐款营造的科学馆，定名为"思源堂"，供理科数理生化四系教学与实验之用。
1927年卢木斋捐款兴建"木斋图书馆"，至1934年已藏书十四万五千多册。
1931年陈芝琴捐款建成女生宿舍"芝琴楼"，至是南开大学校园已规模初备，有了天津最高学府的模样。黄钰生很重视校园的绿化美化和景点配置，在建筑专门家华午晴和名园艺家王九苓的辅佐下，把南大校园打扮成一座既花枝招展又美丽安详的花园城，成为天津市当时除了唯一的公园北宁公园而外的另一所市民无限欣爱的假日和周末郊游场所。
当年南大校园没有围墙，四面环水，由墙子河支流围绕，也有溪流进入校内，可由校内乘小划艇弯道驶去青龙潭（即建国后修建的水上公园）。校东门为一钢骨水泥桥（大中桥），向西一条两侧垂柳的林荫大路（大中路），把校园隔成南北两半。从大中路西行约300米处，与大中路垂直，南北侧对称各有一马蹄形池塘，称南北马蹄湖。夏日莲荷掩映适于纳凉，冬日银装素裹作为溜冰场。南马蹄湖的南岸为思源堂科学馆，北湖的北岸为木斋图书馆，二楼南北相望。南湖的西岸为秀山堂文科楼。两湖各有一中心岛，以小路直接相连。南岛上竖立着李秀山铜纪念像，北岛中心建有"赏莲亭"。以上的建筑群构成了南开大学的中心景观。庄严壮丽的红楼，屹立在万绿丛中，真是一派好风光。

在中心区南湖的东侧，有教职员宿舍东柏树村，在秀山堂背后西面有教职员宿舍西柏树村，均为平房村落，家家门前花木扶疏，整洁安宁，疑是仙境，都也是南大校园内的游赏景点，从教授家门前走过，不禁使人忆想起当时教授们家庭生活的神秘和美满。

南大园的另一美景是花园、莲池和苇塘。校门口传达室左右，大中路南侧单身教师楼前后，有十数亩的桃园，在图书馆和思源堂附近各有一处花园和四五处莲池。小溪、莲池、花树、苇塘、伴着红房、水塔，布置有序，使整个校园就是一座大公园，为国内外游人所称道。每年春秋两季，市内中学童子军纷纷来南开园露宿，过赏心悦目的周末野营生活。

沿大中路再向西，在北侧是男生第一二宿舍，宿舍背后北面是学生生活区（浴室、理发店、自行车棚），再北就是荒郊。宿舍前面是体育运动场，这些设施都是为了便利学生课余参加体育活动的。女生宿舍则建立在西柏树村比邻。

特别值得提起的是，在思源堂西南侧，濒临河畔，有一座钟亭，内悬原海光寺（原址在距天津城南门五里处，毁于八国联军入侵）遗留大铜钟一座，重18000余市斤，制作精美，上面雕刻有全部金刚经，据记载造于晚清，是一件有纪念意义的珍贵文物。南开大学建成后，由天津市拨给南开大学保存。这座钟亭不但在校园内构成一独特景点，而且也派了用场。每逢毕业典礼，在颁发毕业证书时，就撞钟纪念，有多少毕业生就撞钟多少下，声闻数里外，"八里台的钟声"成了天津市少有的名胜之一。

五 南开大学美丽校园毁于一旦

自九一八事变后，日本侵略势力的矛头逐渐以得寸进尺之势指向华北。由于过去的不平等条约，天津不但有日本租界，而且还有日本驻屯军和日本兵营（在海光寺，是南开大学的芳邻）。所以天津市成为当时日本军国主义势力侵略华北的重要据点。由朝鲜浪人和汉奸特务组成的便衣队在1932—1936年期间，在日本领事馆和驻屯军的策划下，曾搞过三次"津变"，意图把天津变成另一个"冀东"，由于驻天津保安队的得力抵抗，日寇未能得逞。但在他们的历次骚扰中，都是以南开大学为重点对象，使南开大学年年月月不得安宁。黄钰生在处理校务之余，还要经常准备应付日本人的多方骚扰。所以南开大学在1932年以后就是在抵抗日寇侵略活动的艰困条件下进行顽强办学工作的。南开校史是中国人民抗日斗争史中的一个组成部分。

从1932—1937这几年中，南开大学几乎每天都有"日本来宾"光临，其中什么人都有——官吏、和尚、尼姑、妓女，也有冒充政客和学者的浪人与特务，很少正派人。他们来了就要参观这参观那：课堂、学生宿舍、图书馆等都要进去看看，特别是经济研究所，探询他们特别关心的所藏经济资料。

最令人气愤的是，日本在津"驻屯军"把南开大学校园当成他们的练兵场。在男生宿舍前的体育场构筑机枪阵地；在秀山堂门前空地演操练武喊口号和打靶，机枪嘎嘎声扰得楼内无法上课。南大为应付日寇骚扰，专设一位校长秘书，由日文专家傅恩龄担任，届时出面向日本军官交涉，告诉他："这是我们的课堂，正在上课……"。日本军官假意撤兵而去，但第二天又来操练，用耍无赖的办法坚持不断骚扰。当黄钰生用学校名义向日本驻津领事馆提出抗议时，日本领事竟倒打一耙，说："你们取缔抗日，军队就不来了"。

1937年秋，"七七"事变爆发后，北平附近的战事打打停停，时局不定，麻痹了我们的警觉性，致未能先期作好未雨绸缪应付战祸的准备。直到7月24日，才感到天津已有不保之虞。南开大学也在学校遭遇上感到日本人要下毒手了。日本领事馆派人来南开大学，要求会见马大恢（学生会主席）和沈世杰（学生抗日组织民族先锋队的负责人），意图把他们骗去逮捕。此时还在暑假，学校诡称学生已放假回家而拒之。随后来一队日军，说丢了一支步枪，要进校检查，也婉言拒之。黄钰生和理学院院长杨石先教授商定立即组织学生疏散，组织教职工眷属立即搬迁疏散到英租界的新学书院临时借用地点去。并开始把一部分图书和仪器转移到英租界的金城银行仓库。但由于交通工具的困难，在这几天里也只转移了贵重校产的十分之二三。

7月28日，天津市沦陷于日寇之手，日本侵略军在东马路至日租界举行了入城式。按国际公法，此时天津应认为是一座不设防并和平占领的城市，不应再有什么武装残暴活动。实则不然，在次日7月29日凌晨，日本侵略军在天津市实行了野蛮的炮轰、飞机轰炸、抢劫和纵火暴行。他们施暴的目标除了河北省政府（在天津河北区）之外，主要矛头对准了南开大学，然后是南开中学、南开女中和南开小学。张伯苓惨淡经营的南开学校天津部分全部遭难。

7月28日夜,在南大校园留守的有黄钰生、杨石先、郭平凡（屏藩,男生宿舍舍监)、几位职工和少数学生。次日凌晨一时,他们开始听见多处枪声。拂晓,驻在海光寺的日军开炮了。第一炮打河北省政府,第二炮就打南开大学,以木斋图书馆的圆顶为目标,一炮未中,再炮击中圆顶,因此圆顶较重,垮下来就把图书馆部分压塌。随后多炮齐发轰向南大各建筑物。同时又有飞机在校园上空盘旋,观察命中情况。上午9时,黄钰生等仍舍不得离去,进入秀山堂办公室留守。11时秀山堂中一弹,从楼顶直穿到地下室,幸未爆炸。看来留守已无用处,只好组织留守职工撤退。在思源堂后河边乘上备下的小船,黄钰生与杨石先、郭平凡及部分职工等分乘两条船驶离岸边向青龙潭方向划去。敌机侦察见到目标暴露,便骤然向人船集中炮火射击。每当炮弹哨声之来,郭平凡低头躲避,黄钰生与郭平凡相对而坐,遂嘲笑郭平凡说:"平凡你莫要自私,你低头,炮弹不就打着我了吗"?全船同人哄笑,苦中求乐,空气一松,缓解了同人的恐惧心理。黄钰生素善诙谐幽默,际此生命交关时刻,仍不改积习,可见其乐天的世界观。

船行里许到王顶堤村,受村中老农煮苞谷热情招待。这时听枪炮声已稀疏,黄、杨二位负责人以仓促出校,诸事待理,于是商定由黄钰生与职员郭平凡、张新波、赵世英和学生五人返回校园。另一船则载杨石先等人经由墙子河支流转吴窑佟楼进入英租界避难。

黄钰生等一入校园,但见弹壳星布,寂无人声,残垣断壁,不忍卒睹。进秀山堂,为谋午餐计,黄钰生献出家中白面一袋,烙大饼共餐。黄钰生和杨石先等留守职工急校务之急,只把夫人紧急疏散走了,未暇顾搬迁家中细软什物,后来都造成了个人损失。于此细微处亦可见南开精神。

黄钰生指挥余下职工进行巡查,正在计议如何觅船搬运图书馆残存图书时,又闻枪声大作,急回秀山堂,集合留校人员,避入地下室。随后就听见芝琴楼门窗玻璃击碎跌落声,秀山堂楼顶又落弹爆炸声,计此地不可久留,决定再度突围。但因弹雨密集,走出又折回,曾有与秀山堂共吉凶之想。不料守候校大门的工友霍文来报,日本坦克已开到六里台,正向八里台开来。计议之下,认为与其被日寇俘获,不如冒火网冲出,遂由黄钰生带领二次突围,沿墙爬行,到思源堂后乘船处。司船老工人正在岸边持篙危候,也表现出了"南开人"的忠勇面貌。大家保持镇静,鱼贯上船,在枪炮声欢送之下,驶离南开校园。行至八里台村小桥附近,遭遇日本飞机投弹,郭平凡顷身躲避,失身落水中。危急之际,由同人伸手提携,复归船上,但已变成落汤鸡了。船行吴窑、佟楼平安进入英租界。吉人天相，幸无伤亡。登马场道大桥时，回首西望，但见校园火焰冲起，黑烟直上云天，同人们凝视良久，不觉凄然。

事后据八里台村民目睹者说，下午炮停时，有一长列日军卡车，满载什物，从南大运到海光寺。原来停止轰炸是为了抢劫尚未搬走的图书和仪器，大钟亦被劫掠以去。日寇对不设防的南开大学所施暴行，就是在炮轰之后，继以抢劫，再继以炮轰，最后用汽车拉来煤油和纵火材料。对校园全部建筑物放火焚烧，一时南大成了一片火海。劫难由7月29日晨持续到30日下午，整个南开大学美丽校园变成了一片焦土，秀山堂、木斋图书馆、男女学生宿舍、东西柏树村教职工宿舍，以及邻近校门的单身教员宿舍楼，均夷为平地，思源堂剩下骨架残骸。300名学生暑假寄存在校的图书和行李，以及百余名教师职工的家私财产也受到劫掠或付之一炬，损失难计。

抗日战争胜利后，从日本东京找回了一万多册原南大馆藏西文图书，至今这批书内都贴了标签，注明由战败日本追回。但十万册中文书，其中有数万册元明善本，一本也没有找回来，海光寺大钟也渺无踪影，无从查索，找不回来了。

这里附带记录一笔，在这两天里，日本飞机轰炸了南开中学、南开女子中学和南开小学。笔者家居南开中学附近联兴里，有幸成为当时轰炸的目击者。轰炸时附近居民不敢躲在家中，都跑出来藏在胡同的隐蔽一侧。看见空中贴红膏药标志的大型日本飞机，飞行高度不算高，飞机翼下横挂的炸弹历历在目可数。但见日机突然机翼向一侧倾斜，向下俯冲，邻人以为日本飞机掉下来了，方要拍手高兴叫好，谁知竟是投弹，爆炸声震耳欲聋，房瓦和窗玻璃也震震作响，令人惊心动魄。事后查视，南开中学南院的教学楼"南楼"和单身男教师宿舍"西楼"，女子中学教学楼和小学楼均被炸毁并着火。南开中学北院在战争期间由日军进驻养马，亦受到严重破坏。南开学校的天津部分受到了全面的毁坏。这是家仇、国仇、民族仇，这一段历史是我们世世代代向青年人进行爱国主义教育的永恒教材。

由以上所记，南开学校所受损害，完全是日本侵略者"蓄意"毁坏，绝非战火"波及"，我南开人完全有理由有权索取损害赔偿！南开学校被毁时，张伯苓向《中央日报》记者发表谈话，说："敌人此次轰炸南开，被毁者为南开之物质，而南开之精神，将因此挫折，而愈益奋励"。31日蒋介石约见张伯苓、胡适、梅贻琦等人，以明确诚恳的话语安慰张伯苓说："南大为中国而牺牲，有中国即有南开"！蒋介石的这个断语幸而言中，今日的南开五所学校在新中国的哺育下，经南开人的努力奋斗，愈益发展壮大，南开大学又恢复其为国际国内知名的学府，为祖国培养建设人才正在发挥着越来越大的作用。

日本侵略者在炸毁南开学校之后，千方百计搜捕南开负责人和教师员工，幸有租界地之掩护，和南开同仁学生的通风报信，隐匿得宜，均幸免于难。黄钰生喻传鉴等有计划地组织南开同仁和学生由海路逃离天津，去南京（有南开办事处）、长沙（与北大清华合组长沙临时大学）或重庆（重庆南开中学），继续南开之事业，使南开弦歌不停。

黄钰生在八月中先经海路转去南京，到张伯苓在南京住所中央饭店见到张伯苓，从口袋里取出一串钥匙，向张伯苓说："校长，我未能保护好南开大学，但我把南开大学各楼和办公室的钥匙给您带回来了"。张伯苓此时热泪盈眶，紧紧握住黄钰生的手，说："子坚，你辛苦了"！一股热流通过紧握的两只巨手流向两位教育伟人的心扉。南开大学事业是这两位先行者开辟出来的道路，我们后来者将会永远踏着他们的足迹，继续努力前进！

六 黄钰生对南开事业的贡献与遗愿

结束语　南开学校天津部分被毁之日，张伯苓和黄钰生都各自开始了个人历史的新阶段。在南开事业上他们继续亲密合作，既是师生又是亲密战友，但在不同岗位上把南开事业推向前进。张伯苓主要留在重庆办好重庆南开中学，培养出大批今日在科技界工商界政界发挥巨大作用的优秀人才；黄则代表张伯苓参与昆明西南联合大学的办校工作，作出了极大贡献。《黄钰生同志纪念集》和《昆明西南联合大学校史》均有详细记载，不作赘述。

笔者曾为黄钰生对南开大学的贡献做过粗略的概括，认为其贡献凡有五：

（一）在 1926—1937 年期间襄佐张伯苓把南开大学办成为一所与清华北大齐名的学府；

（二）日本侵略者进攻南开学校前后，保护和疏散校产虽未竟全功，但在疏散和保护师生员工方面无一人员损失，组织转移南下亦完全成功，厥功至伟；

（三）代表南开大学与清华北大合作，为西南联大的成功教育作出了贡献，抬高了南大的水平与地位。为南开大学的今日发展打下了良好的历史基础。所任联大师院和附校的领导工作，也为云南的文化教育做出了不可磨灭的贡献；

（四）抗日胜利后南开大学之复员重建，均由黄钰生一手操持，1946 年秋如期复校上课，在废墟上的重建工作亦功不可没；

（五）解放前夕，黄先生谢绝南京政府方面派人送来的七张南逃飞机票，而是组织护校力量，把重建的南开园完整地交给人民政府，为人民教育事业立下了大功。所以作为南开人我们应当永远尊敬和怀念黄钰生先生。

黄钰生的"愤未消、耻未雪"的遗愿，留待我们为之完成。凡我南开校友均可通过本文介绍的天津南开学校 1937 年覆灭的历史片段，对日本军国主义的残暴本性有所认识，有所警惕。前事不忘，后事之师，寄望我全体南开校友及师生，加强爱国主义信念，为祖国的四化建设事业献身，为祖国的强大作出不懈努力。振兴中华，匹夫有责。待到祖国繁荣富强之日，黄先生的遗愿终将会在我们手中得到补偿。愿共勉。

参考资料：

1. 黄钰生：《被日寇洗劫的南开大学》，《南开校友通讯》第二期（1983）。

2. 齐植璐：《天津近代著名教育家严修》，《天津文史资料》第二十五辑（1983）。

3. 《南开大学校史》，南开大学出版社（1989）。

4. 黄钰生：《张伯苓教育言论选集》序，南开大学出版社（1984）。

5. 黄燕生：《黄钰生小传》，《黄钰生同志纪念集》，南开大学出版社（1991）。

6. 申泮文：《张伯苓先生的教育思想和办学经验是我国教育事业的宝贵财富》，《南开大学学报，文科版》1985 年第一期。

7. 黄钰生：《大学教育与南大的意义》，《南开大学向导》（1930）。

8. 吴大猷：《南开大学和张伯苓》，台湾《中央日报》1987 年 4 月 12 日。

9. 郭平凡：《南大被炸之追忆》，《南开周刊四十周年纪念校庆特刊》（1944）。

10. 喻传鉴：《惨痛的回忆》《喻传鉴先生纪念文集》天津教育出版社（1989）。

11. 《索赔提案诞生记》，《中国化工报》1992 年 3 月 27 日，《大陆民间对日索赔渐掀高潮》，台湾《中央日报》1992 年 3 月 30 日。

黄钰生教泽遗爱永留西南边陲

一、黄钰生对西南联大管理工作的贡献

长沙临时大学"湘黔滇旅行团"还没有出发之前，黄钰生就已经接受了在筹备之中的国立西南联合大学的具体任务，被校委会指定为西南联大建设长，到昆明后就要承担起建设西南联大校舍的重任。

西南联大在昆明诞生后，以"刚毅坚卓"为校训，在极其艰苦的条件下为抗战中的祖国培养人才。组成西南联大的三校在工作上有合有分。黄钰生除担任教育学教授任务外，还担任南开大学的秘书长兼教务长。最重的一份职务当属西南联大建设长了，仅这一份职务就花费了他不少精力。西南联大在昆明匆匆成立，可以说是白手起家、校舍一无所有。虽经云南地方鼎力相助，在昆明仍难全部立足。不得已，把文法学院设在蒙自，工学院和理学院设在昆明的东边和西边，租借会馆、盐仓和省立工业学校、农业学校暂时立足。后来由黄钰生出面，在昆明大西门外低价购得荒地124.45亩，并在他主持下规划、设计和建造了茅草屋顶土坯墙的宿舍和铁皮顶土坯墙的简易教室，形成了联大的"新校舍"（北区），后不久又建造了马路对面的简易理科实验室（南区），这样，西南联大算是有了自己的教学基地。现在云南师范大学还保留了一幢西南联大原来的铁皮顶土坯墙的教室，供人们凭吊。与今日辉煌教学大楼相对照，人们可以意识到，当时联大的艰苦办学条件，和从这样简陋教室里，大批成才之士是如何成长起来的，当然其中还包含了黄钰生的默默奉献。

从长沙临时大学到昆明西南联大，黄钰生素以工作干练、勇于承担任务著称。三校联合办学在行政工作上的一大特色，是对涉及面广、某一时期学校的重大任务，就临时成立委员会，推定有关人员组成，不另设专职专人，事情办完就把委员会撤销，对参加委员会的人不另发兼职津贴。根据统计，从临大到联大，设立的委员会何止百数，但学校的职工人数甚为精简。黄钰生担任委员的委员会竟达数十个之多，现择其要者以大事记的形式昭告后人，以明黄钰生对三校联合办学的不朽贡献。

长沙：

1937年11月临大筹委会第六次会议，推张伯苓为本大学军训队队长兼学生战时后方服务队队长，黄钰生、毛鸿为副队长，张队长公出时，由黄钰生副队长代理。

12月临大筹划迁校，决定成立本校交通会员会，推定黄钰生、庄前鼎、沈履、樊际昌、潘光旦为委员，以黄钰生为召集人。

1938年1月筹划在昆明建校，成立建设处，聘请黄钰生为建设长。

2月设立捐助寒苦学生委员会，黄钰生为委员之一，处理赴滇寒苦学生捐款事宜。

成立湘黔滇旅行团指导委员会，推定黄钰生、曾昭抡、李继侗、袁复礼为委员，黄钰生为该委员会主席。聘黄师岳为旅行团团长。

昆明：

1938年4月常委会首次会议，决议设立建筑设计委员会，推黄钰生为委员长。

8月遵照教育部令，联大从下学期起，增设师范学院，并照教育部电令，聘黄钰生为西南联大师范学院院长。

8月成立本大学校舍委员会，聘请黄钰生为该委员会主席。

11月改组本校建筑设计委员会，聘请黄钰生为召集人。

12月请黄钰生为本大学校务会议司选委员。

1939年7月本校与云南省教育厅合办中等学校在职教师进修班，请黄钰生负责治办。

9月成立进修班委员会，黄钰生为委员。

10月改组本校校舍设计委员会，聘黄钰生、樊际昌等为委员，并请黄钰生为召集人。

1940年4月派黄钰生赴重庆参加第二届全国高等师范教育会议。

7月成立本大学师范学院附设学校筹备委员会，请黄钰生为召集人。

聘请黄钰生为本大学师范学院附设学校主任。

9月广西失守、越南沦陷，联大筹划迁川，成立本大学迁校委员会，请黄钰生为委员。

10月派黄钰生赴四川叙水勘察新校址。

1941年1月成立本校教职员遭受空袭损害救济委员会，请黄钰生为委员。

7月推黄钰生、周炳琳为四大学招生委员会本大学代表。

1942 年 7 月再聘黄钰生为本大学附属学校主任。

1945 年 8 月抗战胜利，三校筹划复员回平津事宜，设置三校联合迁移委员会，黄钰生为委员（代表南开大学）。

9 月黄钰生赴重庆谒见张伯苓校长，研究南开大学复员建校事宜。

1946 年 5 月梅贻琦常委因公离校，其常委职务由黄钰生暂行代理。

7 月闻一多被暴徒刺杀，成立闻一多教授丧葬抚恤委员会，黄钰生为主席，主办丧葬抚恤事宜。

7 月成立三校联合迁运委员会，黄钰生、冯文潜为南开大学代表参加该委员会。派申泮文为第二批公物复员北上主任押运员。

以上资料录自《西南联合大学大事记》，由此资料可见，西南联合大学办学九年，黄钰生付出了繁巨的辛勤劳动。他之任劳任怨、勇担重任，除了他的高尚品德和超凡才干之外，还在于他严格遵守张伯苓关于爱国、团结、共事的要求，坚持三校一家，全力以赴。他认识到，在三校联合办学当中，对重大决策，如果有一方缩手婉拒承担任务，则团结亡，联合将受损失甚至有瓦解之虞（有如西北联大）。南开大学应该为此率先作出榜样，以勇于承担任务为争取三校紧密团结的凝聚力因素。黄钰生顾全大局，舍己从人、艰苦奉献的伟大胸怀，堪称南开精神的典范。

二、西南联合大学师范学院

就在西南联合大学成立的当年秋季，增设了西南联大师范学院。增设之前，黄钰生担任筹备组主任，增设之日，又由他担任师范学院院长，而且此一任就是连续八年！黄钰生本人是学教育的，在主持南开大学校务期间，受张伯苓教育思想的影响，已经形成了自己的一套教育思想哲学，现在有机会亲任师范教育重任，可以实践并发展自己的教育报国宏愿，在西南联大自由办学气氛下，真是大鹏展翅任翱翔。当然彼时的诸多条件困难也是存在的，且看黄钰生在这种挑战与压力并存的情况下，是如何发挥他的教育才干的。

黄钰生接受师范学院院长委任电令时（1938 年 8 月 16 日），师范学院是一张白纸，美丽的图画等待他从头画起。他需要解决诸如校舍、系科建设、教师队伍、经费、学生来源等开头难问题。首先因求得云南省教育厅的特别支持，黄钰生租借到大西门内文林街昆华中学旧址为校舍；经费请求教育部增拨；与云南大学和西南联大文学院达成协议，将云大的教育系及师生和西南联大原哲学教育心理系及师生划归联大师院，再面向社会招生，解决了学生来源问题。经过努力和西南联大有关学系的支持，师院设置了国文系、外国语文系、史地系、公民训育系、算学系、理化系、教育系等7个系，完成了师院建制，同时也最后完成了西南联大的建制。至此，西南联大共有5个学院26个系，成为抗战时期国内规模最大、系科专业最齐全的高等学府。利用西南联大名师如云的有利条件，由黄钰生出面做工作，师院聘得闻一多、罗常培、杨振声、杨武之、冯友兰等40余人为兼职教授和少数专职教授，并且聘请了邱椿、朱自清、江泽涵、刘崇鋐等知名学者为系主任。这样，西南联大师范学院就规模初具了。

在学院行政管理工作方面，为使机构尽量精简，黄钰生比照其他学院，行政上接受西南联大校务委员会的领导，一切听从校委会的安排，把教务、总务、事务、会计、出纳等行政性工作，全部交由联大的相应部门去管理。师院仅设主任导师一人和事务主任一人。师院的经费也交由联大统管，但因经费来源有相对独立性，黄钰生仍需要为筹措师院经费而奔走。在教务建设和管理方面，黄钰生在自己的头脑中，早已有了设计蓝图。他认为，联大师院不办则已，要办就要办出自己的风格和特色，要出类拔萃。要结合本国本地区的实际，继承和发扬我国教育事业的优秀传统，吸收国外师范教育的先进经验，努力办好西南联合大学师范学院。也就是说，要在中国云南的土壤上，用中国的种子，中国的肥料，外国的激素，培植出美丽的教育奇葩。在学习方面，他主张课堂讲授不求过多，应该给学生保留充分时间参加师生的课外讨论和博览群书。既重视教学，又注重实践，使学生学习生动活泼。在对学生的管理上，学习南开学校的严格管理经验：学生一律在校住宿，有事外出过夜要请假，男女生不得擅自进入对方宿舍，互访时只能在宿舍外的会客室会见；学生必须严格遵守作息时间，每天早晨要参加早操和举行升旗仪式；学生的衣着要整洁无华，仪态端庄而勿暴、勿躁、勿傲；口不出秽言，行不近恶人。为强化学生的师范意识，鼓励他们为人师表、为国育才，黄钰生为师院撰写了《院歌》，歌词仅有两句："春风熙熙时雨滋兮，桃李向荣实累累兮"，用《卿云歌》的曲调反复咏唱。又组织师生营火晚会，师生围着营火边跳舞边唱《传播光明》歌。这首歌的歌词也只有"传播光明"四个字，反复吟唱，用形象、动作、歌声来启迪学生，把师范生比喻作传播光明的使者，促使他们热爱师范，献身教育。

为使学生成为栋梁之才，在"通才教育"思想的指导下，贯彻"兼容并包、学术自由"的方针，黄钰生给师范制定了《国立西南联合大学师范学院学生毕业标准及考试办法》。在此《办法》中，对学生的知识、思想、态度、理念、人格等方面，提出了严格要求，体现了德、智、体三育并重的教育思想。要求学生从上述五方面加强个人修养，使自己达到"足以领导青年，为人师表"的标准，否则不能毕业。1942年秋，师院一名学生因四门主课考试不及格，给予退学处分。该生几次向黄钰生求情，要求免予处分，均遭拒绝，于是他怀恨在心，趁黄钰生夜晚从师院回家途中，从暗处蹿出，用垒球棒猛击黄老头部，将黄老击昏倒地后逃逸。黄钰生后来苏醒，自己爬起拖着木棒带着血迹，蹒跚走回家中，就医，头上缝了七针，休养了三周。黄钰生以宽阔的胸怀，对凶手未予追究，但仍坚持对学生的严格要求而无悔，表现出教育家的耿耿赤心。从这一段生动记录来看，黄钰生继承了张伯苓"育才先育人"的衣钵，他们都是倡导"素质教育"的先行者。在今日21世纪即将来临之际，改革开放、建设有自己特色的现代化和工业化强国，成为我们奋斗的目标。而在教育政策方面，经过50年的正反两方面经验和科教兴邦的需要，基础教育的航向，在继续改革的大潮中，终于又驶回到"素质教育"的正确方向上来了。怀念先贤，张伯苓和黄钰生的远见卓识，永远值得我们崇敬和怀念。

联大师院在1939年开始招收研究生，1941年应云南省教育厅的要求，增设三年制师范专修科培养急需师资。1939年10月由教育厅发起，在联大举办中等学校在职教师进修班，给予为期一年的提高培训。1943年8月续办了第二期。另外，在1938~1945年期间，每年暑假都为云南省教育厅举办为期一个月的中等学校在职教师讲习讨论会，聘请大学教授、中央研究院研究员以及部分云南教育界知名人士主持讲习、讨论，名师云集。每次讲习、讨论内容都十分广泛，大都针对当时中等学校教师的需要，切合实际，学员受益极丰。例如1941年暑假举办的云南中等学校理化教员讲习实验班，邀请了联大著名教授杨石先、许浈阳、曾昭抡、任之恭、张文裕、朱物华等十余人参加授课，并手把手地辅导学员进行新购仪器的理化实验，起到极大的示范作用。所有这些工作，作为联大师范学院院长的黄钰生，在组织和领导工作中呕尽心血，为云南培养合格的中等学校师资和提高教学质量，在40年代就已卓见成效，为云南的教育事业作出了长远的贡献。

三、创办联大师范学院附属学校

1939年9月，联大校委会决议设立西南联合大学师范学院附属学校，1940

年7月31日聘请黄钰生兼任附校主任。黄钰生得到了进一步发挥他教育才干的机会，继承张伯苓的大、中、小、幼教育体系全面发展的理想，附校包括了中学、小学、幼稚园，但办学的目的更明确，更有针对性。黄钰生为附校制定了三项任务：为师院学生实习教育行政和教学方法的场所；为师院学生实验现代教育原理与技术的实验室；为一般中小学树立榜样。这三项任务，在黄钰生办附校的七年中，都基本上达到预期目的并完成了。

黄钰生办附校的指导思想是，把办学重点放在努力办好附属中学上。因为他认为，只有在中学把学生的素质和学识基础培厚实，进入大学深造才有条件。另一方面，联大师院和各项工作已经步入正轨，自己可以用更多的精力来办好附校。再一层原因是已经拥有张伯苓办南开学校特别是中学的成功经验。所以黄钰生对附校投入了较大精力，办学极有成效，用他自己的话说，附校工作是他一生中最为得意的事情。他从以下几个方面严格办好附属中学。

强化教师队伍建设的力度　聘用教师从严，中小学教师都必须是大学本科毕业，而且要求品学兼优。不仅如此，黄钰生还从西南联大聘请了一部分教学效果优良的教师到附中兼课，以起到模范作用。礼聘有为的中青年教师到校任专职教师，黄钰生自己还在附中兼英语课。

严格对教师的要求　黄钰生规定附中专职教师实行"坐班制"，每天按时到校，对学生全面负责，有问必答。要求教师认真备课，讲课要深入浅出，清晰透彻，使学生能听懂，掌握学习和作业方法，课堂解决问题。学生当堂做作业，当场交卷，老师当天批改当天发还给学生。一般不布置家庭作业，以减轻学生负担，使学生有时间参加课余体育活动和团体活动，促进他们身心健康发展。

规范考试制度　在考核学生成绩方面，黄钰生规定每堂课都有十分钟测验，平时测验和练习的成绩占月成绩的70%，月考试成绩占月成绩的30%。各月成绩在学期成绩中占70%，学期考试成绩占30%。考试的种类有笔试、口试、课堂考、月考、学期考、学年考等。无论何种考试，一律严格执行西南联大的规定，课程不及格不予补考，只能重修。一年中有两门主课不及格，或一门主课两门副课不及格者必须留级。超出留级标准的劝令退学。由于联大附校兼有西南联大子弟学校的性质，黄钰生对职工子弟也同样严格要求，毫不例外。这些严格规定促进了附校学生的刻苦学习风气。

重视道德品质培养　黄钰生十分重视对附校学生的道德品质培养，首先要求教师在课内外广泛与学生接触，建立老师对学生的人格感染，做到既教书又教人。他认为，这种感染"是教育最精的意义和最高的目的，也是师生之间最美丽的关系"。还重视在校园内建立良好风气，使新生一入校就受到这股好风气的熏陶，从而自觉地勤奋学习，讲秩序，讲整齐，讲礼貌，培养远大理想。

黄钰生很讲究授课艺术，他讲课确能深入浅出，善于比喻启发，又富于幽默，使课堂妙趣横生，引人入胜。所以他在对学生进行德育教育时，也会运用这些长处。在附校建校一周年时，在纪念会上，他对学生讲到国人给孩子过周岁，有给孩子"抓周"的习惯，现在附校过周岁，他也要给附校的学生"抓周"，他把一台天平摆在讲台上，然后从口袋里拿出一只灯泡和一条绳子，告诉学生们说："你们要像天平那样，在人生的道路上，遇事要公平。"他拿起灯泡说："希望你们像灯泡那样，到任何地方都能发光，热情地对待你们的事业。"接着又拿起绳子说："要像几股棉纱扭在一起结成绳子，紧紧地团结在一起，团结才有力量。"他对学生的谆谆教诲，赢得了师生和家长的爱戴。

正因为附校学生在良好的教育环境中，能努力学习，又有严师督导，素质优良，附中学生在历届升学考试中，升学率都达到百分之百，在云南的中等学校中名列前茅。现在联大师院附中的继承者云南师范大学附属中学保留了这种优良传统，成为云南省第一流的中等学校。

四、教泽永留西南边陲

黄钰生在办师范教育当中，除了培养师范本科生、研究生、附校中小学生以及培训在职中等学校教师之外，也注意参与社会教育。这样做，一方面是为了给师范学生开辟社会锻炼机会，另一方面可帮助地方搞好普教。例如1939年下半年起在郊区两处小学举办了社会教育实验班，派学生轮流去上课，进行扫盲活动和普及文化科学知识。在昆明市内两所小学开办了民众夜校，招收失学青少年学习文化，进行抗日宣传，都受到社会好评。类似的活动还扩展到外县如路南山区，组织学生搞社会调查，办识字班等，推动了当地的文化教育发展。

从1943年开始，西南联大师院就年年有毕业生了。这些毕业生和西南联合大学其他院系毕业生，为服务于后方教育事业，在昆明和外县举办了不少民办中学，仅昆明市就增设了22所中学，使昆明市中等教育出现繁荣鼎盛局面。这些学校又反过来给联大师生开通了勤工俭学兼课的机会，互为促进，这之中就出现了一些质量超凡的名校，例如联大附中、云大附中、天祥中学、长城中学、南菁中学等都是当时最著名的学校。举其中一校为例说明盛况。天祥中学拥有许多名师，如今日的中国工程院院长朱光亚、中科院院士申泮文、朱亚杰，北大英语系著名教授许渊冲，水文地质学家王大纯，著名气象学家谢光道等人都曾在1945年前后在天祥执教，名噪一时，为当时昆明培养出不少成才之士，以致许渊冲著文称天祥中学为天下第一中学。其他当时著名的中学情况类似，这盛况说明西南联大和联大师院极大程度地推进了云南地区文化教育事业。此外，联大师院毕业生在云南省、市、县、地方充任教育官员的又比比皆是，也都是改变云南省总体教育面貌的推动力量。

　　黄钰生还推动了师院师生对云南教育开展了许多研究课题，取得很多有意义的成果，从另一侧面也推动了云南的教育发展，为简洁计，这些工作就从略了。

　　1939年国民政府教育部召开的全国教育会议曾有决定，各国立大学的师范学院应逐渐独立。云南省当局也支持这种主张。西南联大校委会认为，办师院主旨是为云南地方培养中等学校教师，把师院独立出来交给地方去办，是合理的和有利的，因而也表示赞同。1943年云南省政府向教育部提出请求，希望联大师院尽快独立为西南师范学院，但教育部认为条件尚不成熟，颁令仍保持师院为西南联合大学的一个学院。尽管如此，黄钰生以他多年从事教育的远见，决定两手努力，一方面积极发展联大师院，另一方面准备师范学院的独立，两方面同时加紧工作，并及时提出了《师范学院过渡时期的七条办法》方案。抗日战争一结束，黄钰生立即提出师院处理办法，呈报校常委会和校务委员会，在三校复员迁运之前，联大师范学院及时脱离母体成立为独立学院，改称昆明师范学院，1995年又升格为云南师范大学。西南联大师范学院从筹建到独立，黄钰生善始善终、恪尽职守，不仅使师院具备了一定规模，也为其后来发展奠定了坚实的基础。黄钰生为云南的教育事业作出了不朽的贡献，他的教泽遗爱永留在大西南边陲！

南开大学元老黄钰生教授（节选）

校友奔走，错案终于平反

党的十一届三中全会以后，邓小平、胡耀邦同志主持了全国范围的冤假错案的平反工作，这是万民欢庆的大事。黄钰生的亲朋好友和他的学生们，无不对有关当局给黄钰生平反1952年的冤案、及时落实政策抱有殷切的希望。但是几年过去，南开大学方面毫无动静。有校友劝黄钰生主动提出平反要求，说这不仅涉及您一人，而是涉及一大片人的事情，您可不应保持沉默。黄钰生对此默默不作回答，而是咏出了一首明志诗："中钩无宿怨，事隐已宽容。国士投明主，昔今此道同"。这首诗表示他感到欣逢盛世，对过去的事情宽容对待，不再计较了。但校友们对黄老对往事保持沉默并不完全同意，因为拨乱反正的目的并不仅在于一人一事，而是在于借鉴往事之偏颇，往前看，纠枉于未来，其意义还是很重要的。

笔者作为黄钰生的学生和同事，很想为老师的正式平反出一点力，但需有适当的条件和机遇。1985年终于出现了一个机会：这一年由在津的西南联大、清华、北大、浙江和燕京五大学校友会联合创办的民办成人业余高等学校—天津联合业余大学第一任校长娄凝先（北大校友）病故，校友会聘请我以西南联大校友的资格出来兼任天津联大校长。联大校长办公会由我和副校长刘瑞歧（代表北大校友会）、朱宝璋（代表清华校友会）、伍建中（代表浙大校友会）和黄伦（代表北大校友会）五人组成。而黄钰生在业余联大刚建立时已被推选出任联大校务委员会主任，我们这些校长是在校务委员会领导下工作的，这就为我们争取为黄老落实政策创造了条件。

1985年是黄钰生从事科学教育工作的60周年，为了在天津市营造推崇黄钰生丰功伟绩的氛围，天津联大以五大学校校友会的名义，为黄老在起士林餐厅举办了一次盛大的聚餐庆祝会，聚餐会在11月1日中午举行，参加的除五大学校友、南开校友、黄老亲朋好友和天津联大校委及校工作人员外，还有国外归来工作或访问的陈省身教授、牛满江教授夫妇、黄中孚教授，以及南开大学的吴大任教授夫妇、鲍觉民教授夫妇等。贵宾和校友们纷纷发表了热情洋溢的讲话，颂扬黄老对文教事业的巨大贡献，称道了他的高尚道德修养，并对他数十年如一日无私奉献所取得的丰硕成就表示祝贺。当时已87岁高龄的黄钰生也发表了热情风趣的自述讲话。这次聚餐会制造了一种社会舆论：社会人士在给黄老做"民间落实政策"的工作了，对"官方落实政策"寄予厚望。

1986年4月，根据中央的决定，国家教委和全国政协又在南开大学联合举行了南开大学创始人张伯苓诞辰110周年的盛大纪念会，肯定张伯苓是"兴建学校，改革封建落后教育的民主主义爱国教育家"。在这种形势下，在天津联合业余大学内的联大校友便开始计议关于黄钰生冤案平反的问题。副校长黄伦给校长班子带回来了一个消息：前中共天津市委文教部长王金鼎同志在谈天津联大校务委员会主任黄钰生的重大作用时说，黄老在天津受委屈了，他的作用没有得到充分发挥，他应该是一位国家级知名人士，而且应该是国家教育界领导人物。在天津他只担任市图书馆馆长，埋没了他的才智。就黄老过去在昆明西南联合大学担任重要职务的崇高地位，他也应该是一位国家级人物。就是因为黄老于1952年在南开大学遭遇的冤案，影响了黄老的一生，使他受屈了。听到黄伦带回的这个信息，给我们争取为黄老平反增添了勇气。我经过深思熟虑之后，1986年5月10日给南开大学党委和校长打了一份报告，正式申请给黄钰生平反冤案。报告提出，南开大学在1952年的三反运动中，构成了一桩重大的冤假错案，南开大学的创办人之一的黄钰生教授无辜被诬为贪污首犯，受全校师生大会的批斗，最终被排挤出南开大学，还有不少人受到株连。报告提出，为落实政策，加强团结，建议趁中央决定纪念张伯苓校长110周年诞辰的东风，彻底解决南开大学积存老案，以舒畅人心，并建议由书记和校长出面主持，在全校大会上敦聘黄钰生先生为南开大学终身教授，颁发荣誉证书，拨出东村平房宿舍一幢，诚恳敦请黄钰生教授迁回南开园居住，安度晚年。报告还要求为其他受株连人员恢复名誉。

这份报告送上去不久，南开大学主管人事的副校长找我谈话说："党内曾有中央文件，规定1956年以前的案件没有平反任务"。我听了一愣，立即回了一句："不对，我问过中央统战部副部长李定同志，他说，我们党的政策是有错必纠，没有时间限制"。主管人事副校长沉吟了一下，回复说："那你让李定给我们来一封说明信，我可以照办"。这一句话立刻把我噎住了，但心里仍不服，便说，好，我办这封信。其实我这时是心虚口硬，这样的信怎么能办得到呢？

1986年8月初，突然接到西南联合大学校友、中央音乐学院教授方堃的一封来信，说在美国的西南联大校友将在9月份回国访问，准备分别造访三所母校，赠送礼品并与母校领导和校友会谈。总的接待任务由中央统战部副部长李定负责。要我以天津西南联合大学校友的身份接待来访事宜。我当即与南开大学校长办公室联系，校办主任表示为难，说现在刚刚改革开放不久，还没有接待过外宾和美籍华人，是不是应该由中央有关接待单位来个正式通知，作为我校接待的依据，否则不好办。我听到这个答复后，促动灵机，感到有必要去北京，直接找一下李定同志。李定是1943年西南联大的校友，也是黄钰生老师的学生。这样我就在8月中旬到了北京。为节省时间，我事先准备了两封信稿，一封是统战部请南开大学接待美国西南联大校友访问的信稿；一封是李定以个人名义商请南开大学为黄钰生落实政策的信函。见到李定副部长，我送上信稿请他过目，他表示完全同意，请秘书重抄后亲自签了名。李定在给南开大学的信上说：建议对黄钰生先生对南开大学的贡献做出正确评价，并对1952年政策上的失误给黄老造成的伤害，适当作口头上纠正，以有利于工作。

我回到天津后，先把李定给黄老落实政策信复印20份，带到天津联大校长办公会上，介绍了情况，然后请黄伦先送一份给王金鼎，其余分送给天津市市政当局和统战部门头面人物，目的在于争取上层舆论。

然后我把李定原信直接交给南开大学主管人事副校长。这事拖了一个多月，到10月底，主管人事副校长突然把我找去，说已向国家教委请示，得到批复，你先看看，然后咱们研究怎么办。这份批复的内容是：

南开大学：

南高党请（1986）23号函悉，经研究，同意撤消一九五三年三月给予黄钰生（黄子坚）撤消南开大学秘书长及津沽大学师范学院院长职务的处分，撤消原中央人民政府教育部（52）人字093号批复。

中华人民共和国国家教育委员会
一九八六年十月二十七日

我读了这份文件才知道，黄先生档案中果然有"内控处分"，校友们给黄老所做的平反活动看来是应该的和正确的。我当即表态说，这应该先和黄老打招呼，再研究怎么办。我立即要求给一份教委批复的复印件，并把它再复印20份，拿到天津联大校长办公会上，介绍了这一新情况，研究决定，再把复印件发送给王金鼎和有关同志们手中，然后再决定由刘瑞歧、黄伦和我去看望黄老，对此事作汇报。

1986年11月初，我们三人到天津市图书馆与黄老会面。对黄老说："黄先生，我们背着您做了一件事情，现在来向您汇报"。随手将李定的信和国家教委批件的复印件两张纸放在黄老面前，并汇报了大致经过。黄老看完了复印件，沉默思忖了一会儿，说，你们的胆子可不小，这个事我早就忘记了！我们三人听了一愣，但立即理解到，我们今天的汇报，对黄老是一种思想上的突然袭击，他还理解不上来。另外，黄老作为老知识分子的矜持心态还很重，自己的学生给自己暗地里办了这么一件事，怎么说呢？我们三人都懂得怎么尊敬黄老，分别谈了个人的简单认识之后，就告辞出来了。过后几天，我到民进天津市委开会，见到民进副主委王伟，王伟对我说，你们给黄老办的事办得太好了，黄老都跟我们讲了，黄老非常高兴。听了他的话，我的心才踏实下来。再过几天，南开大学副校长找我，问给黄老落实政策怎么办？我说，照毛主席的指示办，在什么范围弄错，在什么范围纠正嘛！

学校接受我们的建议，于1986年12月27日，在南开大学行政楼大会议室举行了黄钰生的平反座谈会，受邀请参加会的有黄老亲朋好友、南开老校友、在校老教授和原来参与三反运动的一些人等共约一百余人。校党委书记李原宣读国家教委文件，宣布撤消1952年"给予黄钰生撤消南开大学秘书长及天津市津沽大学师范学院院长职务的处分"的决定。母国光校长发言盛赞黄钰生对南开大学的巨大贡献。然后，黄钰生发言，对党的实事求是政策，在他垂暮之年给他落实平反，表示感谢。以后与会人自由发言，大家都着重推崇黄钰生蒙冤三十余载，无怨无恨，胸怀坦荡，热爱中国共产党，拥护政府，努力工作，尽职尽守，为国为民做出重大贡献的精神。

这次平反虽然基本上为黄钰生落实了政策，但他还有一项遗愿未偿，这就是他的教授职称没有得到正式恢复。据南开大学档案记载，当时教育部给黄钰生的处分共有三项：1. 撤消南开大学秘书长职务；2. 撤消津沽大学师范学院院长职务；3. 撤消教授职称。这次平反，只撤消了前两项处分，而对第三项处分未予撤消，也就是说他的教授职称没有得到恢复，以至在为他平反的座谈会上，他突然问了一句："我还是南开大学的教授吗"？当时，我们谁都不了解他曾被撤消过教授职称，对他的问话只理解成这是黄老对南开大学感情深厚，挚爱南大教授这个头衔，而没有想到其中还有什么深层的含意。

1990年4月11日，黄钰生带着这个遗憾离开人世。今年，在黄老诞辰100周年之际，我们南开大学、清华大学、西南联大、天津联合业余大学诸校校友在这里共同庆祝老人的百岁寿诞，并诚心诚意地献上"我们的无限尊崇的教授"荣称。黄老！您永远是我们挚爱的教授，这是任何人、任何时候都抹不掉的，请您含笑安息吧！（原文刊载于《炎黄春秋》1998年第三期45-51页）

缅怀恩师 自强不息
——怀念严师杨石先教授

杨石先教授离开我们已经两年多了,他的音容笑貌,永远存在于我的怀念之中。在我的一生的学习和工作中,得到石先老师的多次直接帮助,而且常常是在非常关键的困难时刻。当我向尊敬的老师提出请求帮助时,他总是热情地毫不犹豫地伸出援助之手,无论有多么大的困难,他总是竭尽全力,给他的门生以有力的支持,使我多次渡过难关,在工作中得到前进的机会。所以我深深地理解这一点:严师的健康长寿,是学生辈的无限幸福。石先师以八十九岁高龄于1985年2月19日逝世,给我们学生辈带来了无限悲痛。我更深感失去了学术上一位导师、工作上的一位保护人和前进途程中的一位有力扶持者。我此生能在国家的化学和教育事业中稍有所作为,无不是石先师的帮助和支持的结果。缅怀恩师,我只有化悲痛为力量,自强不息,努力在工作中力尽绵薄,争取成绩,以无愧于老师的教导和帮助。

我家境贫寒,在旧社会本无上大学的条件,由于得到中学老师的帮助,又获得南开大学每年免交90元学宿费的奖学金,才勉强在1936年秋考入南开大学化工系。杨石先教授是我步入高校化学大门的启蒙老师,他给我们理工学院一年级学生讲授基础课普通化学。那时石先师正在年华正茂的四十岁上,因早年是足球运动健将,身体极强健魁伟,挺胸直背,健步胜人。石先师容貌堂堂,气宇轩昂,光彩照人。石先师最讲究仪容,每天都是衣冠楚楚,面容严肃,使我们学生总怀有敬畏之感。他每次来上课都换穿不同的笔挺整洁的西装,背心的小口袋里揣着一只金壳怀表,表链垂出连在钮扣上,链上悬挂着他在国外学习时获得的荣誉纪念物——一枚金钥匙,同时手腕上还戴着一只手表。上课时为掌握讲课节奏,他不时看表,有时看怀表,有时伸长手臂看手表,奇怪的是有时又从西服裤的小口袋里拿出一只无链怀表摆在讲桌上看时间,学生都很惊异,说杨先生一身带了好几只表,一时传为美谈。

石先师在授课时十分认真负责,第一次上课就跟学生约法三章,规定女生坐第一二排,男生坐在后排,把学生坐的扶手椅按行列编号,每人的座位固定,不许更动，这样谁不到课座位就空了下来，石先师从讲台上一眼望去就可以看出某排某座的学生缺课。所以他一步入课堂，学生起立敬礼坐定后，他便拿出点名册给缺课同学划旷课记号，花费时间不多，只两三分钟便点完了名。学生迟到超过十分钟的不准进入课堂，记为旷课。这些细微的地方都显示出石先师对学生严格要求和追求课堂效率，给我留下了难以磨灭的印象。讲课的教室就是今日经重建的南开大学第二教学楼211阶梯教室。

  石先师的讲课采用英文教本，用流利的英语加上汉语注解讲课。每讲一新内容，他只用笔体挺帅的英文字在黑板上写下标题，然后口述讲授要点，口齿流利，语言简练，问题交代得极为清楚，善于运用启发式原则。石先师又最主张在讲课时辅以课堂演示实验，生动地吸引着每一个听课者倾心听讲，有很好的课堂效果。那时我们确实感觉到，有这样有名望的学识高超的教授给我们讲授基础课，真是受益匪浅，这也为我以后从化工系转入化学系，打下了思想基础。

  石先师平时表情严肃，不苟言笑，所以学生在尊敬之余，都有些心怀畏惧，不敢轻易接近他。记得有一次在一年级上普通化学实验课，我们正在做滴定实验，同学孙毓驷在用移液管吸取稀盐酸标准溶液。恰好此时石先师步入实验室巡视学生做实验情况，走到孙毓驷身旁，孙毓驷一紧张，一下子吸空，把盐酸吸入口中呛入喉咙。这应算是违反了操作规程，他心情更加紧张恐惧，手足无措。石先师看到这种尴尬局面，便莞尔一笑，说："吃一点儿稀盐酸到胃里没有什么害处，倒是可以帮助消化呢"。我们大家都笑了，局面转为活跃，解除了大家的紧张情绪。实际上石先师是平易近人的，很愿意与学生们交谈，只是他的严肃表情起了障碍作用。与老同学们谈起，大家都说怕他，到了我们都已老年仍然如此，所以我们把石先师看作一位敬畏的严师，但对他我们是永远尊敬与热爱的。

  我在南开大学入学后，为了解决生活费用，每个星期要为南开中学数学老师张信鸿先生批改五个班的数学习题，所以学习和工作都很紧张。学习几门基础课就不能不突出抓重点。好在二年级许多同学与我中学同班（我迟了一年上大学），各种教科书我都不需要买，都是他们借给我用的。我上课时注意听讲，揣摩哪些内容是石先师讲得有兴致的，那就是重点；又向二年级同学请教，石先师考试时喜欢出什么样的题目。得知石先师喜欢出论述性的大型考题，我就在课下按讲题用英语组织读书笔记，把一个一个讲题做有条理的整理，未雨绸缪，早做考试准备。石先师授课每个学期有两次小考、一次大考，每次上课有十分钟左右的提问。我坐在后排，所以常常"幸免于"提问。在考试时，考题一发下来，差不多每个考题都是我猜中和准备好的，我就毫不犹豫用英语滔滔不停地写出论述性答案。每次考下来我总是全班（百余人）中成绩最好的。但石先师却从来不给高分，每次我至多得89分，学年最终成绩也是89分。现在回想起来，想是我在一年级普通化学成绩在石先师的印象中占了一点点地位，他把我列入优秀生之列，以至他在许多场合都肯给予我以热情的帮助。

第一学期结束时，我各门基础课和公共课取得了好成绩，获得了南开大学"三六"奖学金（南开校友为纪念南开中学成立30周年和张伯苓校长60岁诞辰而筹集的奖学金），每年银元300元。我求学的经济困难暂时得到解决。但好事多磨，1937年暑假，卢沟桥事变后20天，天津被日寇侵占，南开大学校园于1937年7月29日被日军飞机轰炸和炮轰，夷为废墟。经国民政府命令，南开大学内迁，与北大、清华合组长沙临时大学。南开大学的一切奖学金全部宣告终结。

我在南开园被炸毁一个月后离开天津，"流亡"去南京，9月初在南京"投笔从戎"参加了国民党部队"中央军校教导总队"，准备接受培训去做防化工作。我写信给在长沙的石先师汇报了情况并请他介绍我去国民政府军政部应用化学研究所见郦堃厚所长（他是南开校友，石先师的学生），以便取得帮助。我很快就收到石先师复信，得到热情支持和介绍信，使我有机会认识了郦堃厚并得到允诺，我可以到应化所图书馆去借书和同意到该所去接受培训。我关于"军用毒气"的知识就是在此短期内自学的。这一件往事就是我有生以来第一次获得了石先师亲切帮助，它深深地载入我的记忆之中。

但是时局瞬息万变，上海战局日益紧张，我被部队派送到溧水县受紧急战斗训练一个月，于10月底就被征召赴上海前线参加战争，但又不幸的是我刚刚到达松江前线，便遇到日本侵略军在杭州湾登陆，对上海全线形成包抄之势，部队全面撤退，形成全线溃败局面，形势至为险恶。我身临其境，心情至为沮丧，是我一生中唯一丧失信心情绪最低沉的时刻。我照料着一批伤病兵员撤退回到南京，12月初便申请脱离部队转途绕道去到长沙回临时大学复学去了。离开南京的时间距南京失陷和南京大屠杀仅半个月。这段历史在这里仅做简述，但它对我来说意味着失败和灰心丧志，但对日本侵略者的深仇大恨却深深植入脑海，永怀敌忾。

到了长沙后，由于南开大学化工系已迁去重庆上课，我当时已无力再事长途跋涉，便去找石先师（那时他是长沙临时大学化学系主任，兼管南开大学学生入学选课事宜），向他提出申请转入化学系学习。石先师欣然同意，在我的选课单上签了字。现在回想起来，石先师签的字真是笔下千钧，决定了我此后终生对事业的追求。

由于我迟到，又害了一场病，加上情绪低沉，没有好好上课，到次年（1938年）2月初，第一学期结束，我好几门选课没有成绩，被学校布告退学。这时长沙临时大学因武汉失守奉命迁昆明。南开大学秘书长黄钰生教授接受学校委托组织师生步行迁滇（长沙临时大学湘黔滇旅行团）。我去找了黄先生，请求带我去昆明，得到钰生师和他的夫人梅美德老师（她是前南开大学"三六"奖学金管理委员会的委员，对我有所了解）的热情支持，由他们资助我旅费按自费参加随团去昆明（因我已被取消学籍，不是临时大学的学生了）。所以黄钰生老师也是给我以直接帮助的另一位严师，对我一生的事业也有着关键性的影响。

1938年4月28日旅行团以68天行程1663.6千米到达昆明市，5月4日第二学期开始上课，校名已改为国立西南联合大学，杨石先老师仍任化学系主任，特许给我以机会继续入学。在湘黔滇的长途步行旅程中考察了三省风土人情，了解到人民贫苦落后的状况，激发了我的责任感，涤荡掉悲观失望情绪，精神重新振奋。老师们（包括黄钰生先生）给我以继续学习良机，我当然应全力以赴投入勤奋学习。我用两年的时间以较好成绩完成了三年的课业，于1940年毕业于昆明西南联合大学化学系。

在这里我还要回忆杨石先师在西南联大时期的二三事。联大化学系由清华、北大和南开三校化学系组成。清华和北大两化学系很强，名教授云集。石先师被选中为系主任，除了他有很强的业务和行政工作能力之外，最主要的是石先师为人正直正派，处事公道，善于团结同事，待人以礼，不亢不卑，受到所有教师的尊重和爱戴。他任系主任后不久就把化学系办成为师生团结得最好、学风最正的学系之一。虽然面临经费短缺、设备简陋等困难，但在石先师的有力领导和组织下，全体师生员工群策群力，第二年（1939）就把实验室都因陋就简地建设起来了，我们也都能做有机化学和物理化学实验了，到四年级我们还可以进入实验室做毕业论文。

石先老师以他在化学系的卓越政绩，在1941年底又被选任为西南联合大学教务长，一直到抗日战争胜利，同时仍兼任化学系主任，在教务长任中全面管理联大的教学工作。所以昆明西南联合大学之办学成绩斐然、在百般困难的历史条件下培养出大批国内外知名专家学者，石先师是有贡献的，他的功绩是永志在联大师生的心中的。

石先师虽然身兼两级教学领导工作，但他仍以一位普通教师的身份参加课堂讲授工作。在联大他教过化学系的一年级基础课普通化学，也曾给工学院学生开普通化学课。工学院距理学院约有五千米之遥，石先师每周两次要步行到工学院去上课，不以为苦，而且从不迟到从不误课，受到全校师生的崇敬和爱戴。

我读到化学系四年级时，系里开了高等有机化学选课，由曾昭抡、钱思亮、朱汝华和杨石先四位名教授分头主讲，各讲授自己专长的专题，每人一个学期，两年开完一轮。我限于时间只能听其中的一半，听了朱汝华教授讲授的甾体与激素化学专题和石先师的植物碱与天然产物专题。石先师在这门高年级选课中更突出地显示出他的精湛学识和高超讲课才能。我深深地记得，在讲植物碱的结构判定工作中，因那时还没有今日测定物质结构的精密仪器手段，石先师讲授中外有机化学家如何运用分解与合成两个方面的化学手段，巧妙地确定了植物碱的精细结构，并最后如何用全合成的方法人工制得了天然产物的复制品，讲的由近及远、由此及彼，一气呵成，极为精彩，引人入胜。学生在课堂上的思想，追随着石先师的讲述路线前进，被引入化学科学大厦，如享美餐，陶醉在化学知识的海洋中。下得课来，同学们还舍不得离开课堂，三三两两，在议论、在赞美，我记得我的同班同学、北大的唐敖庆就是最热衷于在课后盛赞石先师讲课精湛的一人。

在校的最后一年，我的经济状况又处于劣境。原来学校发给沦陷区学生每月生活补助费 8 元，刚到昆明生活费用很低，每月伙食费只 6 元钱，所以生活好过。但由于当时通货膨胀，国民政府滥发钞票，以至生活费用不断上涨。我需要经常出去给昆明当地准备考大学的高中生教家馆，谋些收入补助生活费用。到了 1939 年下半年，生活费用上涨，每月需五十几元才能维持最低生活水平，距我实际可能收入尚有几十元的差额。我的课业又相当重，最后一年必须坚持读满学分，不能更多地到外面去谋求收入。考虑再三，没有别的路，只有去求助于石先师请他给予帮助。这本来是一桩难于启齿的事，加上固有的对石先师的敬畏心理，到石先师家去拜访，确是一件硬着头皮前去的事。战战兢兢地向石先师汇报了我当时的困难并说明请求帮助的来意之后，石先师便开口安慰了我，说"你有困难为什么早不来找我呢，南开大学办事处还有点钱，可以借给你"。这样我才心情平静下来，对未来增加了希望。石先师问"你估计每个月还需要多少钱呢"，我说"每个月再有 20 元钱就够了"。石先师又很关心地帮我计算了一下，说"这样不是太紧张了吗"？我说"紧缩一点儿是够了的"。于是石先师给我开了一张纸条，着我每月到南开大学驻昆明办事处支取 20 元补助费。这样，在石先师的如此关怀和帮助下，我得以顺利地完成大学的学习任务。

1940 年夏，大学毕业后，经杨石先和朱汝华两位老师的介绍，我到航空委员会油料研究室去做助理员。这是一所航空油料的应用研究单位，有三位研究员，只聘用了我一位助理员。由于是老师介绍去的，我极努力工作，谁指派的活儿都干，把全部油料的分析检验工作都包揽下来，而且还把实验室大小杂务也都承担下来。谁料工作三个月后出现了两件新情况。一是这个研究室属于军事编制，而且是新建单位，需要建立国民党组织，要求全部人员集体宣誓参加国民党。当时我还不知深浅，借口聘我来时并没有提出这种要求，另外我认为学自然科学的没有必要参加党派活动，拒绝了参加他们举行的集体宣誓入党仪式。第二件事是日寇侵入越南，云南告警，油料研究室奉命内迁成都。在离开昆明前，我去向石先师辞行并向他汇报了几个月来的工作情况。石先师当即告我，西南联大也有迁川的准备，目前先在四川叙永办一年级，恐怕将来形势严峻时也要走。他提出就我们研究室公物迁川运输之便，托我把他的一箱贵重图书运去四川，到泸州交给军政部应用化学研究所所长郦堃厚。我当然很高兴能为老师做一点微薄工作，次日就去石先师的家把这一箱书取走，装在油料室的公物汽车上开赴四川了。此时是1940年12月末。

我们到四川泸州因路阻停滞了约三个月，天天下雨不见放晴，我记得当时很怕石先师的书淋了雨，特地早早把书箱从卡车上取下，检查过没有淋湿，雇了挑夫亲送到应用化学研究所。正值郦堃厚出差不在家，便妥交到该所办公室，索取了收据，并给石先师写了信汇报了妥交情况。

我们迁到成都后，得到石先师复信，知道运送的书箱确已无误地为郦堃厚所收到。石先师还告诉我，郦堃厚很愿意我到应用化学研究所去工作，石先师可为介绍，建议我加以考虑。这时我正因在军事单位工作需要加入国民党一事而烦恼，决心要离开油料研究室，而应用化学研究所也是军事单位，所以也就不打算去了，就把这个意见回复了石先师。1941年4月初我因不肯参加国民党事与单位领导的关系弄得越来越僵，终于在一天傍晚趁全所人员去坐茶馆之机，卷起铺盖开了小差，跑去兰州找我的哥哥，开始了一段动荡的生活。抗日战争胜利，我回到昆明，见到石先师，他曾为我的工作出处做过考虑，但不久他就出国赴美考察并为南开大学复校去做国外准备工作（为化学系邀聘教师）。我留在昆明在天祥中学担任一年化学教师。

我在1946年春，经黄钰生、邱宗岳两位老师介绍，参加南开大学化学系工作，并在当年秋受命承担清华、北大、南开三校复员北上的公物押运工作，在昆明至天津、北平的路程中整整停滞了一年。1947年夏才回到天津南开大学。这时石先师已从美国归来，为南开大学化学系延聘了高振衡、朱剑寒、姚玉林等教授，壮大了化学系。石先师依然穿上实验服在实验室里做研究工作，并仍然神采奕奕地给教师们讲"药物化学"提高课。这时石先师已在五十岁的年纪上了。他在学术上坚持不懈的精神，永远是我们学习的榜样。

在南开母校工作，得到杨石先和邱宗岳老师的扶持，我提高得很快，在1953年就破格晋升为副教授并兼任了无机化学教研室主任，1957年建设了专门组，开展了科学研究工作。1959年，南开大学承受援建山西大学的任务，化学系需派出一位教授去山西工作。系里指定无机化学教研室的王继彰副教授去支援山西。这时继彰同志正患心脏病和糖尿病，身体极度虚弱。我向党委提出由我代替王继彰去支援山西，获得批准。在1959年5月我调赴山西去工作了。

离开天津向石先师辞别时，他向我提出了许多中肯的建议，例如他指出，新办一所学校不容易，缺乏师资，可到社会上去找，可以请科研单位高级研究人员和厂矿技术人员到学校来兼课，他们有实际工作经验，能够理论联系实际，有其长处，等等。后来我在山西确实遵照石先师的意见去办了，收到很好效果。石先师对门生的细心关怀和对祖国教育事业的热心关注，也由此可见一斑。

在山西大学工作没有几年，我在白纸上画美丽图画的梦想很快破灭，在1964年就开始挨整。在"文化大革命"当中我又被揪出为"申家村反党集团"的"村长"，横遭迫害，两次被拘入牛棚，饱受艰辛。由于我的反抗性，曾经两次逃跑，被捕捉回来，遭受加强批斗和体刑。1972年虽然恢复招生又走上讲台，但到1974年又被拉下来再度受批判之灾。直到粉碎"四人帮"后情况也未见好转，我的研究室被拆散，一切学术活动和社会活动受到限制，等等不一而足。我想，如果我为这一段灾难史写回忆录，我一定要以"一个知识分子的苦辣酸甜"为题，对极左路线进行无情的控诉和鞭挞。

我此生得到的一次最大掼转，是1977年夏，天津市委统战部组织一部分天津文教医务界知名人士到山西参观大寨。石先师参加了这个访问团体，来到太原后，约定到山西大学来看望我们援建山西大学的一班人。石先师到我家坐谈了片刻，了解我的处境。他看到我新出版的译著，又看到我走遍山西对山西风化煤腐植酸资源进行普查所绘制的资源分布图，知道我在逆境中还是坚持做工作的，表示满意。我当即抓住时机向石先师提出请求给予帮助。石先师想了一想，说："你不要着急罢，告诉你爱人也不要着急，我回去想想办法看，事情总会好起来的"。虽然这是一句没有肯定意见的答复，但却给我在"绝望"中带来了光明和希望。

1978年7月中，山西大学一位青年教师来向我透漏消息，经石先师提出申请，国务院一位领导同志批转教育部长，指名调我回南开大学工作。

几经周折，山西省终于批准我调回南开大学，我在1978年12月底回到天津。

这次调回南开大学。确实是我生命中的一次重大转变，我争取到了老龄来临之前的一段"黄金时代"，可以为母校的化学教育事业和科学事业努力做贡献了。回到南开，石先师让我先在元素有机化学研究所工作，但他跟我说："我把你找回来，绝不意味着要你照我的安排做工作。找你回来就是让你发挥作用，你认为到那个部门工作能更好发挥作用都可以，无须以我的意见为转移"。老师知我信我，给我创造了如此良好前进的机会，我只有加倍努力工作，为师增光了。一年后，由于化学系的要求，我回到化学系无机化学教研室工作重操旧业。现在形势已与前大不相同。十一届三中全会以后，排除了极左路线的干扰，天上人间，人人都可以发挥抱负有所作为了。这个有幸的机会，是石先师给我开辟的，我永远感怀不忘。

在这几年里，我做出了几个方面的成绩。一方面是我的著译出版工作取得了丰硕成果，已经到五十卷册一千三百余万字，每出版一本书我都不忘记亲自给石先师送去一本样书，让他老人家高兴。第二是仿效石先师对青年一代的关怀和提携，注意多方设法创造条件帮助中青年教师迅速成长，取得成效。1979年我回到无机化学教研室时，除我外没有高级职称的教师，经过7年有计划、有指导的努力，现在无机化学教研室师资力量已经成长为总共拥有教授4位、副教授16位、讲师12位的强大队伍。第三是教学和科研人员都形成了良好梯队，教学质量大有提高，增开了专门组课和研究生课，招收的博士和硕士研究生已达到在校人数二十余人，科学研究取得了较好效果，自1980年以来全教研室已发表论文九十余篇，通过技术鉴定的成果达到12项，其中4项实现技术转让，1986年1项系统科研获得国家教委科技进步二等奖。无机化学学科已成为南开大学化学系的重要学术支柱之一。这些成绩当然是研究室全体成员团结努力共同战斗的结果，我作为学术领导人，也尽了我自己的努力。我愿把这些成绩奉献给石先师在天之灵，我一定继续战斗不息，坚定地把石先师流传下来的关心、培养、扶持后来一代的优良作风传递下去，为我国的四化建设培育更多的英才而奋斗。

永远怀念恩师邱宗岳先生

我是南开大学土生土长的老教师，今年94岁了。回忆我的成长过程，从学生时代就得到三位恩师无微不至的教诲、支持和关怀。他们是校秘书长、教育学家黄钰生教授，化学家杨石先教授和化学系主任邱宗岳教授。

三位恩师不仅是我科学文化知识学习成长发展进步的引路人，在道德风范上也是我终身为人处世的榜样，他们营造的南开优良传统，让我时刻铭记在心。

我是南开大学化工系1936年入学的学生，受到抗日战争的影响，没能听到邱宗岳老师授课。1946年在昆明，由黄钰生教授推荐我回南开大学工作，并带我去拜见邱宗岳老师，他欣然录取我作为化学系"教员"。（在南开大学旧的教师编制中，"教员"一级介于助教和讲师之间）

1946年下半年，我受学校派遣，参加北大、清华和南开三校复员北上迁运工作，作为主任押运员，带领共7人的押运员队伍，押运三校300吨图书仪器行李等公物北返平津。年末，部分公物运抵长沙，发生汽车司机私运鸦片烟土的事件，有小报记者借机讹诈，要求召开记者招待会并给好处费。因为被我严词拒绝，他便诬称申泮文是走私毒犯，引起了全国舆论哗然。当时，南开大学在天津已复员上课，邱宗岳老师给我写来亲笔信，以较严厉的口吻要求立即回信汇报详情。

我连夜用红格信纸、毛笔蝇头小楷文言文写了复信，详细禀报了实情和顺畅处理经过，请求校系领导放心和给予信任。后来得知，此信回到天津，给邱先生留下了良好印象，他说申泮文信写得好，汇报清楚、工作干练，没有留下遗患，等他回来让他做系秘书。

我在1947年完成复员迁运任务回到天津，邱先生立即在他系主任办公桌旁增加了一套办公桌椅，准备等我去担任系秘书。无奈在我回津之前，邱先生曾邀聘了一位化工系副教授暂代系秘书，但这位副教授不愿意放弃化学系系秘书这份兼职，就来找我商量。我在惊讶之余，自知不能强人所难，只好说我回到学校愿意多做教学工作。邱先生是位睿智精明的人，但他也是一位忠厚长者，需要顾及各方面的情面，因此我任系秘书之议就不了了之，而我也免于"放在火上烤"了。

此后，我给从美国聘请回南开任教的高振衡教授和朱剑寒教授助课，给高振衡助本科有机化学课，给朱剑寒助本科物理化学课。到1950年，开始给邱宗岳老师助大一普通化学课和定性分析化学课。

在给邱先生助课的几年中，我从他那里学得了许多真本事，为后来自己的工作奠定了坚实基础。邱先生主讲大学一年级的普通化学课和定性分析化学课。我跟随邱先生做教学工作，学得了他的敬业精神，学会了在工作中一丝不苟、全力以赴，也得到了他的关怀和支持。

当我有些新的工作建议，邱先生会专门帮我创造条件，让我放手去做。当时我30多岁，正是血气方刚的年龄，看到那时高校理工科普遍使用的都是外文教材，我就提出了理工科教材中国化的问题。想法一经提出，立刻得到邱先生的首肯，同意我跟着他给学生编撰化学课中文讲义。

当时南开使用的普通化学教材是"Brinkley：General Chemistry"，定性分析教材是"A.A.Noyes，Qualitative Chemical Analysis"。以这两部教材为底稿，邱宗岳老师讲课为指南，学生理解水平为准星，我在1950到1951年编撰完成普通化学教材（油印）和定性分析化学教材各一部，这也应该是国内最早的自编中文化学教材。

邱宗岳先生是中国高等化学教育的现代化改造者之一，我是他的学生，在他带领下我们开辟了一大片工作领域：化学教材翻译和编译、化学教材研究、化学教材编撰、高等化学教育体制改革，以及后来计算机技术的引用，化学教育的数字化和信息化等。

邱先生和邱师母待人和善，欢喜同青年人交往。我们一帮青年教师常常是周日到邱先生府上串门帮闲的客人。但是邱先生对待青年人的工作要求却又是极其严格的，每届学年开始，邱先生总要把青年教师招集到一起，布置现时工作要求。

邱先生总是对我们说："你们要好好完成工作任务，每周6天工作日，5天工作日是我的，要完成我给你们布置的任务，一天工作日（星期六）是你们自己的，可以安排自修提高"。把工作日划分为"我的"和"你的"，让我们印象深刻。

其实，当时南开化学系在邱先生布置下，青年助教们的实际周工作量何止5天，即使把星期六和星期日都算上，也仍然是非常忙碌。但是我们依然乐此不疲。因为在这样艰苦工作中寄寓着老师们的期望和南开人的憧憬，也承载着我们的成材愿望。

邱先生勤于教学工作、精心备课，一堂精彩讲课给南开大学挣回一座理科大楼"思源堂"，更是在南开人中传唱不衰。现在南开大学化学学科的本科教学在全国名列前茅，也是继承了邱宗岳先生的优秀传统。

在2008年国家学位委员会考查评比全国高校化学学科中，南开大学化学学科与北京大学化学学科并列全国第一。但在我个人看来，南开的"第一"含金量更高，因为南开大学化学本科的教学工作评分为100分，得了全国第一，这相对科研第一更为难得。

这些都是邱宗岳先生重视本科教学、重视教学质量优良教学传统的继承和发扬，是我们隆重纪念邱宗岳先生诞辰120周年的意义所在。他的伟大教育功勋永垂不朽，他的音容笑貌永远存留在我们的心中。（文字整理韩诚）

申泮文祝贺张青莲先生九五华诞诗

水重百分十①　华夏第一堆②
锂六别锂七③　菇云碧空飞④
再衡原子量⑤　绽放九枝梅⑥
师德堪垂范⑦　桃李报春晖⑧

---

① 先生是我国重水产业奠基人；

② 我国第一座核电站反应堆为重水堆；

③ 先生开发了我国锂同位素产业和氘化锂 –6 生产；

④ 氘化锂 –6 爆响了我国第一枚高能热弹；

⑤ 先生的原子量测定工作声蜚国际；

⑥ 先生测定的 Sb、Eu、Ce、Er、Ge、In、Ir、Zn、Dy 等九种原子量被国际原子量委员会采纳为国际新标准；梅花为我国国花；

⑦ 先生为人正直敦厚，大度开明，严以律己，宽以待人。热心于培养后进，光范照人。先生是我国近代化学及无机化学学科的重要奠基人之一；

⑧ 先生在高校执教六十余载，桃李无言，下自成蹊，门生均勤奋于报效祖国建设事业。我校化学学院的王积涛、申泮文、何炳林与陈茹玉四位老教授都是他的授业弟子。

我国高校化学专业大一化学教材的变迁
与《无机化学丛书》的编撰出版

——庆祝张青莲院士九五华诞

张青莲老师在抗日战争期间自德国留学归来,由上海转赴昆明,到国立昆明西南联合大学就任化学系教授职务。1939年秋季开学,我正在读大学四年级,青莲师开设了高年级选修课高等无机化学,我选习了这门课,与青莲师结识。没想到这份师生谊,却成了后来跨世纪的合作缘分。新中国建国后,我追随青莲师参与祖国无机化学学科的建设事业,长期得沐春风,合作无间,师生情谊逾益笃厚,个人学业受益匪浅。

建国初期,无机化学是我国的薄弱学科,整个高校化学教学也处于衰微状况,连自主编撰的中文教科书都没有。1952年,教育部设立了全国高等学校院系调整课程改革委员会,青莲师任化学组副组长,主持化学专业的教学计划审定和各门课程教学大纲的厘定等工作,并为此召开了多次校际会议。当时我是南开大学化学系无机化学教研组主任,有机会参与无机化学教学大纲的讨论,从此开始了追随青莲师领导的中国无机化学学科的建设工作。

1. 涅克拉索夫《普通化学教程》的翻译出版

根据当时高等教育部的指示,青莲师建议由北京大学、南开大学、北京工业学院3校的无机化学教研组合作翻译苏联化学出版社出版的涅克拉索夫著《普通化学教程》。此时我们都是刚刚突击18天学了俄语,也没有翻译书的经验,在系内经过讨论,勉为其难地接受了任务,组织了北京大学13位教师、南开大学9位教师、北京工业学院3位教师集体参与,初稿集中在青莲师那里统一修订。大家的工作都做得很艰难,北京大学的统稿工作更艰难。全书共105万字,分上、中、下3册出版,历时3载(1953~1955)。这部教材的翻译出版,不但解决了当时化学教育改革的大一化学教材的有无问题,也推动了其他年级教材的翻译出版,青莲师在其中的贡献是举足轻重的。另外,这项工作无形之中成为3校发展无机化学学科的进军号,参与这项工作的许多老师后来发展成为所在学校无机化学学科的骨干。

在翻译出版《普通化学教程》的同时，青莲师以北京大学化学系无机化学教研室主任的地位，大力发展建设北京大学的无机化学学科，1952-1959年期间，先后邀聘两位苏联无机化学专家教授到北京大学任职，帮助发展建设无机化学学科；同时还广泛接受国内高校派送的进修教师。这些对于后来全国范围无机化学学科的建设和发展，起了重要的作用。

2. 我国独立自主编撰的无机化学教材

涅克拉索夫《普通化学教程》的翻译出版，解决了当时所需教材的燃眉之急，但为了与我国教学实际相结合并提高教学质量，青莲师通过他在教育部的兼职（全国高等学校院系调整课程改革委员会化学组副组长），推动了我国第一部自主编撰的无机化学教材《无机化学教程》的出版。在该书的序言中写道："解放后，在党的正确领导下，高等教育于1952年进行了全面改革，……大学中普遍设立了无机化学课程。但在教材方面，几年来尚缺适合本国情况的课本。教育部为了进一步提高教学质量，特组织一部分力量自编《无机化学教程》。"这部由戴安邦（主编）、尹敬执、严志弦、张青莲4教授合编的教科书于1957年暑假中分工写成，分为上、下两册。上册油印讲义先经若干大学一学期的试用，然后在寒假中逐章讨论修改后付梓出版，于1958学年度供应教学使用；下册亦于半年后出版。上、下两册共计84万字。《普通化学教程》（涅克拉索夫）和《无机化学教程》两部教材互为参照，为我国各级高等学校化学教育所通用，影响了教坛10多年之久，属重要的奠基性工作。

到了1964年，全国高等教育形势发生了新的变化，这年的春节，毛主席有个讲话，号召在教育中精简教学内容，贯彻少而精原则，减轻学生学习负担。教育部于同年6月在南京召开了理科化学教材编审委员会扩大会议，制订了新的综合大学化学系无机化学教学大纲，并组织人力编写新教材。参加会议的山东大学尹敬执教授在会下通知我，教育部会议负责人已向他授意，建议由尹敬执和申泮文负责编写一部《无机化学简明教程》，以满足教学改革新形势的需要，要我在下次会上主动提出承担编写新教材的任务。当时我就想到这里必然有青莲师的推荐，但我的个性是很腼腆的，不大肯做毛遂自荐的发言，在下次会上迟迟没有作声，最后还是尹敬执代表我们2人承揽下编写任务。这时我已于1959年奉命支援新建的山西大学，调到山西太原去创办一个新的化学系。为解决此项编撰任务，我报请校方同意，邀请尹敬执到气候凉爽的太原度1964年暑假，在校内宿舍区辟出一套住宅供尹敬执居住，利用暑假期间合作编撰完成了《无机化学简明教程》书稿。全书共32万字，算是足够精简了，也分上、下两册，于1965年7

月由高等教育出版社出版，正好供应秋季开学使用，成为全国通用教材。但是好景不常，这部书仅平平安安地使用了一年，就遇上了"文化大革命"的十年动乱，教育大荒废。除了个别学校在1972年后招收几届工农兵学员，此书尚得到使用之外，总情况是销声匿迹，不再起作用了。极左政治对教育的干扰和摧残深值痛心，应该永远引以为戒！

3. 十年动乱后恢复期的教材工作

十年动乱结束后，由于邓小平同志出来抓教育与科技，人心振奋，高等教育逐步得到恢复。1977年7月，根据党中央和国务院的有关指示，教育部组织了以武汉大学牵头的8所综合大学，在重新编订的教学大纲的基础上，分工编撰了一部大一《无机化学》书稿。经21所院校参加的初稿审定会议后，推荐组成定稿小组，根据审稿意见进行修改定稿。1978年春节前后，我和尹敬执被教育部邀请到北京参加定稿小组，并被指定为最后统稿定稿人。我们大约用了3个月的时间完成了统稿定稿工作，交付出版社。这部教材通称统编"无机化学"，全书共92万字，分上、下两册，于1978年11月出版。由于我在"文化大革命"中当逍遥派期间，根据自己的多年教学经验，已编写了一部书稿，所以在给这部教材统稿定稿时，把自己书稿中自认为精彩的部分，做了一些移花接木的工作（例如对元素化学部分，对共价原子的成键特征与所形成化合物的价键结构的分析和概括论述等），使该书的质量得到一些改进。这部书后来又经两次修订再版，一直使用到20世纪末期。

在教材的统稿定稿工作期间，我和尹敬执商议，需要编撰一部知识层次稍高些的教材，供授课教师参考，以利于提高教学质量。征得教育部有关部门和出版社的同意，我们编撰了《基础无机化学》上、下册，全书100万字，于1980年出版发行。根据教育部的指示，用此书为教材于1980—1981学年度在南开大学举办为时一学年的全国高校教师无机化学研讨班，主讲人为申泮文、尹敬执、曹锡章、吕云阳等。来自全国各高校的学员约120人，后来这些人都成为所在学校的教学、科研或管理骨干。尹敬执和申泮文合编的《基础无机化学》于1988年荣获国家优秀高校教材一等奖，沿用到上世纪末。

在此期间，我还按照邓小平同志尽快引进国外优秀教材的指示，组织力量，先后翻译出版了《普通化学》（美国教材：W·H·内博盖尔等著，人民教育出版社，4个分册，共117万字，1978–1979年出版），《新编简明无机化学》（英国学位教材：J·D·李著，人民教育出版社，51万字，1982年出版），《无机化学》（较高层次的美国教本：K·F·伯塞尔等著，人民教育出版社，4个分册，共127

万字，1987~1990 年出版），《配位化学》（英汉对照本：F·巴索罗等著，北京大学出版社，31 万字，1982 年出版）等一系列引入教材，使上个世纪 80 年代教材出版工作比较繁荣，师生可选择参考的读物比较丰富，不似 50 年代那么匮乏。

4. 建国以来最大的化学撰著工作《无机化学丛书》及其意义

1977 年，经同仁建议，中国化学会与科学出版社合作，组织了《无机化学丛书》的编撰工作。1977 年冬，在北京邀请戴安邦、顾翼东、张青莲等教授共同协商，成立了《无机化学丛书》编委会，公推戴安邦、顾翼东为顾问，张青莲为主编，申泮文为副主编，遴选的编委为尹敬执、曹锡章、吕云阳。后来科学出版社的王丽云、赵世雄等责任编辑先后参加编委会为兼任编委，襄佐组织管理等工作。后期在攻坚阶段，特聘北京大学唐任寰教授参加编委会为编委，辅佐主编，完成最后诸卷的编撰出版。

《无机化学丛书》是中国有史以来第一部无机化学百科全书性质的巨著，全书 18 卷 41 个专题，总计 700 余万字。前 10 卷为各族元素分论，后 8 卷为无机化学若干重要领域的专论。这部丛书的完成经历了编委会和全体作者的艰辛奋斗。最初过分乐观，计划 5 年完成，没想到意料之外的困难和问题竟会如此之多，举步维艰。这 18 卷书的最终完成竟然经历了 18 载艰辛岁月，平均每年完成一卷。主编张青莲院士在领导此项艰巨的工作中，坚持不懈，运筹帷幄，指挥若定；在组织、协调、指挥、督促，直至对作者的具体帮助，都竭尽全力，为我国的这项重大科技工作做出了卓越贡献。这部丛书的重大意义可以简论如下：

（1）为我国化学工作者提供了一部丰富的近现代化的原始资料资源库，对促进我国化学教学和研究的迅速发展，解决我国丰富矿产资源的综合利用，新型材料的合成，无机化学新观点和新理论的提出等，都起到了不可估量的作用。

（2）加速了我国无机化学人才的培养和无机化学学科队伍的建设。这项重要贡献可以说是立竿见影的。本丛书最初组织的作者成员，大多是中青年学者，或在高校任职不久，或刚刚接触科学研究，由于在编撰过程中与实际工作的相结合，起到帮助他们迅速成长的作用。所以本丛书的大多数作者后来（20 世纪末）都成长为我国的无机化学知名专家，也标志了我国无机化学学科队伍的健康形成。所以可以说，《无机化学丛书》是一部我国无机化学知名专家的集体创作。

（3）促成了我国高校和科研单位无机化学各领域研究方向的合理布局。早在上世纪 50 年代，青莲师就利用他的学术地位和在政府及科学院的兼职，尽心筹划我国无机化学各研究方向在全国范围内的布点问题。对我国无机化学科学研究据点的建设，付出了有远见的辛劳。青莲师利用编委会组织编写作者班子的机会，把遴选作者的工作与科研方向布点的理念结合起来,借各高校原有科研基础和条件,一石双鸟,毕双功于一役。例如复旦大学的丰产元素化学,南京大学的配位化学,北京大学、兰州大学和长春应用化学研究所的稀土元素化学,北京大学的稳定同位素化学与放射化学,南开大学的氢与氢化物化学等研究据点的建成,几乎都是与《无机化学丛书》的编撰同步的。青莲师在这方面的贡献,是老一辈化学家中最突出的,他是我国当之无愧的近代无机化学学科的重要奠基人之一。

  我作为编委会的副主编,工作有一定局限,贡献不大,但也尽了绵薄之力。在编委会成立初期,襄佐青莲师遴选和组织作者队伍,承担了第一卷的出版工作,为以后各卷的出版起到了示范作用。如果说还有什么贡献的话,可以提及的就是后期的"打补丁"工作了。前面提到本丛书在编撰过程中遇到许多意想不到的困难,其中一种情况是有的作者拖延很久不能交稿,拖了10多年,最后声明由于个人原因或单位变迁的原因,不能承担编写任务了。出现这种情况时,青莲师就把救火打补丁的任务交给我来完成。例如,推迟至1996年5月出版的第九卷中的第27专题铁系元素以及推迟至1998年9月出版的第八卷中的第21专题钛分族,就是我代别人打补丁完成的工作。这种任务交到我手,我通常都是与合作者在6个月内紧急完成,以满足尽快交付出版的要求。青莲师把这类应急任务交给我,既是对我的信任,又是多给我锻炼的机会,这就是我前面所说的,跟随青莲师工作,长期得沐春风,是师生情谊逾益笃厚之所寓。青莲师永远是学生辈学习的榜样。

5. 我国加入 WTO 后的高校教育改革有待发展

  我国在 20 世纪 50 年代片面学习苏联经验,造成思想僵化,忽视了立足本国、放眼世界、考查全世界高等教育发展的潮流,造成落后的闭塞状况。当今之计,应该学习青莲师关心全国高教发展形势,大力改革落后面貌,学习西方先进经验。与国际接轨决不是一句空话,需要几代人付出艰苦的努力。

  回顾上个世纪,百年诺贝尔化学奖是世界化学科学发展史的缩影。最后 25 年全球有 60% 的化学奖落在美国,而诺贝尔化学奖获得者 82% 是大学教授,从中可以得出一个推论,美国的高校化学教育是世界先进。要与国际接轨,就应该在我国现有基础上,学习美国著名大学各方面的先进经验。

  放眼全世界高等学校化学教育,教学计划和课程设置与我国有较大差异。就基础课而论,全球高校化学教育大一的第一门课,通常都是 geneIal Chemistry。

对这门课我们过去把它的名称都翻译错了，译成"普通化学"。其实它并不普通，而是一门启蒙化学概貌的综论课、通才和素质教育课，同时也是基础化学知识传授课。错译为普通化学，就会顾名思义淡化了课程的目的、意义及重要性。这门课程在国外总是由有高学术造诣的著名老教授来讲授，把教书和育人放在同等崇高的位置上。我主张把这门课程名称叫做化学导论，因为 General Chemistry=General Introduction to Chemistry。本课程要介绍化学的科学属性、任务与目的，对改善人类生活的意义，对发展生产力和维持人类社会可持续发展的重要性，以及化学在 21 世纪的发展趋向等重要问题。这些对培养高素质的创新性人才无疑是重要的。我已在 2002 年按此要求编著出版了一部《近代化学导论》（高等教育出版社），我认为这是我国第一部 General Chemistry 性质的教科书，已举办过推广讲习班，希望它能够经受使用的考验。我现在还在继续努力，力图把这门课程教材编撰成全配套多媒体立体化教学资源库（部分工作已获 2001 年国家级优秀教学成果一等奖），在提高教学质量上多做一些工作。

无机化学不应该是大一课程，在上个世纪 30 年代后，由于化学科学的迅猛发展，无机化学已经发展成为包揽多种方向的丰富多彩的学科，在科学位置上它是与当代有机化学学科比翼齐飞的科学。在国外高校化学教学计划中，无机化学课程与有机化学课程并驾齐驱，是在学习了化学导论和物理化学之后的高年级开设的，我们也应该就此进行改革。我在 2001 年组织 8 所院校 20 位专家合编了一部三年级《无机化学》教科书，于 2002 年初由化学工业出版社出版，并举办了讲习班。这部书的特点是：（1）业务知识内容的水平达到国际前沿；（2）反映了我国各方向科研据点的成就；（3）记录了我国近代无机化学学科奠基人张青莲、戴安邦、顾翼东、柳大纲的业绩。这部书的出版，引起了出版界和学术界的关注，因为它是一部真正有我国自己特点的专著，有些别开生面。

为继续进行教学改革工作，我还参考了美国多所世界知名大学的化学教学计划，依据我国的优秀传统，编制了一套新教学计划（草稿），设计了一套新的课程设置方案，并按照新方案，组织了南开大学近代化学教材丛书编辑委员会（包括与兄弟院校合作），投入巨大人力物力，编撰全套新课程的新教材。目前已全面开始编写。

6. 祝贺青莲师 95 华诞，祝愿青莲师健康长寿

本文以建国以来无机化学教学改革和教材与专著编撰的发展历史为主线，记述了青莲师在化学教育方面的功绩。青莲师是一位全面发展的学者，专长无机化学和同位素化学。他的原子量测定工作成果至多，国际上专家无出其右，为我国

争得了国际荣誉。他为我国的重水、锂同位素分离和重氢化锂等高科技的产业化也建立了重大功勋。但他的中心专职仍是化学教育，对我国化学学科的建设和发展呕心沥血、贡献良多。青莲师为人正直敦厚，大度开明，严以律己，宽以待人，热心于培养新人，提携后进，60多年来培养了大批研究生和中青年教师，其中已有多人成为中国科学院院士。在今日科技和医学发达的年代，人的寿命延续到120岁已不足为奇，作为学生，我衷心祝愿青莲老师健康长寿。

怀念杰出校友我国气象事业奠基人王宪钊

1937年7月，日本军国主义全面侵华战争开始，由此也开始了中国人民长达8年的抗日战争。7月末，南开校园被侵华日军残暴炸毁，北平天津沦陷。北京大学、清华大学和南开大学奉国民政府教育部命令，在湖南长沙联合组建"长沙临时大学"，翌年春迁徙到云南昆明，更名为昆明国立西南联合大学。西南联合大学挟三校师生和管理人员之盛，办学业绩突出，培养英才辈出，在历史上被称誉为世界教育史中的奇迹。西南联大拥有5个学院和26个系，名师如云，人才鼎盛。在26个系中，有一个人才效益最高的系"地学系"，包括地质学、地理学和气象学三个专业，由原来的北大地质学系和清华的地质地理学系联合组成。南开大学本来没有这方面的系科，但因为三校鼎力合作，彼此无间，也允许南开的学生转系，中途转入地学系学习。

南开大学的学生，一般来源于天津南开中学。南开中学的优秀教育传统闻名遐迩，学生普遍拥有高标准的爱国主义情操，喜爱体育，身体健康，喜欢体力活动，例如旅游、考察、登山、探险等活动。进入联大后，联大新鲜系科之多，开阔了南开学生的视野，见异思迁，立意重新选择未来事业的方向。地学在旧中国仍然是一种新鲜学科，得到南开学生的偏爱。在昆明时期，转入地学系学习的南开大学学生先后有10人之多。加上在战前已考入北大清华地学系的南开大学学生5位和后来重庆南开中学毕业生约有5人考入联大地学系，联大地学系前后有南开校友学生约20人之多。

前面说到联大地学系是联大人才效益最高的系科，笔者有一个统计，在抗日8年期间，联大地学系教授和毕业生共184人（教授18人，毕业生166人），新中国建国后成长为中国科学院院士的33人（教授12人，毕业生21人）。在学生中，地学系8年毕业166人，建国后成长出院士21人，在联大所有系科中遥遥领先。在地学系其余毕业生中成长出高层次专家、教授，后来能统计到的约达到80人之多，是西南联大人才辈出的典型代表。

在西南联合大学地学系毕业生中约有20位南开校友，其中南开大学学籍的为10人，发展成为高层次专家的有中国科学院院士、国家科技特等奖获得者刘东生、中国科学院院士、著名地球化学家涂光炽、著名石油地质学家司徒逾旺、北京大学地质学教授朱之杰、我国气象事业奠基人王宪钊等。本文专门对王宪钊校友的业绩做简要介绍，表达我们在 90 周年校庆之际对国家功勋校友的怀念之忱。

王宪钊，山东省福山县人，1916 年 12 月生人，家庭出身书香门第，曾祖父是发现甲骨和甲骨文的第一人王懿荣，人称甲骨文之父，也是八国联军攻进北京城以身殉国的一位满清大臣。王宪钊于 1936 年毕业于天津南开中学，受到良好的南开传统教育，热爱祖国，有坚强抵抗日本侵略的决心和信心，在中学时代就常常伴随同学到市内和农村向人民群众宣传抗日活动。热爱体育运动，是一名篮球健将。

王宪钊南中毕业后，考入南开大学物理系，休学一年，1938 年夏奔赴昆明，到西南联合大学以南开大学学籍复学，随即转系，转入联大地学系专攻气象学专业。1941 年以优异成绩毕业。最初受聘为清华大学航空研究所助教，参与气象学助理工作，后因抗战工作需要，调任中国航空公司气象员，参加援华美军抗日物资运输服务工作，即著名的驼峰航行，制作航线天气预报。在缺乏任何原始资料的条件下，卓有成效地完成任务，为抗日战争做出了卓越的贡献。

抗日战争胜利后，王宪钊被派赴福建省组建了福建第一个气象台，开展天气预报，特别是台风的预报。后又转任中央气象局广州气象台台长等职。在 1949 年面临全国解放前夕，王宪钊坚决拒绝国民党政府安排他去台湾和将广州气象台全部人员和仪器设备调运台湾的命令，不顾巨大压力和迫害危险，坚持留在广州保护气象台站的安全，直至全国解放，为新中国气象事业的创建保存下来宝贵的人员和物资，建立了巨大功勋。

新中国建立后，王宪钊立即全身心投入新中国气象事业的建设，先在汉口中南军区司令部气象处任办公室主任，主持中南地区气象业务技术工作。当时中南地区气象部门大部被破坏，几乎全部停止观测工作。为此在党的领导下，他克服一切困难，积极开展中南地区地面、高空气象台站网的建设工作及预报工作。他竭尽全力，组建了汉口中心气象台、湖北省气象台、中南各省 100 多个气象站、16 个高空测风站及一个探空站，为中南地区气象事业的发展奠定了基础。特别是 1954 年武汉长江中下游特大洪水期间，王宪钊担任汉口中心气象台天气预报总领班，在缺乏气象资料的情况下，组织集体天气会商，改进天气分析程序，逐日发布雨情简报，为防汛抗洪提供了有力保证。1954 年底，王宪钊调北京中央气象局，先后担任台站处兼计划财务处高级工程师，中央气象局气象科研所预报处长，中央气象局气象科研所副所长，中央气象局气象台总工程师，中央气象局副总工程师，中央气象局技术发展办公室主任等职。

在中央气象局工作期间，王宪钊夜以继日，废寝忘食，主持编制我国气象事业发展远景规划，参与制定一系列规划和年度计划，为促进我国气象事业进入全面发展轨道做出了贡献。上世纪 80 年代，王宪钊主持编制我国十年气象事业发展计划纲要。他积极组织全国气象台站的建设和管理，推动气象预报业务工作的全面开展，为气象业务和技术的发展，倾注了全部心血。后期他身体长期患病，仍然坚持工作，密切关注气象事业的现代化建设，并为气象业务技术现代化提出积极建议。

王宪钊数十年如一日，把毕生精力完全贡献给祖国的气象事业。通过他的创造性努力和计划领导，新中国的气象事业从无到有、从小到大、从弱到强，进入到了现代化轨道，为国家农业、国防事业和人民社会生活的现代化做出了长远的贡献。他的光辉业绩将永垂祖国的气象史册。

王宪钊曾任中国气象学会副理事长、理事、美国气象学会会员。他曾被选为中国政治协商会议第四、五、六届全国委员会委员，积极参政议政。在全国政协会议上曾积极提案，为天津南开中学的重建复建，做出了有意义的贡献。

王宪钊校友秉承了南开精神，热爱祖国、热爱人民；以南开人的品格，坚持真理，实事求是，作风正派，品德高尚，胸襟坦白，光明磊落，在工作中勤勤恳恳、任劳任怨，数十年如一日。他是中国的先进知识分子和杰出南开校友的优秀代表，是南开人的学习榜样。

王宪钊 1998 年 8 月在北京病逝，享年 82 岁。我们每晚聆听中央电视台的气象预报节目时，永远会怀念王宪钊校友对国家和人民做出的伟大贡献。

不测风云可测大气环流通寰宇
杰出校友大气物理学家叶笃正的故事

一、业绩春秋

天津南开中学 1935 毕业班，是建校百年历史中的第一个人才大班，141 名毕业生中，在 45 年后的 1980 年，有三位同学同时当选为中国科学院院士。他们是叶笃正（大气物理学家）、关士聪（地质矿物学家）和申泮文（化学教育家）。论对国家和人民的科技贡献，叶笃正是全班的榜首。他是世界知名的气象学泰斗，中国大气物理学的奠基人和对新中国气象事业有重大贡献的学者，一位德高望重的科学家。

在新中国，叶笃正先后担任中国科学院大气物理研究所所长、中国科学院副院长等职。是中国气象学会第 19、20 届理事会理事长和第 21 届理事会名誉理事长。在国际科学舞台上，他是一位非常活跃的中国科学家，曾在多种国际科学组织内任重要职务，如国际气象和大气科学联合会执行委员会委员、国际科学联盟和世界气象组织共同的科学指导委员会（JSC/WCRP）委员、国际科学联盟的国际大地测量和物理联合会（IUGG）理事会成员、国际地圈和生物圈计划（IGBP）科学委员会委员等。在国内曾任 IUGG 中国委员会主席，并筹建了 WCRP 中国委员会和 IGBP 中国委员会。作为中国人民的政治代表，他是第 3、5、6、7 届全国人民代表大会代表，第 6、7 届全国人民代表大会常务委员会委员。至今，他虽然已到 88 岁高龄，却依然活跃在国内外大气科学舞台上，竭尽毕生努力为祖国的气象事业奉献力量。

叶笃正是一位真挚的爱国者，他对南开中学母校的爱国主义教育迷恋至深。他在接待"百年南开采访团"的访谈时说："说起南开中学对我的影响，要多大就有多大。我的爱国主义思想，是南开中学给的。南开告诉我们如何抗日。我所以念了理工科，是南开中学给我打下的基础，造成了我对科学的爱好。还有张伯苓校长的教育思想，不管人们爱不爱听，我都认为他的教育思想比现在高得多。南开中学不是让学生读死书，而是要学生懂得中国是怎么回事。要德育、智育、体育全面发展。我们那时有老师带着大家出去看外面的世界，我就到过山东的曲阜、泰山，开阔了学生的眼界"。又说："我在美国获得博士学位后为什么要回国，就是要给中国做事，要把中国搞好。张伯苓校长把中国的教育搞到那样高的水平，太不容易了，他自己的生活非常节俭，他的办学效率很高，那么大的学校没有多少管理人员，却管理得条条是道，一点也不乱。这让我从他的身上看到，人就应该这样工作，我就要学他，有他那样的思想，有他那样的效率"！

值此南开中学百年校庆即将到来之际，叶笃正对母校的后学者寄予厚望。他说："按照老校长的教育思想，一定要把德育放在首位，要懂得做人的道理，要给国家做事。现在中国人站起来了，但我们还没有完全站直。中国人要站直，要依靠下一代，希望他们将来站得更直更挺"。希望中国的青年人汲取这位老科学家的谆谆教诲！

二、芳华正茂时

叶笃正祖籍安徽，1916 年出生于天津。童年在家中读书，1930 年考入南开中学，次年考跳了一班，加入到 1929 入学班。他家中先后有 5 位弟兄（叶笃义、叶笃庄、叶笃廉、叶笃正、叶笃成，都是学而有成的知名人士）就读于南开中学，是不少著名"南开世家"中的一族。1929 年入学班共有学生约 450 人，分成 9 个班组上课。经过 6 年学习，到了高三班（以下简称 35 班），只剩下 141 人毕业，可见淘汰率很高（比表面数字更高，因为历年还有插班生）。

到了上个世纪 30 年代，南开中学已经积累了丰富的办学经验：有一个精干的管理班子和教务班子，有了一整套完善的教育规章制度，但更重要的是邀聘到了一批稳定的优秀精英教师群体。这一批教师受到张伯苓校长诚善待人、尊师重教精神的感染，高度安心从教，默默地在奉献着自己的真诚与才智。南开中学的教师们教学质量普遍高超。这里要突出地介绍一下我们 35 班在高中时期的超级精英教师队伍。叶笃正在接见"百年南开采访团"时，特别提出对算学教师张信鸿先生的无限怀念，说他自己获得国际大奖，也应该有这位已故老师的一份功劳。正是张信鸿老师以他的真诚人师品德和精湛讲课，带动了整个理科教学，数理化全优（算学：张信鸿、李澹村；化学：郑新亭、胡廷印；物理：段绍先、赵松鹤），这些老师的精湛教学细心培育，是南开中学从 1935 班开始，连续十余年，毕业生中年年出未来院士的基础。南开中学算学教学水平一贯高超，从初中三年级开始，学平面几何就用英文本教科书，用英文做习题。以后解析几何（史密斯与盖尔）、大代数（范氏）、物理（达夫）、化学（谈明）全部都是用英文教材，教师用双语教学，学生用英语做练习和写实验报告。

我们特别怀念张信鸿老师的忘我无私奉献精神。我们1935班在高中二年级时，张信鸿老师教我们的大代数和解析几何，班上优秀学生太多了，同学们对张老师的精湛教学热情欢迎，回报以优良的学习成绩，而张老师也表现出越教越高兴，表示愿意竭尽所能给学生多教一些算学知识。在1934年暑假张老师主动提出放弃休假，给本班同学组织一届师生的算学讨论会。他完全无偿奉献，学校无偿开放范孙楼大教室和职工服务，学生自由参加。半数本班同学约70人参加了讨论会。实际上这个讨论会并没有讨论，完全是张老师讲课。每周星期日除外，每天上午上课。张老师兴之所至一讲就是一上午。既不是补课，又不是帮学生准备考大学，而是深入讲授解析几何，从平面解析几何讲到立体解析几何。学生们知道这些讲授内容是别的学校都不会讲的，考大学也用不着，但都以极高的求知欲和对张老师的爱戴，以充分的热情和勤奋学习渡过了这个不平凡的暑假。同学们永怀不忘，张信鸿老师是他们的永恒恩师，特别是后来学理工科的同学们，中学时期学的算学已成为他们的永恒财富。

不仅理科教学优秀，文科课程也同样优秀，例如国文课，也拥有许多精英大师，古汉语教师叶石甫和孟志孙等教我们读先秦诸子、诗经、史记、离骚、文心雕龙、古文观止等古籍，饱享中国古文化熏陶。近代文学有高远公和赖天缦等，教我们学习朱自清和冰心的白话散文，近代诗歌。更值得一提的，是我们的西洋史课，主讲教师是社会学大师韩叔信，教科书是英文巨著《近代史》（海斯与穆恩）。学这门课遇到极大困难，因为历史课就是大的社会学，大部头英文教科书里有极多的有关社会、政治、经济、军事、工商、科技等方面的词汇，学生们都从来没有接触过，让高中二年级英语水平的学生，抱着字典来读这部书，可太"天方夜谈"了。可是韩老师有办法，他把全班学生组织起来，分成小组，每组负责给一定页数的教科书对照英汉字典查生词，然后把查得的英汉对照词汇集中起来，油印成一本英文教科书《近代史》的英汉词汇索引。分发人手一册，就解决了个人自学问题，也引导了学生接受以集体力量共同学习进步的教育。读完了这门课，同学们不但在历史知识方面，而且也在英语水平方面，大大地长进了，相当于从学校走向真实社会了。

当时在校还有很多位优秀的英文教师，例如归国华侨邱汉森、何一桂、老教师夏乐真、柳高蔼鸿、童仰之、吴维中、李尧林等，教学各有千秋。这里特别介绍一下李尧林老师作为典型名师的范例。李尧林是著名作家巴金的三哥，在巨著《家》《春》《秋》中有他的角色。他一表人才，衣冠楚楚，仪容潇洒，是同学们崇拜的偶像。他文化素质高超，大学教授风度，教学认真负责，尽心尽力给学生打造高品位的文化素养。他在1934~1935学年度给35班开高级英文选修课，大部分优秀生选了他的课，终身受益。他给学生选讲著名英语诗歌、散文、戏剧剧本，辅导学生演出英语话剧等等，最给学生长远留念的，是他最后给学生讲的、北京大学怪杰教授辜鸿铭所译的杜甫长诗"赠卫八处士"的英译文本。译文文字贴切，流利爽口，情真意切，也是传世之作。适逢毕业班学生珍惜多年同窗之谊，即将毕业分离，读了这篇怀念友谊诗歌，便如痴如迷，争相背诵，几乎成了35班的班歌。1984年10月17日，南开中学80周年校庆，35班校友30人提前一年回校纪念毕业50周年（叶笃正校友因故未参加），学校特别关照，开辟一批四斋宿舍供校友住宿忆旧。深秋夜凉如水，昔日同窗聚首灯下。不约而同地共同凑续起来李尧林老师教的"赠卫八处士"英译诗，追忆往昔峥嵘岁月，浮想翩翩。李尧林先生已经作古多年，招魂何处，不胜依依！

赠卫八处士　杜甫　辜鸿铭英译

人生不相见	In life, friends seldom are brought near,
动如参与商	Like stars each one shines in its sphere.
今夕复何夕	Tonight, oh! what a happy night,
共此灯烛光	we sit beneath the same candle light.
少壮能几时	Our youth and strength last but a day,
鬓发各已苍	You and I, oh! our hairs are grey.
访旧半为鬼	Friends half are in a better land,
惊呼热衷肠	With tears we grasp each others hand.
焉知二十载	Twenty more years short after all,
重上君子堂	Again I attend your hall.
昔别君未婚	When we met, you have not a wife,
儿女忽成行	But now you have children, such is life.

怡然敬父执	Beaming they greet their father's chum,
问我来何方	They ask me from where I have come,
问答未及已	Before our say we each have said.
驱儿罗酒浆	The table is already laid.
夜雨剪春韭	Fresh salad from the garden near,
新炊煎黄粱	Rice mixed millet frugal cheer.
主称会面难	When shall we meet, it's hard to know,
一举累十觞	And so let the wine freely flow.
十觞亦不醉	The wine I know will do no harm,
感子故意长	My old friend's welcome is so warm.
明日隔山岳	To-morrow I'll go to be whirled,
世事两茫茫	Again into the wide wide world.

以上回忆显示了当初我们在南开中学经受的优良文化素质教育，八音协奏，文理交辉，在如此优越的文化教育环境下，何愁不出优异人才呢！

叶笃正在南开中学受到良好的正规教育，学习成绩优秀，1935 年 7 月高中毕业，随后就在这个暑期以优异成绩考取清华大学地学系（气象组）。同时考入清华大学的南中 35 班同学有二十余人，分入文理工各科系，同入地学系的南中同学有王大纯（地质）、李璞（地质）、白祥麟（地质）、王乃梁（地理）等。1935~1937 两年是华北地区政治局势巨大动荡时期，日本武装侵华势力进一步进逼，南京政府被迫同意在华北成立冀察政务委员会，向日本侵华势力让权，激起了全国人民的愤怒，引发了北京学生 1935 年末的"一二·九"和"一二·一六"反日示威学生运动，震动全国，反日运动此起彼伏。由于在南开中学接受的爱国主义教育影响深远，在清华和北大就读的南中同学，始终都是北京学生运动的中坚分子，叶笃正当然也积极卷入了运动。这场反日运动在全国范围持续发展，为后来的抗日战争起到了全国人民思想动员的作用。

1936 年末的西安事变，是全国人民反日运动的必然结果，催化了全民抗日力量的大团结，催化了国共两党联合抗日的协议，形成了全国军民抗日思想的联合战线。武装抗日的思想在全国范围臻于成熟，1937 年 "七·七" 事变的炮响，在中国大地上，展开了伟大的全民挽救危亡抵抗侵略的斗争。

抗日战争开始，叶笃正在清华大学读完气象学二年级。因平津沦陷，北京大学、清华大学和南开大学奉国民政府教育部命令，在湖南长沙合组长沙临时大学，定于 1937 年 11 月 1 日借地长沙韭菜园圣经学院，开学上课。在此前各校学生都分别得到赴长沙复学的通知。叶笃正按照通知离开平津，辗转来到长沙报到复学。临时大学在长沙开学，就那个兵荒马乱时代，也只能草草从事，一切勉强就绪。开学后不过只一个月余，战局急转直下。南京沦陷，并发生南京大屠杀惨案，震惊全球。年终，日军飞机轰炸了长沙，战局逼近武汉地区。临时大学的学生绝大部分来自沦陷地区，已深尝国破家亡之痛，面临当时战局，思想上产生了新的剧烈震荡。每个头脑清晰的青年人，此时不能不考虑，前途何在？何去何从？

当时摆在临大学生面前，可以有两个走向，一是继续留在学校求学，跟着学校走；另一条道路是掌握自己的命运，实现男儿报国之志，投身抗战或革命洪流。一批深受爱国主义教育熏陶的前南开学生，突然得到一项特别的机遇：一位一贯鼓舞学生抗日的前南开中学国文教师张锋伯（地下中共特别党员），利用本人是陕西地方士绅的身分，谋得了陕西省临潼县县长的职位，预备把临潼县创建成一座游击县，以游击战迎接日寇的渡河犯陕。创建这样的一个革命抗日县政权，需要干部。张锋伯于是通过与在临大的过去有"政治联系"的前南开中学学生（李璞、王大纯、申宪文等）的联系，征集同学前往参加。这个信息在长沙临时大学南开校友间传播开，掀起了一个不小的波涛，政治方向完全符合当时爱国青年向往参加抗日活动的心愿。消息互相传递，不胫而走，南开校友间的强劲凝聚力和爱国心起了作用，在 1938 年春，先后有 18 位南开中学 35 班、36 班和 37 班同学聚集起来，结伴去到临潼，与张锋伯会合，开始了一段有浪漫情调的草莽英雄起义色彩的革命活动。在 35 班集体中有叶笃正、李璞、王大纯、李廉、徐文园（来自金陵大学）等 5 人。此时叶笃正已决心放弃学业，和这批至友同学一道，走上参加抗日斗争的道路。

这批南开学友在临潼追随张锋伯，所做的工作是 1.宣传工作，向临潼人民宣传抗日战争，宣传抗日民主统一战线；2.组织工作，在临潼民间组织抗日武装，因为此时临潼仍属国民党白占区，所以组织武装力量是秘密进行的；3.文化下乡，向临潼人民宣传文化、科学、教育和扫盲。为了发动人民的抗日革命自觉性和积极性，也在农民当中展开一定的减租反霸运动。

经过半年的紧张工作，取得了很大进展，在临潼农民当中，发展了一支有 3000 条枪的秘密武装，造成了一定声势，引起在临潼的国民党政府驻军的注意。当年 8 月，国民党驻军宋希濂部逮捕了张锋伯，投入监狱。相随南开同学面临星散之势。经中共陕西省委的安排，一部分同学去陕北到抗日军政大学学习，参加革命，一部分留在地方到中学执教，一部分回大学复学。大家又面临一次命运的再抉择。叶笃正最后选择了回西南联合大学复学的道路，再一次长途跋涉，去到昆明，到联大地质地理气象系复学了。这一年的经历，是这位未来的科学家，在他的成长过程中，试图无怨无悔以身许国的一段插曲。在那段大时代里，爱国青年所走过的崎岖蹊径，经受了坚苦磨炼，是"天将降大任于斯人也"的前奏，这或许是历史的必然罢！

叶笃正在1940年毕业于昆明西南联合大学（清华大学），转入浙江大学攻读硕士研究生，1943年获气象学硕士学位。随后赴美国入芝加哥大学研修，1948年获博士学位。他的研究工作开始在气象学领域崭露头角，受到同事们的尊敬。但在新中国成立时，他毅然放弃在美国的丰厚职位和安逸生活，在1950年回到祖国，他说："祖国需要我，我的舞台在中国"！

三、大气物理科学

叶笃正在大气物理学理论上有极深的造诣，对丰富和发展我国气象科技，确立我国气象科学的国际地位，产生了重要影响。下面试图用浅显文字，阐述他的光辉业绩。

1. 青藏高原气象学

从20世纪40年代末，叶笃正就开始研究青藏高原对大气环流和气候的影响。过去人们都认为青藏高原阻挡了气流的流动，从而产生了它对大气环流的影响。这是对的。在气象学上称这是高原的动力作用。但叶笃正根据大量观测事实，发现在夏季高原周边的风都吹向高原。这是为什么呢？他就设想，高原是个极大的热源，像一座高烟囱向上放热。高原是个大大高出海平面的岩体，在夏天比四周空气更能吸收太阳辐射。与同一高度的空气相比，就产生了冷热差。高原便成为了一个大热源，导致空气流动。有了这个设想，叶笃正通过艰苦工作，证实了这个设想，从而他提出高原不仅有动力作用，而且还有热力作用。从这个角度出发，他和他的同事们又发现了许多有关高原对大气环流和气候的影响。如在夏季，西风通过高原时上升，可以远在近北美西海岸下沉；而东风通过高原以后，可以影响阿富汗和伊朗等地的气候；面南可以越过赤道，在南半球下沉；高原之北的大沙漠地带的形成，也和它的影响有重要关系。由此，他和同事们在1959年编写了《西藏高原气候学》、又在1979年编写了《西藏高原气象学》专著，从而建立了"西藏高原气象学"学科，为我国取得了国际荣誉。

2. 大气科学研究的全球性和国际性

叶笃正对气象科学发展中的许多问题有自己的独到见解。他强调大气科学研究不能仅限于大气圈，而是必须考虑大气圈同水圈、陆圈、生物圈之间的相互影响和相互作用。他认为，大气科学研究必须以整个大自然为实验室，遵循观测（实践）——理论——观测（实践）的研究路线，同时还强调要把自然规律写成数学模式在电脑中进行研究；国际合作是气象科学发展的必由之路；大气科学需要与其他自然科学和社会科学的密切合作和相互渗透才能开辟新的研究前沿；大气科学发展要研究和跟踪国际发展趋势，从国情出发，合理地和最佳地选择发展的重点，以带动整体的发展；要重视和加强气象科学基础理论研究的指导作用和储备作用，等等。这些认识和观点，揭示了发展大气科学的基本原则和正确途径，明确了现代大气科学的研究对象、研究特点、主要手段和前沿课题，奠定了现代大气科学的学科体系。他在上世纪40年代末发表的关于大气长波的能量频散理论，被国外同行广泛引用，并以上下游效应被广泛应用于各国的天气预报业务中；他首先提出大气环流有季节突变，这一成果成为大气科学的经典理论；他关于阻塞高压的形成和全球变化研究，大大扩展了大气科学的研究领域，对大气科学基础研究和气象业务建设具有重要的指导作用。近年来他全心致力于国际地圈-生物圈计划方面的研究工作，在很困难的条件下开创了中国国际地圈-生物圈计划方面的研究，建立了东亚中心，在国际科学界产生了重大影响。他还亲自主持完成一系列对经济建设和气象现代化建设具有重大影响的攻关课题，荣获国家奖励。他多次参加和主持世界气象组织开展的国际合作研究计划在中国的实施，历经60年的气象生涯，叶笃正仍然孜孜不倦地为毕生的奋斗目标而拼搏。

3. 全球气候变化

近年来科学家发现，全球的平均气温正以每10年增长0.2摄氏度的速度上升，全球正在加速变暖。导致这一现象的主因是人类的无序活动，燃烧化石能源（石油、煤炭、天然气）排放越来越多二氧化碳气以及其他各种气体如甲烷等的积累，产生温室效应造成的。但也有科学家认为，自然界气候周期性变化，是由间冰期旋回到冰期，温室效应不会使地球越来越热，相反，地球将会向越来越冷的方向演变。

科学界对未来全球气候变化的矛盾预测，究竟哪一理论较为合理呢？叶笃正作为中国全球变化研究的开拓者，他认为，就地球存在的漫长历史而言，相对于自然界的变化，人类的活动对全球气候的影响可能比较小；但从人类社会发展史来看，对几十年到百年尺度的气候变化，人类活动确实对当前全球气候变化产生了直接影响。如果不考虑人类活动产生的温室气体的作用，我们将无法理解全球气候异常变暖的现象。

2003年在中国北京召开了全球气候变化国际讨论会，叶笃正是本次大会科学指导委员会的主席，在大会上作了题为"有序人类活动"的报告。他认为，人类活动已经给地球环境包括气候带来了不可逆转的影响，尤其是近100年来，人类的工业发展是以破坏生存环境为代价的。他主张的人类有序活动是以可持续发展为目标和判断指标的，同时也提供可持续发展的方法、理论和实际措施。叶笃正呼吁："人类活动应该有序"。他指出，人为环境恶化表明人类活动对地球系统的重要性，但另一方面人类的认知能力、减轻恶化的能力、以及改造环境的能力也都表明人类有序活动的重要性。全人类应该行动起来，限制污染物的排放，保护环境，关键是怎样做，重在"行动"。

20世纪80年代以来，各种极端气候事件频繁发生和全球气候变暖，受到全球科学家的高度重视。世界各地不均衡的高温、干旱、雪崩、暴雨、洪涝、山体滑坡、泥石流、沙尘暴等灾害事件，一次一次地给人类敲响警钟。气候变化对人类的影响不能低估，它已成为全球共同面临的重大课题。近年来日趋活跃的中国科学家也已成为世界气候变化科学领域的不可或缺的重要力量。叶笃正是全球气候变化研究国际合作项目的学术带头人之一，他为全球气候变化研究，为应对人类未来的命运，付出了大量心血。

世界气象组织为表彰叶笃正对世界气象事业的杰出贡献，2003年授予他IMO奖，并于2003年10月世界气象组织主席和秘书长专门到北京为叶笃正举行隆重颁奖大会。

4. 对我国气象事业的贡献

叶笃正对我国气象业务的建设和发展给予了尽可能多的支持和关注。他多次表明，只有中国的气象业务发展了，中国的大气科学研究才能有明显的发展。在20世纪50年代初，积极支持建立"联合天气预报中心"和"联合气候资料室"，运用气象科研部门的力量，支持新中国的气象业务建设，使刚刚起步的天气分析预报和气候资料工作迅速走上轨道。党的十一届三中全会以后，他全力支持气象现代化建设，多次强调摆正科研、教育、业务之间的关系和位置，语重心长地指出，支持气象部门的工作是全行业的共同责任和义务，要从全国、全局的高度，积极关心和支持气象业务工作，使之更快、更好地发展，为经济建设服务。气象业务工作上不去，科研和教育也难有所作为。为此，他以身作则，从气象业务的实际需要出发，组织科研课题实施攻关，为气象部门科技体制的建立，做出了切实的贡献。他始终如一地关心和支持中国气象事业现代化发展及发展规划、重大项目建设计划等国家项目的拟定，以及短、中期气象数值预报业务体系的建立等全局性工作。他热情支持气象部门建立数值天气预报业务，亲自参与讨论和指导并参加"气象事业发展中的战略问题"的群众性讨论，凡此种种，推动了气象界的联合协作风气。他积极支持国家气候中心的建设，积极参与中国气象局牵头的国际交流与合作，担任国际气象组织科学咨询工作组成员，以他个人的国际声望，使我国在世界气象组织中受到更多的尊重。他为中国新一代气象人才的培养和成长开辟了广阔的道路。他对我国气象业务的支持和实际工作贡献，展示了一位老科学家的远见卓识和崇高的思想境界。

四、成就、荣誉、受奖

五十余年以来，叶笃正在国内外发表专著8种（与同事合作，皆第一作者），发表科学论文一百余篇。

叶笃正作为国际著名科学家，接受国内外科学机构的荣誉称号如下：

    中国科学院院士
    芬兰科学院外籍院士
    美国气象学会荣誉会员
    英国皇家气象学会荣誉会员

叶笃正多次获得国内外科学奖励，除多次中国科学院自然科学奖外，其中重要的是国家自然科学一等、二等、三等奖各一次，1995年获得陈嘉庚地球科学奖、何梁何利科技进步奖以及2003年的世界气象组织 IMO 大奖。

深钻黄土读通地球历史 250 万年
杰出校友中国黄土之子刘东生的故事

一、成果春秋

南开中学 1937 毕业班是南开中学少有的人才大班之一，英才济济。本班毕业生 221 人（男中 184 人，女中 37 人），经历过五十余年的历史长卷，现在健在的约有 70 余人，平均年龄在 86 岁左右。健在的男女同学们的凝聚力特强，近十年来已经编著出刊班纪念文集 4 卷，庆贺母校百年特刊 1 卷。拜读他们的斑斓文章，看到一个共同特点，他们全班健在同学都以本班拥有四位世界级科学家刘东生院士、涂光炽院士、张滂院士和翁心植院士，深深引以为骄傲。

刘东生是一位著名地质学家，一位传奇人物，他以科学考察身历地球三极而被人们传颂：南极（1992）、北极（1996）、青藏高原希夏邦玛峰和珠穆朗玛峰（1964 年以来）。论大陆考察，他深入了黄土高原，非洲考查他到过撒哈拉大沙漠，海洋考察他到过南沙群岛。在他的脑子里纪录了全地球地质地理环境的重要资料，不愧是全球环境科学研究的重要学术带头人之一。

有人问，为甚么我国地球多极考察，会集中落在他一个人身上？一个人跑遍地球的三个极地，在国际上也是难能少见的。为甚么他就可以有如此良好机遇，想到哪里去就可以有偌大的自由度，可以如愿以偿呢。这个问题看来应该有个合理的解答。大凡一位科学家，在他的研究领域中，如果他的研究指导思想和研究路线都是正确的，经过艰苦努力，做出了成果和贡献，他在该领域中就会逐渐地取得自由，成果和贡献越大，取得的自由度也越大。对相关的领域扩展的越大越广，相应取得的自由度也越大越广。而且到哪里去考察，也不是随心所欲，而是主要决定于工作需要，是与研究成果和贡献相辅相成的，不会是一时的偶然。刘东生之能够有如此幸运的机遇，概来源于他的全球环境科学研究的实际需要，符合于科学研究需要的辩证法，博得了国际科学界的尊敬。

且看刘东生的研究工作领域。

刘东生是我国地球环境科学研究领域的专家，从事地学研究近 60 年。对中国的古脊椎动物学、第四纪地质学、环境科学和环境地质学、青藏高原和极地考察等科学领域，特别是黄土研究方面，做出了大量原创性研究成果，使中国古全球变化研究跻身于世界前列。

由于他的科学贡献丰富多采，他被选任许多学术职位和荣誉职位：国际第四纪研究联合会主席、中国第四纪联合会主席、国际全球环境大断面（PEP-II）首席科学家、国务院环境保护小组专家组组长、中国科学院环境科学委员会主任等职。他还是我国高山科考事业的开拓者和登山运动的创导人之一。他担任了中国登山协会副主席、中国科学探险协会主席、中国青藏高原研究会理事长等荣誉职务。

从上面所列刘东生的研究领域和所担任的学术职务和荣誉职务，可见他选定科考对象的自由度，必定是顺理成章的，是理所当然的。最近据闻，87岁高龄的刘东生说："我还想到月球上去看看"。这是真诚科学家的向往。祝愿我国航天探月计划早日成行，把宇航员杨立伟和地学家刘东生送上月球，再做一次震动世界的科学考察！刘东生不但是37班的骄傲，也是全体南开人的骄傲！

二、芳华正茂时

刘东生祖籍天津市，1917年出生于沈阳皇姑屯。1929年毕业于沈阳辽宁省立第二小学，1930年考入天津南开中学。1931年秋季开学，刘东生进入初中二年级，不久发生了"九·一八"事变，日本关东军开始蓄谋已久的对中国的侵略行径，由于国民政府的不抵抗政策，仅仅3个月，东北4省全部沦丧，中国的历史发生了巨大震荡和变化。在这中华民族面临生死存亡的紧急关头，南开中学在校长张伯苓的主持下，迭次在礼堂召开大会，一次又一次地纪念"九·一八"，纪念"一·二八"……。每逢集会，师生同登讲台，慷慨陈词。礼堂讲台两侧一副大字对联：

  莫自馁，莫因循，多难可以兴邦；
  要沉着，要自强，立志必复失土。

会议开至高峰，同学们义愤填膺，甚至痛哭流涕，泣不能抑。一股爱国主义热情笼罩着南开整体学校。东北是刘东生出生的故乡，对故乡和祖国大好河山的眷念，加重了他的"国家兴亡，匹夫有责"责任感。南开中学对学生的教育以爱国主义教育为核心，是南开办学业绩人才辈出的根基。

南开的素质教育强调德、智、体、群、美、劳、六育并重，这在前文已有记述，刘东生是一名勤奋好学的好学生，在同学群众当中是受到欢迎的人物之一。在诸多名师的教育下，业务学习优秀自不待说，这里只谈谈他的体育爱好。

南开中学素以体育强校著称，张伯苓校长是发展中国近代体育运动的创导人。张伯苓办教育的目的是救国，以教育来改造国家。他认为任务的中心是"改造国人的道德、改造她的知识、改造她的体魄"。他一贯强调在教育中德智体不可有一方偏废，主张"强国必先强种，强种必先强身"，所以他的办学方针总括为5条：重视体育；提倡科学；倡导团体作用；注重道德培养；培养救国力量。把重视体育放在办学方针第一位，这也同张伯苓救国雪耻的坚强意志为一致的。他在教育实践中更加体会到体育与教育之间的密切关系和体育的重要性。他说："教育如果没有体育，教育就不完全"，又说："不懂体育的人，不能当校长"。他在这方面的认识，无疑走在他同时代人的前面。张伯苓是鼓吹中国参加奥运会最早的第一人。

张伯苓创建了南开中学之后，依托这所学校的肥沃土壤，使他能够建造一座光芒四射的灯塔，将他改造中国、改造社会、改造历史的宏伟理想，辐射到全国。在体育方面，他扎扎实实地做了许多后来确实影响及全国的基础性工作。他是旧中国历届半官方体育组织"中华体育协进会"的领导人和董事，是1910年10月在南京召开的中国第一届全国运动会的组织者，任大会总裁判。他是历届远东运动会、全国运动会和华北运动会的会长或总裁判。在全国范围推广体育运动不遗余力。

在张伯苓的细心经营下，南开中学的体育教育得到高水平的发展：他聘请高人给南开中学建设一支品学兼优的、坚强有力的体育教师队伍；大力建设基础体育设施；建立完善体育教学体制，在学生中大力普及体育运动；制定和完善体育规章制度；组织体育运动用品和器材的生产，终于实现了他立足南开，面向全国，全面推广近代体育运动的宏愿。

张伯苓发展体育运动事业的指导思想与他的教育思想密切相关，他认为体育是人才成长的重要因素之一，并与其他素质要求有关。可以通过体育来补充其他方面教育的不足。张伯苓办教育，面对的是他的学生，而他办体育所面对的范围更广，要面对全国人民，因为有通过体育对全国人民进行公民素质教育的问题。张伯苓意识到了这个问题，所以在全国推广普及体育运动的过程中，毅然承担起这份责任。

由于限于篇幅,这里无暇详谈细节,只对张伯苓发展体育运动事业的指导思想做简单的归纳:1. 通过体育弘扬爱国主义精神;2. 通过体育培育公民道德素质,讲求运动员风格,对参加运动的运动员、裁判员、观众、运动项目组织者都分别有不同的但又目标一致的道德标准要求。培养光明磊落、团结合作、大公无私的精神;3. 在体育中贯彻公能校训;4. 通过体育进行卫生保健教育;5. 节俭办体育事业。

张伯苓对运动项目,既主张普遍开展,又情有所独钟,特别喜爱足、篮、排、棒、垒球等球类运动,因为这些球类运动能有效地培养运动员的集体主义团队精神,有利于培养锻炼人们服务于社会的志向。体育是张伯苓的从体魄到文化到道德品质全面公民素质教育的一个重要组成部分。

体育成为南开中学成功教育的重要因素,重要之点在于南开中学从教学制度上保证了它的广泛普及性。在学期当中,每天下午上过两节文化课之后,校方就把教室全部关闭,把所有的学生都放到操场上去做各种体育锻炼,养成习惯。以至南开中学培养出来的学生绝大部分是文化素质高强的小知识分子兼体魄健康的有各种专门训练的运动员。为"天将降大任于斯人也"准备了条件,这种青年人无疑将会成为未来的高层次人才的后备队员。

这里用稍多的文字记述南开的体育教育,还有意于说明为什么南开中学会培养出来为数甚多的业务上成功成名的(学体兼优的)地质学家,刘东生便是其中的重要一员。南开中学出来的其他著名地质学家还有1935班的关士聪院士(地质部总地质师)、王大纯教授(水文地质)、李璞教授(地球化学)、1937班的涂光炽院士(地球化学)、1950班的刘宝珺院士(第四纪地质学)、1951班的孙大中院士(寒武纪地质学)等。另一突出的地质学家校友是温家宝同志,他是天津南开中学1960年和中国地质大学1964年的毕业生,以实职地质工作者和地质管理工作者锻炼成长,以坚苦拼搏、业绩卓著当选为今日的国务院总理,这也是南开成功教育的实证和光荣。

刘东生在南开中学得到良好的体育锻练,特别爱好游泳运动。南开中学那时没有游泳池,爱好游泳的同学需要结队到学校南边墙子河外的大水坑里去练习。在大水坑里艰苦练习打水的经历,对于东生后来能够克服困难、耐得住高山缺氧和严寒的经验,是大有好处的。1933年东生以高中一年级学生当选为河北省游泳选手,与同学董景纯、朱之杰一道赴南京参加全国运动会。参赛结果董景纯取得200米蛙泳第二名,刘、朱没有取得名次。参赛归来,刘东生不幸感染伤寒症，不得不休学一年。所以刘东生就晚毕业一年，从 1936 毕业班留转到 1937 毕业班了，就校友籍而论，刘东生是两个班（36 班和 37 班）的班友。

刘东生 1937 年 7 月毕业于天津南开中学，遭逢"七，七"事变，侵华日军开始进攻华北，平津沦陷。因信息和交通阻隔，刘东生滞留天津一年，于 1938 年夏离开天津长途跋涉来到昆明，以南开大学学籍入学西南联合大学地质地理气象系。

西南联大学习生涯 西南联大地质地理气象系，由北大地质系和清华地学系组成。开始教师 12 位，只有一位地理学教授鲍觉民来自南开大学，其余都是北大和清华的教授。系主任是著名的孙云铸教授，整体教师队伍的学术实力强大。由于南开中学的毕业生有不少身体健康、爱好体育运动、喜欢旅行，在选择专业上，喜欢上了地质学和地理学，所以在联大地质地理气象系拥进了不少的南开中学毕业生。有的是战前已考入北大清华的（地质：关士聪、李璞、王大纯，地理：王乃樑，气象：叶笃正）；有的是以南中毕业升入南开大学的（地质：刘东生、黄振威、彭克谦、杨锡诚、朱之杰、司徒愈旺、涂光炽，气象：王宪钊、钱茂年），有的是由重庆南开中学毕业考入联大的（地质：马杏垣、张维亚等）。南开学生拢到一起，虽然容易扎堆，但他们在人品上，豁达、豪放、团结、合作、互相激励、互相帮助、不自外于人，受到广大同学的爱戴，所以他们自然形成为地质地理气象系的团结核心，再由于他们的高文化素质，他们也形成为成才核心。

学校在昆明开办，设备差，仪器少，最初只能借用云南大学矿冶系的实验室进行矿物岩石实习，另外利用昆明民众教育馆的矿物陈列馆的标本供学生参观实习。到了 1939 年联大建了新校舍，地质地理气象系分得了 4 幢简易铁皮顶房屋，才建了自己的各种简易实验室，慢慢自己动手、土法上马，装备起来，让学生能做起实验来。虽然因陋就简，倒也培养了师生艰苦奋斗、勤俭办事、节约起家的好风气。图书仪器逐步充实，雄厚师资力量弥补了设备上的不足。云南丰富美好的自然环境，富饶的矿物岩石化石资源，为野外考查、实习、研究提供了最优越的条件。在 1938~1946 的九年间，联大地质地理气象系共毕业学生 162 人，为祖国的建设事业做出了较大的贡献。其中后来成才为中国科学院地学部院士的有 20 人。院士成才率达到 8:1，大概是联大各院系成才率最高的。

刘东生于 1942 年夏毕业于昆明西南联合大学（南开大学），经系里推荐，分到前中央地质调查所工作，开始了他的地学创业的长征。

三、黄土探秘

刘东生是我国全球环境变化研究领域的专家。当前，人类正面临生存环境严重退化的问题，例如沙漠化，干旱化，全球变暖等。这些问题对人类的生存和发展有着巨大影响，并已成为国际研究的热点。近年来，随着研究的深入，对全球环境变化的研究已经发展成为各国政府和民众普遍关注的问题了。这些环境问题是人类活动与自然因素共同作用的结果，需要我们查明，自然环境是怎样变化的？变化的原因是什么？变化的发展趋势又如何？更重要的是在这些环境变化的背景下，人类该怎样应对？这就需要查找地球环境变化的历史记录，从中总结出规律性，再从中推测未来发展趋势，也从中找出解决问题的方略。刘东生的重要科学贡献，就是他发现中国黄土是记录地球环境变化的一部天书，并为人类读懂这部天书提供了研究成果。下面介绍刘东生重要研究成果的简要内容。

1. 建立黄土"新风成说"

中国黄土高原的分布面积约为 44 万平方公里，厚度最大处超过 300 米。这么巨厚黄土是怎么形成的，长期以来在科学界有两种理论，一种理论由德国科学家提出，说黄土高原是"风成"的，即由风从沙漠里搬运过来的；另一种理论由前苏联科学家提出，认为中国黄土是"水成"的，是由洪水沉积而成的。这两种观点并立共存，没有人做过论证辩明是非。黄土成因显然是地球环境变化的重要研究课题，它本身就是地球环境变化的历史。基于此，刘东生从上个世纪 50 年代开始，组织大批人力对黄土高原十多条大断面徒步进行了野外考查，收集了大量第一手资料，系统采集和分析了大量实验室样品，编制大量图表和完成多部专著，研究工作取得重大突破，提出了黄土的新"风成"学说，一举结束了多年来的"风成"与"水成"的争论。

黄土的"新风成说"是在前人风成说的基础上发展起来的，它解决了两个问题，一方面，前人风成说认为，黄土高原顶部（形成时间 7 万年）的黄土层是风成的，而刘东生的研究结论认为整个黄土高原（形成时间 250 万年）沉积都是风成的。从时间跨度上解决了黄土高原形成的历史。第二方面，前人的风成说只强调黄土的搬运过程，而刘东生的新风成说对物源、搬运、搬运时的环境条件、搬运后的变化等全过程进行了论证。今天我们经历的沙尘暴，就是黄土的沉积过程。黄土高原是几百万年来一次次沙尘暴沉积的叠加。在沉积过程中也把相应环境变化信息记录了下来。黄土的新风成说为从黄土沉积提取环境变化信息奠定了基础。新风成说在国际上得到广泛承认。

2. 建立环境演化的"多旋回"学说

地球地质历史的最新时期，是250万年以来的第四纪时期。欧洲的科学家对阿尔卑斯山地区冰川沉积物的研究发现，在第四纪时期有四次冷暖交替，冷的时期叫做"冰期"，两个冰期之间的温暖时期叫做"间冰期"。冰期和间冰期的交替，在地质学上叫做"旋回"。欧洲科学家根据四次冷暖旋回，提出了四次冰期理论。这个理论后来又在北美、欧洲大陆冰川沉积物的研究中，得到证实。从此，四次冰期理论主导了20世纪前半叶环境变化研究领域。

刘东生等人对黄土的研究有新发现，对四次冰期理论提出了挑战。他们发现，黄土剖面中有两类颜色和结构都差别很大的地层，一类是黄土层，一般显灰黄色，没有明显结构。另一类叫古土壤层，显红色，有明显的土壤结构和层次。黄土代表寒冷干旱的气候环境，古土壤代表暖湿的气候环境。黄土剖面由许多黄土和古土壤交替组成，表明气候冷暖干湿交替远不止四次，刘东生从而提出黄土多旋回理论，在1958年以英文正式发表于《Science Record》期刊上，引起了国际关注。1961年刘东生和张宗祜在华沙召开的国际第四纪会议上报告了黄土-古土壤的冰期-间冰期的多旋回特点。此后，这个多旋回理论得到国际上很多研究的证明，上世纪60年代开始的深海钻探计划取得大量的深海沉积岩芯，对它们的分析研究，也表明第四纪时期的环境气候变化确实具有多旋回特点。简单地说，第四纪的环境变化是频繁的、周期性的冷暖交替。多旋回理论代替四次冰期经典理论，是世界环境变化研究历史上的一次重大革命，在地球科学史上占有重要地位。

3. 建立全球变化"国际对比标准"

全球环境变化研究是从20世纪80年代初开始提出和规划的，在80年代中后期陆续实施，成为全世界环境科学家共同奋斗的目标。研究全球变化，就是要在全球和区域尺度上，了解环境是怎么变化的，为什么会变化。刘东生通过对黄土的系统研究，建立了250万年以来环境变化的历史，成为迄今全球唯一完整的陆地沉积记录。

黄土多旋回性的证据，忽冷忽热的地球

在上个世纪50年代，刘东生和他的同事开始研究黄土的历史和环境，在130多米厚的洛川黄土剖面发现了很多古土壤层。后来又在160多米厚的宝鸡黄土剖面，查出第四纪约250多万年的时间内，至少有32次黄土与古土壤的叠覆（黄红交替）。它们代表 32 次由暖湿到冷干的变化，这个结果证明大陆冰期-间冰期的多旋回性。与深海沉积钻探结果对比，科学家们普遍接受了第四纪气候变化的多旋回理论。

在这次第四纪期间，地球上反复出现冰期和间冰期。气温由暖到冷，冰川就长大；由冷变暖冰川就退缩。目前我们正处在一次冰期后的间冰期。前一个冰期在大约 1.2 万年前结束，进入到温暖的间冰期。这种气候的反复就是旋回，250 万年间大概发生过几十次旋回，它们都被如实地记录在黄土这部天书中。

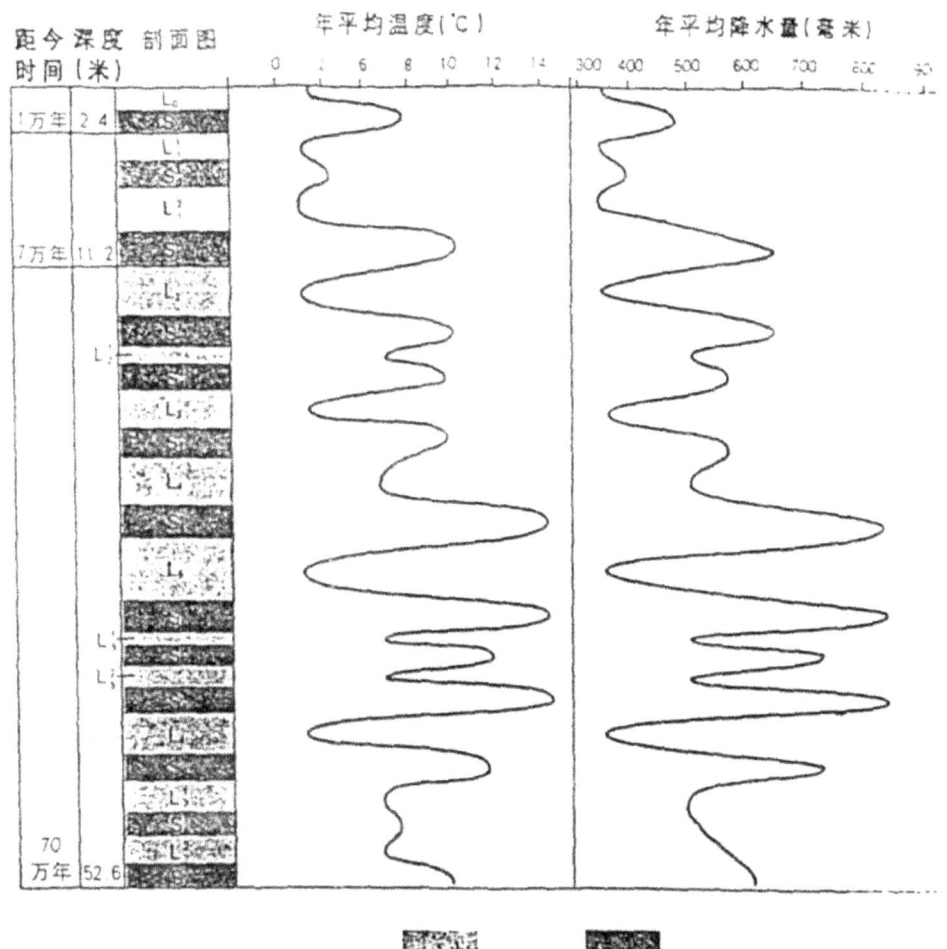

长武地区剖面70万年来的温度 雨量与土层对应示意图
图中可以看出，70万年来发育好的各层褐红色古土壤（S_1～S_7）年代依次相差10万年左右，次级周期为4万年左右。最温湿时期与最干冷时期年平均温度差值达11℃，年平均降水量差值达500毫米左右。当前的气候是偏冷转暖。图中，L表示黄土，S表示古土壤。

测定黄土层的年龄

碳 14 测年法仅能用于测定年龄不超过三四万年的地层样品。"受激发光"技术对黄土最多可以用于 10 万年以内的年代测定。地球的磁极在过去发生过多次倒转，地质学家和地球物理学家已经通过火山岩的研究，对地磁倒转的历史有很好的了解，建立了一个标准地磁年表，测量黄土层中磁性物质的剩余磁性，与标准地磁年表对比，就可以知道黄土层的年龄。

黄土层夹带的环境变化信息

黄土里盛产蜗牛化石。蜗牛行动迟缓，一生也走不出很远。在各层黄土中都生活着不等的不同种类的蜗牛。有些蜗牛喜欢温湿，有些喜欢冷干，有些喜欢温干，有些喜欢冷湿，等等。把黄土层里发现的各种蜗牛与现在生存于世界各地的同类蜗牛对比，通过同一土层中不同蜗牛所占比例，就能推断古代气候环境。

黄土中大量存在古植物的孢子和花粉，孢粉外壁坚固，富含大量孢粉素和角质，孢粉素有很强的化学稳定性，无论飘散在哪里，即使在地层里埋藏千万年，也不会腐烂掉。根据各种植物孢粉在地层出现的规律，科学家可以断定地质年代、研究古植被和古气候的特点。

从黄土颗粒的大小，可以推测风力的大小。在相近的土层中，颗粒越大说明风力越大，风大才能搬动粗颗粒。在有些情况下，颗粒越大，说明沙漠离黄土高原更近，沙漠的面积也越大。还可以测定磁化率、微量元素、放射性核素等多种手段来揭示古气候的某些特征。

2002 年，国际泰勒奖委员会为表彰刘东生的世界性贡献，把国际大奖"泰勒环境成就奖"颁发给刘东生，评奖委员会的颁奖评价说："自然界把它的环境变化写进了三部天书，一部是深海沉积物，一部是极地冰芯沉积，另一部就是中国的黄土沉积物。刘东生在半个世纪的不懈努力中和他的同事们在一起，开启了这三部天书中的一部——中国的风成黄土沉积"。他的中心贡献是为全球环境变化编就了一部全球环境变化的国际对比标准。

纵观 20 世纪全球环境变化科学，从世纪上半叶的四次冰期学说到 60 年代的多旋回理论，到 80 年代的全球变化研究，再到 90 年代的地球系统理论，前后有 3 次大的理论突破，对每次突破，刘东生都做出了重要贡献：对多旋回理论，他是主要的奠基人；对全球环境变化理论，他建立了国际对比标准；对地球系统理论，他开辟了一个新的领域（青藏高原隆升与环境演变，略），他为地球系统科学提供了成功范例。

4. 基础研究的应用价值

刘东生从事的是基础研究，但他的研究对社会经济也有重要应用价值。例如，对黄土高原植被和东部沙地演化的研究，为黄土高原生态建设和东部沙地治理提供了参考依据。

黄土高原生态环境建设中实施的退耕还林还草工程中，遇到的重要科学问题是还林好还是还草好，要回答这个问题，需要从黄土高原自然历史的演变过程中寻找答案。刘东生等根据黄土中孢粉、植物硅酸体、碳同位素分析等研究发现，过去15万年以来厚层黄土分布的塬面上，以草原为主，没有生长稳定的大面积森林植被。森林主要出现在黄土高原南部沟谷与土石山区。因此黄土高原生态建设应以退耕还草、建设草原为主。

贺兰山以东地区沙漠化问题是该区主要生态问题，沙地治理需要了解东部沙地演变历史。刘东生等在完成重大项目"我国干旱和半干旱区15万年来环境演变的动态过程及发展趋势"的过程中，通过沉积、年代、古气候、古生态等的综合研究发现，气候寒冷期（冰期）沙漠扩张，气候温暖期（间冰期）沙漠收缩。现代气候介于两种极端气候（冰期–间冰期）之间，但更接近距今8~4千年间的全新适宜期，该时期西北大部沙漠后退，发育土壤。由此判断，在全球变暖气温升高的条件下，东部沙地具备治理的有利条件。

四、成就、荣誉、受奖

50余年以来，刘东生在国内外发表《南京五通系鱼化石》、《黄河中游黄土》、《中国的黄土堆积》、《黄土的物质成分和结构》及《黄土与环境》5部专著，1985出版的《黄土与环境》一书后来以"Loess in China"为名在德国两次出版，成为国际古气候和古环境研究的重要参考书。主编文集数十卷，发表论文400余篇，SCI收录论文140篇，SCI论文引用次数高达3336次。

刘东生十分重视人才的培养和发挥团队精神，言传身教，培养了大批研究人才，他们中许多人已成为学术带头人和第四纪地质与环境研究的中坚力量，形成了学术梯队。组建了多所研究机构。至今，他以87岁高龄依然坚持在中国科学院研究生院授课，指导研究生的野外考查和室内研究。为中国青年一代科学家的成长做出了卓越的贡献。

刘东生以国际知名科学家接受国内外高校和研究机构的荣誉学位如下：

1980　中国科学院院士

1987　澳大利亚国立大学名誉科学博士

1991　第三世界科学院院士

1995　香港岭南大学名誉博士

1996　欧亚科学院院士

刘东生多次获得国内外科学奖励，其中重要的奖项是 2004 年的泰勒环境科学成就奖和 2003 年的国家最高科学技术奖（国家主席胡锦涛亲自颁奖）。下面以表格形式记录所获得的各种奖项。

获奖时间	奖励名称	奖励等级及排名	授奖部门
1982	中国的黄土	国家自然科学二等奖，第一	国家科委
1984	竺可桢野外科学奖	个人奖	中国科学院
1986	青藏高原隆起及其对人类活动和自然环境的影响综合研究	中科院自然科学特等奖，第一	中国科学院
1988	青藏高原隆起及其对人类活动和自然环境的影响综合研究	国家自然科学一等奖，第一	国家科委
1989	陈嘉庚自然科学奖	个人奖	陈嘉庚奖会
1989	黄土与环境	中科院自然科学一等奖，第一	中国科学院
1991	黄土与环境	国家自然科学二等奖，第一	国家科委
1991	环境质量的地球化学原理	贵州科技进步一等奖，第一	贵州科委
1993	中华绿色科技特别奖	个人奖	中国绿色奖
1995	何梁何利科技进步奖	个人奖	何梁何利奖
1995	李四光地质特别奖	个人奖	国土资源部
1996	Be-10 记录与黄土堆积演化	中科院自然科学一等奖，第二	中国科学院
1996	中国古季风研究	中科院自然科学一等奖，第一	中国科学院
1998	我国北方 5 万年来环境变化	中科院自然科学一等奖，第一	中国科学院
2000	我国干旱半干旱区 15 万年环境演变动态过程及发展趋势	国家自然科学二等奖，第一	国家科委
2002	泰勒环境成就奖	国际大奖	国际泰勒奖
2003	国家最高科学技术奖	国家大奖	国家科委

我和矿产测勘处

我虽然是一位化学工作者，但却与地质界有很多联系。首先是有许多老朋友老同学是地质专家，例如我中学毕业后，同班同学李璞、王大纯考入清华大学地质系，关士聪考入北京大学地质系。后来进入西南联合大学时期，清华和北大两家著名地质系合并在一起，成为西南联大地质系，更提高了知名度，又有好几位南开同学选入地质系学习，其中有刘东生、涂光炽、司徒愈旺、马杏垣等。后来在我漂泊于大西北期间，又结识了石油地质学家张维亚、刘乃隆、杜博民等，以及后来成为黄土地质专家的王永焱。以上点了名的人士，都是我最要好的朋友，几乎达到称兄道弟的份儿，所以可以说我和地质界是很有渊源的。我一向很愿意倾听别人讲话，讲经历，在与这些老朋友的倾谈中，也引发了我对地质工作的兴趣，我对地质工作有一定的向往。

我与地质界的另一段关系，是我1948年曾在著名地质矿床学家谢家荣先生领导的前资源委员会矿产测勘处化验室做过一段化学分析工作。说起这一段历史，还需要从老友陈四箴讲起。我在西南联合大学学习期间，结识了两位比我高一班的同学陈四箴、钱翠麟夫妇，毕业后由于工作和生活上的接触，我与他们建立了亲密友谊。1944年我由西北回到昆明，害了很重的胃溃疡症，不能吃米饭，就常到陈四箴家煮点面食吃，受到他们夫妇无微不至的照顾和关怀。1944—1946年期间，陈四箴在云南大学任教，钱翠麟在西南联大任教，每周内总有两天上午两人同时有课，家里有三岁小女儿哈诺（陈复）没有人照看（那时大家都很穷，请不起保姆），而我恰好那时无课，他们就央求我在那两天上午到他们家去给他们看孩子，就这样，我同他们夫妇和孩子如同亲密的一家人一样，小陈复成了我的干女儿。

抗战胜利后，陈四箴夫妇复员到南京，陈四箴到了矿产测勘处主持化验室工作，钱翠麟到了中央研究院化学所工作，我则回到南开大学化学系工作，互相保持着经常的通信往来关系。1947—1948年这一年，我在南开大学工作得很不开心，化学系有一位作威作福的系主任助理，给我们青年教师造成很多不愉快，1948年暑假前我和几位助教一起辞职不干了。正好陈四箴来信问我愿否到矿产测勘处与他合作。我当即欣然同意，这年7月份我就到了矿产测勘处，职称是副化验师。

资源委员会矿产测勘处机关在南京马泰街，我初去时机关中单身宿舍没有空位，陈四箴留我住在他的家中。他家住在成贤街钱翠麟的中央研究院宿舍，住房很宽敞，分出一间屋子给我作卧室，并也就在他家搭伙共餐，这倒也并不意外，因为早在昆明时期，我们已经做到不分彼此了。马泰街在南京城南，成贤街在城北，相距有一段距离，每天上班处里有一辆吉普车在市里绕一圈来接我们上班，晚上送回，倒也方便。后来过了三几个月我感到我一个单身汉住在人家家里总是不很便利，自己也该有个自觉性罢，所以几次提出想办法把我迁入马泰街宿舍为宜。后来还是陈四箴动了动脑筋，把化验室楼上的一间化验储藏室腾空出来让我住进去，这样后来我才与马泰街熟悉起来。

在矿产测勘处化验室的工作并不紧张，刚去的时候是夏天，地质队的人员都下到野外去作矿产调查去了，所以化验样品很少。据说到了临近冬天，地质队的人们大批回来，带回的矿样很多，那时就忙不赢了。但实际上，到了这年近冬天正逢淮海战役之后，南京都乱了套，我也没有碰上化验工作紧张的时候。我也不能详细回忆起在马泰街我共化验了多少矿样。但有一份矿样化验印象很深，那还是在夏天清闲的时候，谢家荣先生从野外回来，带来从南京郊外栖霞山采集的矿样交给陈四箴，要求定性分析所含的主要金属，陈就把它交给我来化验。矿样是一块棕黄色石头，在石隙中夹杂着少数黄色小晶粒。将矿样粉碎后，我用硝酸来溶解它，发现可溶。在溶液中加入氨水，发现有白色沉淀，较重，全部沉到试管底部，不像铅或锌的氢氧化物之为白色凝胶状沉淀。在沉淀上加些氢氧化钠溶液，白色沉淀溶解了。这说明该金属是一种两性元素。在这个碱性溶液中我偶然滴进几滴硝酸银溶液，意外地发现产生一种鲜黄色沉淀，这样反应在书上未见讲过，是什么呢？正在沉思的当儿，谢先生大概急等结果，走进化验室来问询，我说肯定是一种两性金属，但现在碰到一个未见过的反应现象，还是往下作，谢先生说你看看它是不是铅，我这就恍然大悟了，没错，接着做硫化物和铬酸盐试验，证明果然是铅！

南京栖霞山发现铅矿的事，不久就见报了，若是说化验室谁参与发现，不如说就是谢家荣先生直接发现的。他从矿体的地质地貌和矿石的形态，早已知道是铅矿了，找化验室化验只不过是要我们用化学方法给予另一方面的证实就是了。

淮海战役国民党军大败，士气大衰，南京一片混乱，南京人看来很害怕解放军打来，有去处的人们纷纷逃离。到了1948年底，南京城空了大半，陈四箴夫妇带着孩子回浙江温岭老家去了。环境动乱的影响，我也觉得住在马泰街不太稳当，就去找了刘东生商量，那时他也未婚，在南京地质调查所住单身宿舍，我就搬过去和他同住，在地质所还有关士聪已成家，住家属宿舍，在那里总有个伴，可以壮个胆，也可找他们聊聊天解除孤独烦恼。那时许多单位已经都没有人干活了。

接近那年春节，我的哥哥来信召我回兰州给老父亲祝 80 大寿，要全家团聚。我也就此借机走掉，到上海托人买了一张飞机票回到父母兄长身边去了（我父母是在抗日战争期间从天津迁居兰州的，胜利后未再迁回）。

南京是在 1949 年 4 月解放的，兰州在 8 月解放，我得到陈四箴来信邀我回南京，同时我也得到南开大学的来信邀我回南开，我衡量了自己情绪上的走向，在南京七个月的生活，使我感到很难融入马泰街那个地质社会，天暖时那些可亲的搞地质的小伙子们都出野外去了，家里只有勤杂人员，化验室又只有我和陈四箴两个人，生活过于单调，而我这个人喜好结交朋友、爱好生活丰富多彩，还是在学校里生活能有更多一些的多样性。所以，我决定回南开大学，就此和马泰街"拜拜"了。在写这篇回忆小文时，我愿对谢家荣先生表示无限怀念之忱，他是一位正直慈祥有献身精神的长者，对青年人能宽以待人，关怀备至。对他所受到的不幸遭遇深表同情。在他领导下的几个月工作，在我的生命史上是值得纪念的一段。另外，挚友陈四箴、钱翠麟夫妇已先我而去了，就此也表示对他们的无限怀念，我和他们一家的友谊延续三代，陈复把她的女儿陈小闽托付给我，在我身边读了七年大学，从南开大学拿了有机化学硕士学位走的，随后在中国科学院化学所获博士学位，现到美国去作博士后。四箴早期曾多年谋求出国深造，壮志未酬，他们的外孙女却青出于蓝了。老朋友，请你们安息吧！

解读"邹承鲁建议"

1. 邹承鲁建议"重建西南联大"的办学要点：

（1）校领导班子：请三位教育家担任校务委员，组成领导班子校务委员会，推举其中一位担任校务委员会主席，主持日常校务。

（2）各系科聘请部分优秀专职教师之外，每年向北大、清华、南开三大学邀聘教授轮流来校授课，集中三校精华进行教学。

（3）实行校务委员会领导下的教授治校制。

（4）创建浓厚的学术民主、学术自由的风气，贯彻思想自由、兼容并包、百花齐放、百家争鸣的办学路线。

（5）国家给予宽松政策，不过多干预学校管理和教学方式。

（6）教育成功的基础：师生共同的深入人心的爱国主义教育。

2. 申泮文解读"邹承鲁建议"

邹承鲁是1945年毕业于西南联大的，在校学习期间是西南联大最平稳最规范的时期，所以他对西南联大的教育风范了解得最全面最理想化。我是1940年毕业的，当时联大仅仅是规模初备，有待进一步完善。但我在1945年回到联大工作了，一直到联大结业三校复员北返。我又是给西南联大划最后终止句号的人，监运三校校产最后返回北平天津。所以我的优点在于了解了联大教育发展的全过程，有资格"说三道四"。

邹承鲁建议一经发表，就引起了异议，不久就在报章上和互联网上，有人出来打闷棍，不问青红皂白，公开说"重建西南联大，没有必要！"这表明，在今日知识界和教育界，仍然左倾思潮冰冻三尺，要想进行真正的改革，还需打破坚冰。对此，邹承鲁也早有预见。他的建议发表以后，我与他曾有信函往来，他告诉我，他的建议曾送给多种传媒发表，都遭到拒绝，后来转请科学院领导帮助，才得以在科学时报上发表。邹承鲁在病中委托秘书代草的回信中说："我也知道我的建议难于实现，但鉴于有利于未来改革，愿立此存照，留给后人看"。邹承鲁关怀祖国建设事业，知其不可为而为之的赤诚胸怀，感人肺腑。邹承鲁比我小7岁，他却先我而去，依照邹承鲁的遗言"知而不言是罪"，我是西南联大少有的若干孑余老校友之一，有责任把他的火把接过来，加以解读，照亮改革道路，给人们解惑。让邹承鲁的愿望和西南联大的成功业绩，成为今日教育改革"摸着石头过河"的那块石头。

3. 解读"邹承鲁建议"的纲要

（1）精兵简政，压缩非教人员编制，是我国高等教育体制改革的第一要务。

（2）校长领导下的教授治校体制，是西南联大成功教育的瑰宝，也是国际一流大学办学的通常游戏规则，允宜参照考虑。

（3）在学术上和思想意识形态上，给师生留下自由思考、自由学习、自由讨论、自由选择的空间和时间，是培养创新型杰出人才的必由通道。

（4）干预与培养创新是一对不可调和的矛盾，应该排除一切不可协调的干预。

（5）爱国主义教育应该是各级各类学校政治思想教育的重点，为培养创新型杰出人才，其他教育应该适当让路，保驾护航，尽量减免对师生更多的负担和压力，为使创新型杰出人才脱颖而出，提供有利条件。

附 建议重建西南联大

中国科学院院士 邹承鲁

在我国教育史上，西南联大是一个奇迹，她虽然只存在了短短的 8 年时间，却为我国培养了大量的优秀人才，包括一些世界级的大师。这些人才几十年来在我国的社会主义经济建设和国防建设中作出了不可磨灭的杰出贡献。随着年月的推移，这些人现在已逐渐淡出历史舞台，以至西南联大校友会这几年都很难进行活动了。我相信，为了我国教育事业的继续辉煌，现在有必要重建西南联大。为此我提出以下建议。

1. 西南联大仍在昆明原址重建，建议由国家投资，云南省政府也应该给予必要的支持。如果云南师范大学同意，新的西南联大可以在现在云南师范大学的基础上改建，但校名仍应是西南联合大学。

2. 现在重建西南联大与当时抗战时的情况不同，我建议由北大、清华和南开大学各抽出一部分力量共同来重建西南联大。西南联大由三校各派出一名领导干部建立校务委员会领导全校事务，由一位校务委员主持日常事务。云南师范大学也可以参加领导。教师队伍中，除一部分专职教师外，由三校推荐本校优秀教授作为特聘教授，轮流去西南联大讲课，每人每次大约一年左右。这样西南联大可以集中三校的精华进行教学。

3. 西南联大之所以成为"西南联大"，除集中了一批优秀教师外，学术民主、学术自由风气浓厚是极其重要的原因。当年的西南联大是教授治校，思想自由，对各种学派的教授兼容并包，贯彻的是百家争鸣的办学方针。今天，党高度重视知识，重视知识分子。特别是如党的第十六届中央委员会第五次全体会议公报中指出的"发展科技教育和壮大人才队伍，是提升国家竞争力的决定性因素"，要"坚持教育优先发展，全面实施素质教育"，"提高高等教育质量"。加以百花齐放、百家争鸣是党的一贯方针，所以，我们今天有比以前无比优异的条件，在党的领导下，更好地发展学术自由，更好地贯彻双百方针，开拓创新，锐意进取。新建的西南联大不仅是在西南地区新建一所一流大学以提高西部地区的教育水平，而是应该新建一所恢复当时西南联大优秀传统的大学，因而有全国甚至世界影响。最近，王选院士提出对科学研究的环境建设"给足钱，配备人，少评估，不干预"非常好，对科学研究这样，对高等教育也应如此，给予宽松的政策，不过多干涉学校管理和教学的方式。

4. 西南联大必须重视爱国主义教育和道德教育，德育是首位的。各系除少数必修课以外，鼓励学生跨系选课，培养全面发展的人才。

我相信我们一定可以重现西南联大的辉煌，为我国培养新一代全面发展、有创新思想并能艰苦奋斗的人才，培养新一代世界级的大师作出新的贡献。

我与联大好友王继彰①的译著奇闻

组织集体翻译工作，在我的工作生命期间，大概占了 1/3 的时间，其间有同志间合作的欢乐，工作成功的喜悦，也有工作不被重视，特别在极左倾向影响下，尊重知识、尊重人才政策不得落实，也会有悲哀和惶惑。现在我垂垂老矣，一切都已是"昨日黄花"，回顾往事，历历在目，同志们的合作共事、成果与贡献是主流，是伟大的，值得共同骄傲。但在我近乎完美的工作成就当中，也有一丝丝失落——有一件遭到破坏、永远也无法完成的工作，成为永恒的遗憾。

在译著出版工作中，译作者和出版社应该二位一体，紧密团结合作，以人为本，给读者出版更好更多的优秀译著出版物。在我的一生中，由于我在化学家当中，是著作翻译出版物最多的一人，同出版社的交往极为频繁，同几个国家级出版社建立了 50 多年亲密的合作关系。

1958 年"大跃进"期间，千古奇闻，出现了一桩出版社批判译作者的故事，讲给大家听听。第一件事出在我的身上，我组织翻译的一部《无机合成手册》于 1957 年出版，但应得稿酬一直拖延未付，出版社说是因为经济困难，周转不开，要求延期兑付。我记得好像我还给出版社回过信，说什么作者与出版社是一个战壕里的同志，你们的困难就是我们的困难，愿意陪伴你们共渡难关，我们不急于求索。回想起来，这是我们过于天真了！1958 年中，稿酬寄来了，付款清单上记录的稿酬标准，恰是出版合同上记载的数字减半。出版合同上记载的稿酬为 10 元/千字，此次实付稿酬却是 5 元/千字，我是经过多次政治运动考验的，比较机灵，此时恍然大悟，原来稿酬拖延兑付，不是什么经济困难，而是稿酬政策发生重大调整，拖延是等待新政策出台。从法律角度说，这是违反合同的违法侵权行为，我可以提出交涉。我不想找这个麻烦，一笑置之。只将稿酬支付清单拿给合作者们看看，按实收款分配给大家，并嘱咐大家不必吭气。以为吃个哑巴亏就算了，谁知后边还会有事。过了两个月，出版社突然来了一封信，对我进行"撩拨"，说两个月前已把稿酬寄付给你们了，未见回复，是不是有什么意见，请

---

① 王继彰，1937 年毕业于南开大学化学系，1938—1940 年任西南联大化学系助教。1953 年任南开大学化学系副教授，为申泮文好友。

告诉我们。我还以为他们有表示歉疚之意呢，心肠也就软下来，回他们一封信，问他们有没有搞错，为什么稿酬比出版合同少了一半？这封信发出去以后，没有几天，回来了一封正式信函，打印整整齐齐一份红头文件，请大家猜一猜，该是什么内容？

文件严肃地对著译者展开了批判，说：自从对出版物实行稿酬制度以来，有些著译者拿到稿酬以后，忽视了自己的自我改造，生活腐化，严重脱离了劳动人民的生活水平，不利于知识分子的继续改造。为了帮助知识分子的改造工作，现决定降低稿酬标准，希望广大著译者共同勉励，等等。请看这不是找上门来骂人吗，令人觉得既可笑又可气。怎么办？我还是一笑置之，不予理会。现在后悔的是，当时把这份文件扔到废纸篓里去了，没有把这份奇文保留下来"存档"，甚为可惜。

另一件同样事件出在我的老朋友王继彰教授身上。王继彰是我同教研室的同事、老学长、老朋友。1957年教研室向科学进军，开展科学研究。在无机化学研究中，有一项物相平衡研究，在苏联研究体系中称为"物理化学分析"，需要在我们的教学和科研领域引入这门学科。我得到了一部苏联专著《物理化学分析》。王继彰教授是这方面的专家，又精通俄语，所以我建议王继彰翻译这部书，同时也给联系了出版社，达成了出版协议。这部书部头较大，商妥分上下册出版。

就在1958年这个节骨眼儿上，王继彰翻译的《物理化学分析》上册脱稿并交付出版。出版社支付的稿酬也是比出版合同克扣掉了一半，并也同样对著译人进行了无情批判。王继彰是一位敦厚长者、好好先生，但他对出版社的违约行为不予容忍，大为暴怒，跟出版社打起笔墨口舌官司。终归胳膊扭不过大腿，王继彰决定主动撕毁出版合同，断绝与出版社的关系，下册《物理化学分析》的翻译稿，虽已经完成，决定拒绝交稿了。我在王继彰和出版社之间，处于介绍人的尴尬地位，束手无策，谁的忙也帮不了。

1959年春，我奉调去山西支援新建山西大学，离开了南开大学。离别之际，我想到了南开未了情：为《物理化学分析》这部书，王继彰伤了感情；出版社一部书出了上册，没了下册，给读者造成了损失。这叫做两败俱伤，对谁也没有好处。于是我立意设法对这个旧案进行调解。1960年就社会整顿调整之机，给出版社写信，建议出版社对王继彰的稿酬给予补偿，对"批判"给予缓解纠正，主动向王继彰提出恢复合同继续交稿问题，完成《物理化学分析》全卷出版任务，为读者造福。同时也写信给王继彰，劝他对出版社给予谅解。但是出版社一方态度僵硬，坚决不肯对稿酬和批判问题做出让步。王继彰则最后答应，他不对出版社做妥协，只愿意把下册书稿交给我，由我去安排出版。对老朋友来说，我是不能这样做的。调解失败，徒劳无益，我也认为是多此一举了。

王继彰教授于文化大革命末期病逝，书稿也佚失，哀哉老朋友！他的知识分子气节高尚，为维护知识分子的尊严和合法权益，作了不屈服的斗争，我自愧不如。我和王继彰面对的是两个不同的出版社，所以那种侵权行为并不是个别出版社的偶然，而是他们的统一行动，也许是他们的领导部门或领导的领导制定的政策，出版社只是个执行单位而已。我所关注的是《物理化学分析》未能全卷出版，给我心中留下了长远的愧疚。

继彰老友，我愿馨香相告，今天的社会已经有所进步，人民已经可以为维护个人或集体的合法权益奋起求诉了，请安息吧！（节选自申泮文《我的翻译生涯》）

福祸转化纪事

1989年是一个激荡人心的年头，春夏之交的学生运动以及后来的"六四"事件，几乎把高等学校的绝大部分学生、教师和职工都卷进来了。即使在行动上无所表现，在思想和情感上都免不了发生动荡。这种牵扯是形形色色、多多少少而有所不同的。本文意图记录一下我个人的一点波动经历备与知音交换意见。由于所涉及的有关人有不同的出身、职位、立场和思想境界，表现各异，客观条件又是复杂的，很难尽言，所以对除我本身之外的所有人，都记录成无名士，但所记录的事实内容都是翔实的，文责自负。

1989年4月份学生运动中的一个高潮，表现为国家有关部门的领导人与学生代表的对话。中央电视台播放了国务院领导人与学生代表的对话和国家教委一位领导人与学生代表的对话的实况录像。这些日子里的电视新闻广播我是场场都不放过的。在观看国家教委那位负责同志与学生代表对话的电视新闻时，因有所感触，引发了我的好多事的毛病，捅了一个漏子，导致我在1989–1991期间的一段先祸后福的故事，开阔了我的眼界，获得了对人对客观世界的新的认识，准备在我正在集稿中的回忆录中留下这段鸿爪。

国家教委这位负责同志在对话中，有一段我认为甚不得体的讲话，他对学生代表们说："前些天你们还喊打倒共产党，怎么这几天又转了口风，转为拥护共产党了呢？是不是在你们的背后有长胡子摇羽毛扇的"？当时我听了这段话觉得很刺耳，按说作为国家教委的一位负责人，本人应该就是学生的老师，应该从老师和学生家长的立场出发，对学生诚恳、热情和关爱，直打直地跟他们说真心话，该指出迷津的指出迷津，该引导的引导。这种旁敲侧击的说话，不像为人师表者对自己的学生自己的弟子该讲的话。这位同志原来曾就读于昆明西南联合大学，因校友关系我认识他，我是高他很多班的"老学长"，我就倚老卖老，以校友身份立即给他写了一封"评论与建议"的信，内容包括以下几点：

（1）上述的那一段讲话不得体，不像为人师表者应该对学生讲的话，而是在学生代表们的面前玩弄政治。

（2）我们党在过去的革命和解放斗争中，城市斗争常以学生运动为先导，有丰富的领导学生运动的经验，但在今天我们自己反倒成为学生运动的对立面，这很值得我们做深刻的反思。

（3）学生的爱国运动不应加以阻遏，而是应该给以合理支持和疏导，使学生的爱国声音成为人民支持政府内外政策的支柱。我列举1986年北京大学学生为反对日本首相参拜靖国神社祭奠战犯亡灵和日本文部省篡改历史教科书美化侵略战争而发动的爱国运动，要求举行示威游行。我认为这种举动对国家的内外政策只能有百利而无一害。毛主席说过："我们要用革命的两手，对付帝国主义反动派的反革命两手"。应该允许在中国人民群众当中造成震慑日本右派复活军国主义的声势，作为支撑我国政府对日外交政策的后盾，不能一边倒。应该允许北大学生按照规定路线举行一次示威游行，化解矛盾，不但可以增强人民群众对政府的信任和拥戴，而且今天的89风波可能不会发生或有完全不同的表现形式。那时的一种官方说法，说北大的学生运动是"港台"特务策动的，显然是没有任何根据的和错误的！

（4）我主张按照毛主席的教导："因势利导，去争取胜利"，有条件地接受学生的一些要求，把运动引上正轨。例如在坚持四项基本原则、接受党中央和团中央领导的前提下，同意学生通过民主选举的方式产生全国学生组织，尽快化解矛盾。

（5）最后我引用了毛主席的一句名言："镇压学生运动的没有好下场"，我指出，这是毛主席对过去学生运动的历史总结，也是告诫当代人不要做蠢事。（意外地出现"六四"事件后，想起在这封信中我写的这一小段话，不禁浑身出了一把冷汗！）。

这封信当然不会得到答复，但我总想我是以同为西南联合大学校友的身份，交换意见，应该不成问题。但是事物的发展竟是那么不以个人意志为转移，复杂多变，说意外后来想也不意外。国家教委的那位先生可没有把校友关系放在心上，"六四"后他把我的那封信转给南开大学校党委了（！）。信后是怎么批注的，我不得而知，内部秘而不宣。事情总是隔墙有耳的，一位知情同事悄悄地告诉我，你给国家教委某人的信批转给党委了，你等着吃瓜落吧。当时南开大学校党委书记是一位我十分敬佩的老同志，我称赞他是南开大学有史以来最好的书记之一。他能理解知识分子的思想境界，肯于跟知识分子谈心，通情达理，善于做团结工作。对教委批转信件的事，他始终未动声色，见面跟没事一样，我当然也就摸不着头脑了。

这封信的批转，对我究竟起了什么影响呢？后来才意识到，确实是有了影响，这封信果然给我带来了祸事。1989年是新中国建国40周年，原准备盛大庆祝。国家教委从年初就在各级高校布置了建国后第一次评优活动，预备在这一年开始举办一届全国高等学校优秀教学成果奖和优秀教育工作奖励，并准备隆重纪念当年的教师节。在年初学生运动开始之前，南开大学校内就已经安排了初选工作，我获得了作为教师当中唯一以优秀教学成果上报国家教委的国家级参选人。"六四"事件后，国家教委对评优工作有新评选精神的文件下达，凡"参加运动"的教工，评选不出校门，也就是说，对那些有"参加学生运动"记录的教工，如属工作成果优秀，只能评为校级优秀，而不得评为省市级和国家级优秀。教师节前，我得到通知，我被评获得校级优秀成果特等奖，在9月10日参加校内教师节庆祝大会并接受表彰。这我就心里明白了，第一是国家级评优对我来说已经没戏了，第二我已经背上了"参加学生运动"的记录了。所以在教师节那天参加校内庆祝和表彰大会时，头脑一片混乱，无心听取会上的任何讲话，心里吊桶打水七上八下，苦辣酸辛从舌尖鼻头一直涌向脑干，像吃了芥末一样，十分不是滋味，知道这是那封信给我惹来的祸事。祸会不会发展，只有等着瞧了。

古语说"祸兮福所倚"，没想到再过几个月，进入了1990年，我便时来运转，在我的身上体现出祸福的辨证转化了。1990年是鸦片战争150周年，党中央号召加强爱国主义教育。此前我在南开大学教学工作之余，年年抓紧时机，以南开大学旧校园被侵华日军炸毁夷为废墟的历史图片举办展览，或做校史报告，谆谆教导学生，勿忘百年国耻，勿忘八年抗日战争，勿忘南开大学爱国主义传统，受到全校师生的欢迎。党中央关于加强爱国主义教育的指示下达以后，校党委召开了党政工团的联席会议，研究部署。我被邀请参加，在会上被承认为在校内不懈进行爱国主义教育的"先行者"，受到表扬。后来在1990-1991先后被评选为校级和市级"党的优秀思想政治工作干部"，接受奖励和表彰。一个从旧社会过来的老知识分子，能够被评选为党的思想政治工作干部，不能不说是一项殊荣。祸福终于转化了。最重要的是这不啻是为我平反了冤、假、错，心情舒畅，等于吃了一粒定心丸。我特别感谢当时在岗的党委书记，是他在我面对大祸临头之际，无言地保护了我，使我免于冤狱。不久这位书记病休离职了，可惜，我只能祝他好人长寿了。

至于我的那位在国家教委的校友，在邓小平南巡之后失去了在教委的职位，由于其极左表现失了人望，当年西南联合大学校友会理事会改选，竟然失去了理事的位置。人人心里都是有杆秤的。

我仍耿耿于怀的是，我应该得到的国家级优秀教学成果奖励，轻易流失极不甘心，说什么也要扳回来，雪我江东之辱。虽然我已年近耄耋，利用我院士没有退休之便，无须扬鞭自奋蹄，老马识途，1993年获得全国优秀教师奖励，1999-2000连续获得校、市、教育部、国家四级"关心下一代工作"先进个人奖励，继后又以教学改革成绩，在2001年终于最后获得了国家级优秀教学成果一等奖，实现了多年的愿望，填平了心中的沟坎。看来，由祸转福，并非概由天定，事在人为，国命兴衰，恐怕也离不开这个道理吧！

附一

申泮文和联大同学申葆诚

申红

我见到申葆诚伯伯是在文革前期了。那时文革一开始的揪斗、批判等剧烈冲击及随后的武斗刚刚过去，局势稍微缓和。申葆诚伯伯开始每星期到我们山西大学的家中来过周日，主要是聊天儿、吃午饭和晚饭。他一人在太原的中科院山西煤炭化学研究所做研究员，家人在北京。

早在1964年四清时候，山西省组织一批高级知识分子去参观四清，爸爸就和申葆诚伯伯都在列。他们到太原市郊区农村同吃同住一个月，哪儿搞四清批斗大会，他们就去参观受教育。那时比较多的是参观跟山西农村里边的天主教神父作斗争。有时难免自己也被捎带上：有一次在太原郊区高岗村，参加省领导出席的大会，省委副书记王大任在上面讲话，一看这些山西大学的、太原工学院的、山西医学院的年纪大的教授坐在下面，就在讲话里含沙射影，他讲反面教授。毛泽东著作里面不是讲反面教员吗？他不说反面教员，他说反面教授，就是指下面爸爸这些人了。知道他没安好心，爸爸和申葆诚伯伯也只能听着。这些都是后来看爸爸的百岁自述得知的，那时爸爸回到家里也不会和小孩儿们说这些事儿。

自从申葆诚伯伯到家里来，我们孩子们便很喜欢听他和爸爸聊天儿。他说话颇有鲁迅之风（那时爱看鲁迅写的《论费厄泼赖可以缓行》，学着与人辩论），幽默而尖锐，不知江浙人是否都如此，他是苏州人。比起来爸爸说话就少许多，也许爸爸那时是反动学术权威、牛鬼蛇神，精神压抑；而申葆诚伯伯没怎么挨整，行动自由，属逍遥派；加之处世似比爸爸精明。记忆深刻的是他们曾谈到很多熟人故旧的处境，都有谁自杀了。其中有一对从德国回来的夫妇，平时不与人交往，运动一来双双自杀。谈到这些，申葆诚伯伯对爸爸说：即便是残了、瘫在床上，也不能死，一家之主死了这个家就散了。不知是不是他看出我爸爸神情凝重，特为开导他的。爸爸当时也是赞成的，可后来还是在69年和70年两次企图自杀。

爸爸和申葆诚伯伯谈的还有太原哪些馆子有好吃的，因申葆诚伯伯常一人下馆子；而爸爸呢，在当时供应短缺的情况下，也到处为全家筹摸吃的，比如到石家庄去掮猪肉、到榆次的饭馆去买炒肉菜。他们颇认头清和元的羊肉头脑、认一力的羊肉蒸饺、上海饭店的四川灯影牛肉等。我爸爸是广东人，申葆诚伯伯是江浙人，都爱吃、懂得吃。每次申葆诚伯伯来，家里都会多准备些菜，爸爸掌勺，申葆诚伯伯点评。

吃完晚饭以后，申葆诚伯伯该回他们所了，爸爸目标太大，不方便外出送他，便总让我陪申葆诚伯伯到山大门口去乘车。有一次我陪申葆诚伯伯走在山大化学楼和地理楼之间的林荫道上，迎面碰上化学系教师潘景浩，他是对立面的，但不算铁杆儿，认得我，问我身边是谁（要是我，就不会随便打听别人的事儿）。我当时只有十三、四岁，很不成熟，不知该不该把申葆诚的名字、身份告诉人家，生怕传出去又有人说他和我爸是臭老九地下串联，一时支支吾吾。申葆诚伯伯赶紧给我解围，说他是我爸爸的老同学。潘景浩也是江浙人，一听口音两人竟论起老乡来，这才叫我放下心来。后来申葆诚伯伯告诉我，他和我爸爸是同学，又同姓，这很难得。我年少时很内向，没多问一句他们是什么时候的同学。最近几年才知道他们是西南联大化学系 1940 年毕业的同班同学。那他们是在昆明时难呢，还是在山西时难呢？也没有机会问他们了。

爸爸的南开中学、西南联大好友们给人的感觉像家人，比如刘金旭伯伯，1973 年中结束在山西的下放，准备回北京时，路过太原曾在我家小住。当他知道我秋天就要去插队时，便许诺让我在他随身带的东西里挑一件，作为他送给我的插队礼物。我推辞不掉，就挑了他的一个很大的黄色帆布挎包，以后用了好多年。还有王宪钊伯伯，1993 年我爸爸得胃癌要做手术，他首先想到要我给王宪钊伯伯写信告知，虽然他只以为自己得的是胃溃疡，但做手术心里总是忐忑的。我信中告诉了王伯伯真相，王伯伯一连跟我通了几封信，鼓励我、提点我，帮我渡过最困难的时期。

话说回来，申葆诚一家兄弟姊妹四个都很成功，都是教授。申葆诚伯伯 71 年调回北京到中科院环境化学所。他的妹妹申葆青文革后在中央人民广播电台教授英语，名扬天下；曾任国际关系学院英语系副主任。二弟在北京农业大学学兽医的。三弟申葆嘉文革后经我爸爸帮助调来南开大学，成为旅游系创始人。记得听爸爸告诉我，申葆诚父亲是国民党的高官（上海警备司令？），很有脑筋，1949 年把全家分散到全国各地，避免被人一网打尽。果然后来除了申葆诚的弟弟妹妹三人都被打成右派外，没出什么更大的事（比如被镇压什么的）。申葆诚伯伯的留美归国，我看网上有说他是嘴上不说，心里是后悔的，这可能是源自《1950 年代留美科学家访谈录》这本书。文革后，有一年申葆诚伯伯的儿子来南开我家，说申葆诚兄妹的第二代共计十人都去了美国，这下分散得更远、更安全了！

　　申葆诚伯伯是 1998 年去世的，享年 83 岁，爸爸去北京送行。我从照片上看到了那个场面：申葆诚伯伯躺在那儿，面貌如生前一样；旁边站着的一行人，有爸爸、张滂、赵绵，都是联大好友。现在，他们都不在了，非常想念他们。

附二

格格不入

申红

爸爸百岁时，曾连续三次对我说，当年逼他去山西的三个人：高仰云、陈天池、吴恕求，在文革中都自杀了！就这一句话，不带褒贬，我不知他想表达什么意思，是说他们害人害己吗？是说"黄雀在后"吗？还是阅尽人生百年的感叹？问他，他却不吭声了。看来这件事在他心中一直没有放下，毕竟因为他们，我们全家在山西渡过了人生最黑暗的二十年，以至于1993年爸爸做胃癌手术前对我说，后悔把我们带到山西，使我们没有受到好的教育。

高仰云是50年代末期南开大学党委书记；陈天池和吴恕求分别是南开大学化学系的教授、副教授。这三人中陈天池与我爸爸交集最多，其中的故事我是知道的。2005年爸爸写的《申泮文90回眸》及2015年中国科协为爸爸出的《申泮文百岁自述——我的教育人生》两书书中都有叙述，调离南开事涉及了爸爸、王继彰、陈天池三个联大人。

话从50年代中期说起，南开大学化学系陈天池教授盯上了我爸爸。陈本来是学有机化学的，回国后系里因分析化学教研室缺乏领导人，故尔请他暂代分析化学研究室主任。陈天池对此项职务一直不安心，力求解脱。56年那时比较安定，没有甚么政治运动，大家都悉心搞业务。陈天池找到系主任邱宗岳教授，要求把我爸爸调到分析化学教研室做主任，他脱身去搞有机化学。我爸爸从52年始任无机化学教研室主任，事业干得风生水起，一是大力抓教研室建设和青年教师培养，组织新教学方法和教学手段进入课堂，提高教学质量，使南开大学化学专业一年级课程教学质量和特色，走在全国前列。二是带领教师学俄语，突击18天，粗通俄语后，组织全系青年教师，集体翻译苏联教材，成为亮点，又走在全国前列。截至1959年共翻译出版（国家级出版社）正式苏联教材10部13卷册，总字数300余万字，基本上为全国化学教改解决了教科书的有无问题，也为学习苏联的教育经验，做出了重大贡献。陈天池这个调动计划邱先生和我爸爸都不赞成，但邱先生碍于陈是自己的小同乡，而且陈回国后就受到党组织的特别培养，入了党，在系里政治位置如日中天。邱先生便向我爸爸布置了调动任务。

爸爸推脱对分析化学业务不熟，陈天池很不客气地说，他可以帮助我爸爸去做调查研究，熟悉情况，建议去中国科学院长春应用化学研究所分析化学研究室参观访问。

56年暑假，陈天池与我爸爸相伴到长春应用化学研究所和沈阳金属所的分析机构做了深入考查。我爸爸从此次考查中获得了新的认识，化学分析没有发展前途，仪器分析将是未来发展的主流。从此出发，看南开大学化学系的人员和设备条件以及财力，都不是短期可就的，不能为他人火中取栗，自投陷阱。拖到秋季开学，我爸爸郑重地通知陈天池："南开的无机化学学科也需我，经与外校长者商量，北京大学张青莲教授和南京大学戴安邦教授（俩人都是全国无机化学界元老）都表示不愿见我离开校际无机化学界，所以我再三考虑，不去分析教研室了"。陈天池当然也无奈，只好放弃幻想。

到了57年反右斗争作结论，分几个层次作，对"有影响"的人物，党组织给每个人当面作结论，然后每个系作结论，最后全校大会由校长出面作结论。

陈天池代表党组织在我们家给我爸爸当面作结论，他说："泮文同志，你在运动最开始时期，就提出党可以领导我国的教育事业和科学技术事业，非常难能可贵。党组织肯定你的思想是进步的。希望你再努力前进一步"。再前进一步的意思就是让我爸爸火线入党。这个时候，我爸爸要是立刻打个报告申请入党，这又是一个轰动的事情。可我爸爸在52年三反运动中对错整黄钰生先生等人抱不平，遭到所在党的外围组织"同情组"人员王梓坤（数学系教师，后为北师大校长）的批判，便决意退出"同情组"，从此与这种政治保持距离，走"白专"道路。所以我爸爸对陈天池的后一句话装作没听见，不作任何表态。

接着陈天池征求我爸爸对运动的意见，爸爸提出了三个问题："1. 历史系雷海宗教授提出马克思主义有待发展的论点，这是学术问题，因此而定为右派，是不合理的。2. 三反运动中，有人散布"清理了老南开"，此次运动中依然有人错误地重复这种言论，这是破坏团结的、是对热爱祖国忠于事业的广大南开人的污蔑，我要骂这类人是托派，是反革命！3. 您我都是联大同学，我们的思想生活相接近，为甚么我们之间对客观事务的认知度上有差异？在肃反运动中化学系搞错了人，我以一个知识分子的认知水平，直觉地认为人家不可能有问题，而你却相信人家有问题，结果搞错了，为甚么不把详细调查先做在判断前面呢？这几个问题陈天池没法回答，也很不高兴，拂袖而去。

以后与陈天池的接触还有几次碰撞，直到被他逼离南开。1959年山西要建一所大学。过去山西有个大学，叫做山西大学堂，跟北京大学是同时期成立的。

因为当时归阎锡山管，所以这个大学乱七八糟的。教师们、职工们在宿舍里打麻将，妓女说叫来就叫来，很乱。所以一解放，国家接收它以后，就把它解散了。一部分学生到了南开大学，另外的拆成了几个学院，有师范学院、工学院以及医学院，分散在山西太原各个地方。

那时，山西省委书记是陶鲁笳。大跃进的时候，各个省都要办大学。他说我们这么大的一个山西省不应该没有大学，应该办一个莫斯科式的大学。他就向教育部要求，请别的学校支援。教育部就指定南开大学支援他们数学、生物、化学、物理四个系，要求一个系派三个教师，其中一个是讲师以上带头的，然后两个助教，还要再派一个教务长。

教务长学校早就准备了，是从英国留学回来的学经济的陈舜礼，这个人水平是比较不错的。四个系派谁去呢？学校下任务到各个系。任务下到化学系没人肯去，系里让有机教研室的一个教授去，他不肯去，但因为他是国外回来的，就没有强制他。后来抓不到人了，就把任务下到爸爸他们无机教研室，指定让王继彰去支援山西大学。王继彰在联大做过助教，学问很好的，人也老老实实的，可是他这个时候身体有病。他跟我爸爸说"我怎么去"？他身体这么样，夫人是家庭妇女，没有工作，家里边一个儿子、一个女儿年纪都还小。我爸爸想他们没有道理，有机教研室教授最多，应该让有机教研室去。无机教研室就两个副教授，你让王继彰去了，我爸爸一个人怎么挑这个摊子？而且王继彰是高血压、糖尿病，确实是病很严重，爸爸说他要去了，非死在那不行（那时山西是很落后、很苦的）。所以我爸爸就说，我们不能承担这个任务。后来爸爸一个一个查看学校各个系派去的人的名单，里面没有一个共产党员，都是老百姓。爸爸就说，既然是支援外省建校的大任务，你总要派几个共产党员带队。你派这么几个普通老百姓去了，人家看不起，一定说你这是甩包袱甩出来的。这时候爸爸很是生气，想到他们一直在说清理老南开，感觉此时的南开大学已经不是他所熟悉、敬仰的南开大学了。

于是爸爸去找邱宗岳、杨石先先生，说我可不可以替王继彰去？杨先生不同意，说你不能去，你有教育部的科研任务，将来要跟你要结果的，你去了，这个不好办。后来在陈天池的追逼下，爸爸索性连老师的话也不听了，陈天池再找爸爸催问，爸爸就说现在我这边没人去，要不然你跟领导商量，实在没人去，我去。陈说好，我给你向领导汇报。后来校党委书记高仰云出面，把化学系各个教研室主任召集在一起，没有叫我爸爸，把无机教研室副主任王耕霖叫去，然后拿着教育部那封信说，你们看看你们化学系始终派不出人来，现在既然申泮文说是他去，就是他去。就这样，爸爸一别南开大学二十年，直到1978年才由恩师杨石先调回来。

回顾与陈天池的种种，爸爸在《申泮文90回眸》一书中写道："在南开大学化学系，有五位教授是西南联大化学系的早期毕业生，申泮文、王积涛、何炳林、陈茹玉和陈天池，同出于邱宗岳和杨石先先生的门下，彼此应该有可以互相协调的思想感情。可是陈天池确实与我们不同。那时我还不懂'极左路线'这个词汇，但感觉到陈天池在政治上走远了，过于'进步'了，不符合传统知识分子思想感情规律。他在学识造诣上原来是很有成就的，联大毕业后出国留美学习，杨石先先生邀聘他回到南开大学工作，本来应该在化学教育和科技方面有所成就和有所贡献。不料他一回国，就被'极左政治'看中，立意要把他培养成为高级知识分子中的一名政治先进典型，为他创造许多进步机会，例如参加土改、参加特殊政治学习、优先提前入党等等，终于使他成为化学系党组织中炙手可热的人物，认知能力向左转了。他是极左路线的深度受害者。在南开大学化学系中还有一位同事，我的年青好朋友吴恕求副教授，同样也是极左路线的受害者，他们二人都在文化大革命中非正常死亡，我永远怀念他们，惋惜他们，愿他们在天之灵安息"！

第三部分

联大师友通信

致白祥麟①

祥麟学兄：

接到 2000 年 12 月 29 日函，倍感亲切，您谈到的吴大猷和陈省身先生我都熟知。他们二位是南开大学值得为之骄傲的校友，南开大学在那时的条件下能培养出如此杰出的学者，真不简单。（南开中学已培养出三院院士近 70 人，南开大学出来的三院院士近 30 人，三院指的是中国科学院、中国工程院和在台湾的中央研究院）。前年吴大猷先生曾带过话来，准备回大陆定居，选定的定居地点是南开大学或北京大学。这边两校都做了安排，不料他竟患病未能成行，后遽然病故。南开大学与他常有联系的是他堂弟吴大任的遗孀陈䰀教授（数学家）。大猷先生病前还给南开中学的伯苓楼（即原东楼）题写了楼名，老先生毛笔字很有功底，南开中学很有幸，留下了他的墨迹。

陈省身先生已回国定居，在南开大学校园内建了一座小楼，名为宁园，成为他的终老之寓所。他的心愿是把中国建成为数学大国，在南开大学建立了一所数学研究所，常把全国的数学研究生招来南大，请国外著名数学家来开国际会议，使全国研究生都得到培养。所以陈先生有"全国数学研究生的总导师"之美称，受到国家和天津市的礼遇。天津市在天津科技馆中给他塑了一尊铜像，纪念他的功绩。上周我参加了铜像的揭幕典礼。他今年 89 岁，老了，已不能独立站立，行动靠轮椅。在校内常可见到他。他的弟弟家麟现在国内。

关于孙立人将军的事，以及您与孙的关系，那年去加拿大听您讲过，深感兴趣。台湾最近给孙将军平反了冤案，人已故去，平反来得晚了，在"台独"政府下平反，也够奇怪的。大陆一份报纸"参考消息"刊登了孙立人的故事，我想您会感兴趣的，剪寄给您，供饭后茶余参考。看来您身体还很健康，何不趁此余年

---

① 白祥麟，申泮文南开中学 1935 班同学，长沙临时大学湘黔滇旅行团成员、1939 年 7 月西南联大地学系毕业。后旅居加拿大从事放射性防护器材的研制与生产。

回国看看。到天津来一切食住行我全管了,如何?

　　写到这里,敬祝

春节快乐!

弟　泮文
2001 年 1 月 19 日

附　白祥麟致申泮文夫妇

泮文兄嫂:

　　收到贺年片,谢谢。南开同学中出了陈省身同吴大猷两位大师,是应该引以为荣的!陈吴两位在数学以及物理上的博与精,是近代科学史上的绝唱,可以讲是"空前",但不能讲是"绝后"。

　　吴大猷在加拿大手创"National Research Council",但加拿大人却把他挤出去。加拿大的英国人(严格讲起来,从英国来的英国人)早期他们连在加拿大出生的英国第二代都同样排挤。后来出来了一位法裔首相 Trudeau 才得加以改善。1962 年我进了加拿大的 University of Toronto 当研究生,我的加拿大同学亲口告诉我的。

　　加拿大 NRC 将吴大猷逐出纯粹由于继任人的夺权。Chalk River 的科学家却希望吴大猷能留在加拿大,替加拿大训练下一代的科学家。吴大猷离开加拿大在美国二流大学混了一段,回到台湾才能以所长启发了台湾,我那时已经离开了台湾。我于 1961 年底离开台湾新竹清大原研所就没有回去过。我让台湾保安司令部赶出来的,原因我不清楚,大约同孙立人将军有关,孙将军所遭遇的是千古冤狱!孙将军去世于 1990 年 11 月 19 日,在洛杉矶的孙将军旧部曾在西米寺开追悼会。弟现将追悼会中两幅挽联抄录如下:

　　"天地晦盲武穆精宏三字狱,中外钦仰汾阳勋业百年身"。

　　"百战军魂老兵不死,千秋忠义浩气长存"。

　　孙将军被免职后,连个人生活都不能维持,后来写了自传才能活了下去。

我离开台湾时是新竹清大原研所讲师，考取了国际原子能总署在台湾公开招考的一个名额，梅贻琦校长给我买了机票来到加拿大。可以讲从 1961 年底到今天都是拿的加拿大钱。我在军队混了将近二十年，"穷忙白干"是大大有名的。

还有，你可不要笑话我，我的化学是在南开中学高一承胡鸿文老师启蒙，大学没有念过化学，一直到清大原研所才从台大化学系的潘贯教授教了点简单定性定量分析。我同诺贝尔奖金得主的李远哲博士是前后同学，都是潘贯师的学生（李是原研所第四班，我是第三班），1962 年我就以这样的手艺完成了 The (n.p) Cross Sections of Titanium Isotopes 的分析，混到了 University of Toronto 的学位。若不是 Chalk River National Laboratory 的导师要我留在加拿大，我也许早在 Atlanta 的 Georgia Institute of Technology 的 Nuclear Science Center 混起来了，（1967 年 Georgia 给了我年薪$11000，一年可买到五辆新汽车）。

陈省身大师现在应该在南开大学。1937 年我同陈家麟刘金旭来到长沙复学，就开始同陈大师有一面之缘。我在新竹原科所时，陈大师曾来新竹，我冒冒失失问陈大师"现在教什么课呀"？陈大师讲"我现在不教课了。他们有什么问题会来问我"！中文报纸曾提到张伟平教授，想必是你的同事。

吴大猷今年三月四日在台湾去世。有人回台湾带来一本吴大师的"Physics, Its Development and Philosophy"，我虽不完全懂，但知道是一本很好的近代物理提要。

清华理学院有个不成文规定，大约有 1/5 的新生可以在物理或化学系升入二年级。南开 1934 班有彭克谨学长，1936 班有王宪钟，1935 班我也算充数。王宪钟后来转入数学系，中央研究院迁台湾时，姜立夫教授把王宪钟留着台北数学研究所，自己却回了大陆。我在台湾南部当兵的时代，王宪钟曾来话别，他讲"薪水还不够他抽烟的钱"！那时台湾穷，现在当然大不同了，可以养得起王宪钟，不幸他英年早逝。我一切还好，看书不要戴眼镜，还能开车，不知老之将至。祝你们好！

弟　祥麟
2000 年 12 月 29 日

致陈应元①

【1】应元兄：

来电已悉，可充电镍氢电池的关键材料和部件是阴极材料粉和阴极片。阳极材料或阳极片是与镍镉电池完全一样的，很容易得到。我方可以供应阴极材料粉或阴极片。

我方专利已独家授权给朱经武方了，故不能授权给第二家，甚歉。

欢迎定货异形可充电镍氢电池。如有样品（如镍镉电池或干电池），盼供应样品，我方可付价购入。如系特殊设计，请提供图纸。试制成功后，欢迎合资合作，或订立供销协议。不过试制一种新产品，需改变或增添设备，改变工艺，需要一定时日，希望双方有共识和谅解。

经过我方内部研究讨论，我们是欢迎合作机会的，谢谢您的帮助。

我在12月4—11日到北京开会，可去看大王。在此期间如有业务联系，仍可用FAX 86-22-3372604 我收，他们会打电话通知我（也可电话给大王，我会与他通话）。祝

近好！

弟　申泮文上
1994年11月28日上午8：15

【2】应元兄：

Ni/MH 电池与 Ni/Cd 电池性能对比资料如下：

对方对异形电池提出形状规格要求或样品型号时，最好说明用途及技术指标要求，以便在试制中能努力达到对方要求。

---

① 陈应元，西南联大法商学院商学系校友。信中大王为西南联大校友王宪钊。

性能	镍镉电池 Ni/Cd	镍氢电池 Ni/MH	
		日本松下	南开大学
操作电压	1.2 Volts	1.2 V	1.2 V
AA 型电池 电容量	500–600 MA.hr (mili-ampere-hour) 国际标准为 500MAH	1070	1100
记忆效应 *	有记忆效应	无记忆效应	
放电速度快	相对较低	因电容量高，可大电流放电，放电速度较快。	
充放电寿命为	500 cycle	一般也采取 500 cycle 标准，但有的可很高。	
放电寿命定义为经若干次充放电后电容量降低至原来的 40%。 500 次定为国际标准。		500 （一般可达 600，个别产品达 1000，只降低 6%)	500
维护及环境影响	不需维护作业，但有污染问题，废电池必须专门回收。	不需维护作业，无污染问题。	
价格		与 Ni/Cd 电池相比有竞争力	

* 表中所谓记忆效应，指 Ni/Cd 电池在使用中如已由 500 毫安时放电至 200 毫安时，用户再充电充满使用，下次只能放电到 200 毫安时，就必须从此开始再充电，对放电范围有了"记忆"。Ni/MH 电池无此种现象。

申泮文

1994 年 12 月 1 日上午 9 时

附　陈应元致申泮文

【1】泮文兄：

前晚和宪钊通话承告吾兄同意给我各地区总代理权，衷心感激。此次回台北以及美国将积极筹备以便届时承受总代理之任务。

此外回台北将去中央标准局查看有没有其他人或生产机构申请过无污染之电池的专利，如有是用哪一种生成方法（我在东京时曾买过 Soni 牌的绿色电池，不知是否属于无污染电池）。查看结果将另函告你。

在专利申请前，不可有商业行为，即不可以在市场销售。因为许多国家立法，如申请前市面上有此货品冒头，即不批准，盼能注意。

曾托宪钊兄转达，希望能寄个样品给我（绿色电池样品，如吾兄在宪钊兄家中所示）。以及以黑白胶卷所印出的彩色照片给弄一张，因为我对此种照片十分感到新奇和兴趣。

我订于 6/15 日回港，如时间来不及，信可寄：台北市天母西路 117 巷 52 弄（略）

由于国内和台湾尚不通包裹，所以无污染电池可寄香港铜锣湾希云街（略）黄鹏图先生收转陈应元。寄美国可寄（略）。希望很快再看到你们。

再者，关于黑白胶卷照彩色的设备，我想有不少外国公司会来洽商购买此专利，如有需要我任何服务之处，盼勿客气，随时来信，我将效力。祝

健康！

弟　陈应元
1992 年 6 月 3 日

【2】泮文兄嫂：

一年多未见，常常想到你们。自从舍亲离开天津后，去天津就不方便，尤其老了行动不便，买车票等全要人帮忙，年来多感总有"知交半零落"之感。

报载南大好像数学系出了名，我为了南大排名未能名列前茅而憾。你也在贡

献,但盼有成。值此,祝

身体健康,万事如意!

             应元　树铧

             2000 年 12 月 18 日

致邓绶林[①]、叶寄兰

绶林、寄兰：

你们好！我们全家已经搬到天津，宿舍是南开大学北村 17 楼 202 号，通讯处是天津南开大学元素所。爱冬在化学系工作。欢迎你们到天津来顽。

我们的大孩子申元，因公去石家庄出差，着他们来谒候你们，请予照拂。

南开校庆很热闹，你们来参加校庆多好。祝

近好！

弟　泮文敬上
1979 年 10 月 22 日

[①] 邓绶林，为申泮文好友，1942 年 7 月西南联大地学系毕业。河北师范大学地理系教授。叶寄兰为其夫人。

致刘东生[1]

【1】东生学兄：

您好！谢谢您的资料，赵润生[2]学兄也给我很多帮助，我已经得到充足的有关您的资料，正在开始编写从校友角度介绍您的业绩。不一定写得好，将来还需要您给把关。现将您的原资料奉还，请查收，谢谢。文章的第一段是个引子，妥否请审阅，有批评意见，请打电话见告。敬祝

近好！

泮 文

【2】东生学兄：

您好，我给您写的稿子初步完稿，请您审查一道。我在写叶笃正的稿中，多讲一些南开中学的智育，在您的稿中多写一点体育，以反映南中的全面素质教育。我求您在最后补充一段"温馨的家庭"，以示成功的科学家背后一定有一个美满的家庭。看到您的全家福照片，夫人的端庄，公子公主的美丽英俊，着实令人羡慕，堪以告慰广大同学校友。请给一小段文字描述，完满这篇报道。请提修改补充意见，修改处请就在文上圈划，改后和补充后请在九月底以前快信寄给我。十月初付印。

能否最近找张滂、涂光炽、翁心植[3]合照张照片？如可以，也一道寄给我。我有一张叶笃正、关士聪与我合照照片，可以对应起来：1935 班和 1937 班的院

---

[1] 刘东生（1917 年 11 月 22 日—2008 年 3 月 6 日），中科院院士，中科院地球化学研究所研究员，国家最高科学技术奖获得者，毕业于南开中学 1937 班，申泮文曾协助南开中学著名数学教师张信鸿给该班批改过数学作业，遂与该班许多同学熟识，更与刘东生成为终生好友。刘东生亦 1942 年 6 月毕业于西南联大地学系。

[2] 赵润生为刘东生南开中学 1937 班同学。

[3] 张滂、涂光炽、翁心植均为中科院院士，都毕业于南开中学 1937 班；前两者亦毕业于西南联大。

士。

您还记得"青年友社"吗？大金刚张锋伯①，那时是地下中共特别党员，我们都不知道。在审干运动中，他把"青年友社"拿出来请求审查，结论是"具有初步进步萌芽的群众抗日组织"，我们也就不必揣什么包袱了。笃正也在1938年春，跟大金刚在临潼县闹了一段"革命"（涂光炽也在），所以在抗日问题上我们是同道的。祝

近好！

泮文

2004年9月12日

【3】东生兄嫂：

您们好，向您们祝贺新年和春节，祝您们万事如意，阖家欢乐！

今年4月5日，是张伯苓校长诞辰130周年，南开校友会和知名校友准备盛大纪念，为迎接建设新型创新国家的号召，培养创新型人才是关键，宣传张伯苓教育思想和南开人才业绩对推动我国新时期教育改革，具有重要意义。为此，一批以张元龙为首的知名南开校友（张元龙为张伯苓嫡孙，天津市人大常委会副主任，天津工商联主委，企业家）在推动纪念活动，先积极筹备出版一部"纪念文集"，主要论述张伯苓教育思想和实践对我国未来教育能有如何启示。委托我广泛征求老校友们的真知灼见，特别点名要我征求您的意见，下面中国的教育该怎么办，才能更快更多地培养出合格创新人才。故此，特函请东生对当今教育的若干看法和改进见解，提点建设性建议，草草写来，字数多少不限，由我来整理，不要费您太多时间。可不可以在2月10日前写寄给我。整理成文后再求得您的同意以后，送给"张伯苓教育思想纪念文集"中发表。

在20集《张伯苓》电视剧首映发布会上我代表南开校友有一个发言，将复印件一份寄上，供参考。

近一时期，我在大力宣传"张伯苓教育风采"，天津市政府机关已约定在新春开门第一周内，邀请我给市领导和干部做一次"张伯苓教育风采"讲演，过去

---

① 张锋伯（1900年—1985年）陕西长安人，曾求学于南开中学、南开大学和北京大学政治系。先后在西安省立师范学校、省立第三中学、省立第一中学和南开中学任教。九一八事变及其之后，曾带领南开中学学生赴前线慰劳抗日将士、救护伤员并发起成立"青年友社"，进行抗日救亡活动。1936年加入中国共产党，1948年赴延安。解放后历任西安市副市长、市政协副主任等职。因其高大魁梧，南开中学学生称他为"大金刚"。

的宣传不够，他们对张伯苓是怎么回事都不清楚，希望今年是天津的张伯苓年，加强宣传，先给天津市的干部们开开窍。

请您同意我的建议，为推广张伯苓教育思想，写一点您的感想。敬祝新春愉快！

泮文

2006年1月27日

附　刘东生致申泮文

【1】泮文兄：

您好！想11月1日的活动后，不太累吧！

读了您的大作"祸福转化纪事"，才又知道一些事情。您大概指的是何东昌吧！我想虽是个人小事，但它却代表了一个时代。据说当年我曾被提名"全国劳动模范"（?），由于有人以胡绩伟的名义打电话来，说有一个许多人的签名呼吁支持学生的爱国行动！不晓得怎么搞的，后来成了一次风波。结果其他他自然没有了。是否与此有关我也不知道。我想那时各处差不多。此点我觉得咱们南开的周光召同志不错的，他并未对知识界中人以苛求。时过境迁，但您所说道理是对的，也是发人深省的。

谢谢您送我的书。最近提到奥运会，又有人提到张伯苓是第一个人提到"我们什么时候才能举办一次奥运会"（大概是1908、09年?）。一百年前老校长讲话时的气概，也就是南开人的气概吧。看得远！乐观与充满活力！老校长给我的印象是一个那么沉着、凝重的人，但又是十分可亲。记得我有一次在东楼碰上了他，感到举止无措，他却在我脑袋上摸一摸，使我马上就充满了力量。这应当是南开的精神吧！您对于学生们（在成都的报告和演示）、您办的学校外教育，应该都是代表了这种南开精神吧！当然有的人可能是代表了南开的精神更多一些。

过去您还喜欢"摄像"，后来改为"电脑"了。我还在"摄像"阶段。那天的节目中我已找不出我认得的人了！

您给笃正兄和光炽兄的书，我还未送去，因为天太冷，风大，未出门。光炽兄去昆明了，不久即可回来，笃正兄倒是常见。请放心，我一定亲自送到。

2004年是中学100周年，据说学校要大庆祝一下，不知是否可能。海外和国内各地的同学们会不少人要来，因为实在难得。希望届时能够到天津去看望您。不多谈了，此致

敬礼！

弟　刘东生敬上
2002年11月2日

【2】泮文兄嫂：

新年好，并祝春节愉快！

这次100年南开有机会和您们多次相聚，承热情招待，我们都十分感激，这就不多说了！看到您身体这样好，精神这样好，真是我们大家、南开之福！盼多多保重！不要过多的操心、劳累！

南开的活力也就在于，许多人出自内心的、自觉自愿的为自己出身的母校而奋斗！您可以说是南开的典范！我们应当向您学习！

今年的院士大会没有什么大事，除选院士以外，估计您不一定来北京了。但别的会，可能会来北京。我在中关村，801甲，和笃正兄在一个院内。来京时请电话告知一下，很想去看看您们。

我女儿刘丽去美国探亲（儿子），春节前回来。祝

春节快乐，万事如意！

弟　刘东生
胡长康
2005年1月6日

【3】泮文学兄：

您好，来函敬悉，老校长130周年纪念，人们应当积极的把他办教育的思想好好写一写，尤其是我们这些曾亲身聆听他的教诲的学生。虽然那是在新中国以前的事，但他的南开精神确实培养了学生们正确的人生观和世界观；爱国主义的道路，训练学生们以基本的科学文化知识和发挥学生们独立自主的组织和创造能力，等等，令人难忘。

我自己对南开和张校长的教育思想，没有什么研究。接您来信以后，回想一

下个人进入南开和在校时经历，以及离校后所经历的比较，对南开也就是老校长的教育有些感受，可能不免限于浮浅和空虚，这也是个人认识不深的缘故吧！所谈不当之处，请您指正。为了行文方便，我就把它写成一篇文字了。但这仅是供您参考而已！谢谢您的关照，对您这种弘扬"南开精神"的热忱和努力，我想所有的南开人都应当向您致敬和学习！工作繁重，盼多多珍重身体！此致

敬礼

弟　刘东生敬上
2006 年 2 月 5 日

【4】泮文兄：

您好！读了来稿①，深为感激和感动。您可真是地地道道、赤胆忠心的南开人。我读后觉得很好。除个别字改了一点外，就是对最后提到 1939 年重庆南开人来昆明找您和韩业熔事不清楚。我斗胆加了一个"听说"，虽然语气弱了一些，但无碍于事实。请您审阅。

最后加一小段不知可否？请您定。匆匆早日奉上，请查收。

望注意身体，此致

敬礼！敬问嫂夫人好！

弟　东生敬上
2006 年 2 月 23 日

【5】泮文学长：

您在光彩的节日里一定过得很精彩，祝贺您！

南开中学 1937 班的班刊过去多蒙老学长的支持与照拂，十分感谢！

现业已开始编印第六期班刊，也是最后一期。希望您以老学长身份对我们和我们的下一代再做一些教导和指示。

人生一世，应该借此机会介绍个人的心得和经验，留给社会以便"日新月

---

① "来稿"指的是为纪念张伯苓先生诞辰 130 周年，由申泮文组织整理，五院士：叶笃正、刘东生、涂光炽、张滂、申泮文共同署名的文章《院士校友论张伯苓教育思想和南开教育》。其中提到 1939 年秋，重庆南开中学毕业生 50 多人考入西南联大，一入学就找到南开高年级学长申泮文和韩业熔，要求他们二人做总监，带着他们组织话剧团，即"星火话剧团"，给联大师生义务献演了曹禺名剧"日出"和"原野"等，获得成功。天津南开中学学生的活跃能量，在抗战期间，毫无减损地转移到重庆南开中学的学生身上了，充分体现出张伯苓教育思想的传承和发展。

异"。您是老校长教育思想研究会的理事长,祈求您无私地启动我们向"允公允能"的道路上开步走。

希望您能近期赐下宏文与近照,谢谢!

您可知质文兄的子女在北京的地址,祈示知,质文兄也是37班的。

南开中学 1937 班班刊编委会　　刘东生、赵润生谨上

2007 年 3 月 18 日

致刘訢年[①]

【1】訢年七姐：

您好！祝您们二老春节快乐，福体康泰，万事如意！

昨日听葛墨林教授讲到，您在年前有过小恙住院治疗，已经完全康复了，请接受我们的衷心问候，并请您们二老多注意珍摄保养。

今年我也发信晚了，因为爱冬也住了院，做了一次大手术，切掉一段直肠（直肠癌，她现在还不知道，只骗她是直肠息肉，她现在还蒙在鼓里）。手术在总医院高干病房做的，两位外科专家一把刀，都是给我做手术的老医生，很给面子很照顾。手术做的干净彻底，肛门得到保留，一切顺利完满，除夕日出院回家，前后住了一个半月医院。现在健康恢复得很快，已可自由行走活动了。专此禀告，请放心释念。爱冬这次是坏事变好事，彻底清楚了解了健康状况，现在什么毛病也没有了（除了心脏血压等小毛病，现在服用小剂量化疗药）。

我现在还有活可干，有时给本科生讲一个学分的课（双休日），又主持编撰全套的化学新教材。南开大学已被列入可创建世界一流水平大学的行列，陈省身给创造了最好的样板。创建世界一流水平大学，虽非一蹴可就，但也并非高不可攀，关键在于办学的人，在于办出特色，但就我们的年龄来说，我们是看不到南开大学的世界一流了。

您又有了新的诗作了吗？有闲暇时请赐教。今年南开学校体系100年，南开大学85周年，4月18日在北京历史博物馆有个南开百年大型展览，有温家宝题词，花了几百万费用。十月校庆日还有盛大庆祝，南开中学校外东侧老房子将拆建成一个大的文化广场，校友们在筹建严张塑像，届时您再回天津一趟吧！我们再招待您把酒持螯，如何？

[①] 刘訢年，1937年毕业于南开大学数学系。曾执教于西南联大、四川大学、兰州大学、甘肃农业大学，任教授。

恭敬问候宣人①教授起居安康！

新年敬礼！

学弟　申泮文

曾爱冬敬上

2004年1月5日

【2】䜣年七姐：

您好！宣人教授好！看到您二老照片，仍是神采奕奕，十分高兴。老年应特别注意饮食营养保健，我手下有一份洪昭光教授给中央领导人讲保健知识的材料，特寄上一份复印本，供您二老参考。我参考了其中饮食注意事项，多吃菜蔬，基本上改变了饮食结构，现在大便顺畅了，痛风症也减轻了。爱冬春节后回家休养，恢复得很快，现在一切活动已正常了，请释念。

拜读诗作，十分钦庆，足见您的心境仍是年青的，与葛墨林教授谈到您的风采，他也赞您是一位才人。他说愿意找机会到我家来，畅谈兰州往事，他知道我在兰州有这么多的联系关系，非常高兴，使我们间心谊已久的情感又增进了一步。他是南开大学现有的少有的好人之一。

荫枋、森年的房子的楼离我很近，大概是2室2厅住房，面积比我的小，无人住可惜荒废了。请您给联系一下，可否租给我（做我个人的工作书室，不住人），每年我付1.2万元租金，代交物业管理水电热等费。这房子快发产权证了，不知是什么人代管。我可以代表您帮她们代管。如果将来不回来了，愿意出售，希望给我以优先机会，请您帮下这个忙，我保证诚实可信。敬祝

二老健康快乐！

弟　泮文　妹　爱冬

2004年3月17日

【3】䜣年七姐，宣人教授：

您们好！向您们二老恭祝新年好，健康长寿，万事如意！

2004年的第一件大事，是南开中学建校100周年，南开大学建校85周年，金秋10月非常热闹，天津副市长孙海麟（校友）分给我10套《南开百年记录片》，由我分配给熟识校友，现邮寄上一套供观赏。另有我写的两篇纪念文章，

---

① 朱宣人，刘䜣年之丈夫。曾任甘肃农业大学教授、校长，甘肃省副省长、省政协副主席，是我国现代兽医病理学的奠基人之一。

请指教。

我们情况尚好，爱冬去年冬做了一次肠癌手术，现在又发现肠中有一块息肉，需要割除，2005 开年 1 月 4 日就去做手术，这是"年无宁日"了，好在手术大夫（二位）既是名医，又是熟人，有很好关照，大家都可放心。

2004 年第二件大事，是陈省身的突然去世，给南开大学数学学科带来极大损失，10 月份我还和他一起主持南开中学百年纪念碑的揭幕式，留下几张照片，寄上一张留作纪念。省身右侧是张元龙①，左侧为校友全国政协常委温某。后排长袍马褂者为饰演张伯苓的唐国强。

泮文的教学工作还在做，2004 年还比较充实，有些成绩。祝您们新年愉快！

弟、妹　泮文　爱冬敬上
2004 年 12 月 31 日

附　刘訢年致申泮文、曾爱冬

【1】泮文、爱冬：

兰州话别，虽然只有两个来月的时间，昨接贺卡，看到你们的照片，又如见到了你们本人。很高兴，很亲切。

入冬以来全国各地气候都不正常，泮文社会活动多，要区别对待，有所限制。爱冬腿疼是否有所缓解？要特别注意冬季保暖，不要勉强走路。

听说南大、南中校庆来了不少客人，其中包括严氏和老校长后人多名。张大奶奶希陆②夫人以 91 岁高龄也前来参加活动，真不简单。想你们也大大忙碌了一番。我此次缺席的唯一原因是宣人近年来记忆力锐减，身边已不能无人照顾。失

---

① 张元龙，著名爱国教育家张伯苓之嫡孙。高级工程师，历任全国政协常委，全国工商联副主席，天津市人大常委会副主任等职。

② 张希陆，系我国著名爱国教育家、南开大学创始人张伯苓先生之长子，北京石油学院数学教研室主任、教授。

此最后一次机会，深感遗憾。

杨耆荀①夫妇寄来《杨石先纪念文集》和《南开人物志》一、二集。我有两篇文章都是赶着写的，自己也不满意。给刘晋年②的那篇更难写，因为对他在学术上的成就我知道的太少了，所以只好避开不谈。经过了五、六年的时间，有关方面也曾找了不少人想请他们组一篇稿子，均因种种原因未能实现。今天，我做为晋年的妹妹，写出了这篇极不像样子的文章，实属勉为其难，但也算尽了一点责任。我将把它复印后寄给他的儿、孙，寄给昌年③。你们看后请予以指教。

杨石先先生去世的那一年，我去了一次南大，曾与王端驯④、顾钧⑤两位大姐在东村一号门前由你给拍了一张合照。你还为我拍了一张单人像，放大后一并寄给了我。我那次是专门佩戴了杨先生的遗物—斐陶斐金钥匙拍照的。你还记得吗？这两张照片已寄给杨耆荀夫人王立坤⑥，请她帮助陈鹉⑦先生办一件事。陈是1934年、我是1937年南大数学系毕业的。34年5月南大成立了中国斐陶斐名誉学会分会，老校长为会长，杨先生为创立会员。我毕业那年，杨先生以理学院院长身份颁发给我一张毕业证书，还有一张斐陶斐名誉会员证书，要自己掏13元买一把金钥匙。时值抗战前夕，我家经济又不富裕，就没有买。陈鹉说她也是该会会员，也因买不起而放弃。现在我俩都有些后悔，想请人按杨先生的遗物在天津做两只。王立坤说这东西恐怕已送给他们美国的姐姐了，这是爸爸给女儿的唯一纪念品。看来这事办不成了，机会一旦失去是不容易找回来的！

祝全家一切均好！

訢年
1999年12月29日

【2】泮文、爱冬：

很高兴收到你们的贺卡和短笺。信纸刚刚用完，找出了几十年前的活页纸，给老友写回信。

---

① 杨耆荀，杨石先校长之长子，天津大学副教授。
② 刘晋年，刘訢年之哥，1924年毕业于南开大学算学系，为该系第一届毕业生；毕业后留校，亦是算学系第一位自己培养的教师。曾任南开大学数学系代主任、教授。
③ 刘昌年，刘訢年之弟。
④ 王端驯，化工专家张克忠之妻，曾任天津女一中（海河中学）数学教师。
⑤ 顾钧，优铁僊之妻，医务工作者。
⑥ 王立坤，杨石先校长之长媳，南开大学元素所研究员。
⑦ 陈鹉，南开大学数学系教授，吴大任先生之夫人。

爱冬去年 11 月动的手术，至今不过两个月左右，竟能恢复得如此快，令人高兴。期望在秋高气爽的兰州又能和老朋友欢聚。

中午我和美梅①通了电话，把爱冬手术后的情况告诉了她。在大院里好久没有见到她了，她也是腿关节有毛病，下楼不便。我建议她看一看大夫，动动手术，她说她害怕。我说我们在各方面都要向六舅、舅母学习。

我这次的京津之行是突然决定的。宣人老家来了一位 50 岁的外甥女，她可以照顾舅舅。于是就由二儿媳陪同，在中秋节那天乘火车赴京。在京津两地共住一个月，其中在天津住 10 天。只会见了少数朋友，见到的人中只觉得你们二位精神和身体都很好。胡国定②还算不错，但夫人长时间住医院，连他都不认识了。胡的生活由保姆一家人操纵，甚是可怜。邓汉英③是西南联大学生，和杨振宁④同班，我曾为他们批改作业，也已发眉皆白，行则扶杖。张济在信中说：陈老的确是老了！陈省身⑤不是乘轮椅，而是在轮椅上生活。陈夫人耳聋，视力很差，记忆力更坏，只是胃口还不错，大家在一起吃饭说话时，她总是一个人在吃，并说：两耳不闻桌上事，一心只吃盘中餐。她很坚强，今年该是 95 岁了！她在学校里年龄排在杨敬年之后，当然健康情况要比杨先生差得远。杨先生和宣人是同届英庚款留学生，他的老伴一直因心脏病卧床好几十年，现在和孙女住在一起。

我想如果可能，下次我再去天津，就要乘飞机了。天津可以派汽车直接到北京机场接我，在北京停留是很费时间和精力的。

我的老大今年 60 岁，将从医学院行政岗位上退下来，再教 5 年书。老二今年 53 岁，去年秋天被提拔为物价局副局长。老三在北大任教务部副部长两年后，辞职回中文系，不久作为交流教授赴韩国教书一年，本月中返京，回兰过春节，他今年 47 岁。我的大孙子兰大统计学系毕业后在兰新清洗公司（总部迁北京）工作 12 年，最近考取北大 MBA。12 年工作未动书本，第一次能被录取诚属不易，我曾有诗赠他。

---

① 美梅，申泮文之外甥女，称申为六舅，与刘訢年居住在同一干休所。
② 胡国定，南开大学副校长，数学系教授，信息论与信息科学家。
③ 邓汉英，南开大学数学系主任、教授，1942 年毕业于西南联大理学院数学系。
④ 杨振宁，中科院院士，世界著名物理学家，诺贝尔奖获得者。1942 年毕业于西南联大，1944 年西南联大研究生毕业。
⑤ 陈省身，几何学家、中国科学院外籍院士。1930 年毕业于南开大学，曾任西南联大教授。

没有同样的纸了，下次再写。祝全家春节快乐！

䜣年、宣人
2003 年 1 月 13 日

【3】泮文、爱冬：

今天立秋，但这里出现入夏来的 34℃高温天气。不敢有大的动作，和老朋友谈谈心吧！

继何天祥夫人去世，水天明又突然走了，他才 78 岁！当天下午还在校园中和朋友交谈。后来说是有点感冒、拉肚子，怎么当晚就去世了？他是死于心脏病，两年前曾做了"搭支架"手术。我是在次日《兰州晨报》上得知此消息的。消息登在头版右上角，写的是，央视名嘴主持人水均益的父亲……。太没有水平了！宣人和我与他有交往，他是民盟成员，和我又是兰大同事，他还把水均益的《前沿的故事》送我一本。因宣人到大儿子家小住，我只给他们家打了一个电话表示慰问。

今年兰州特别热，有些上岁数的人有点支持不住。在我们这个大院里除个别人外，80 岁以上的人都住进了医院。我们是在宣人例行体检后未被留下住院的少数人之一。他的内脏几乎没有什么病，只是记忆力衰退得很快，且体重只有 40kg！为了弄清到底是怎么回事，我陪他住进省老干部保健医院。检查结果仍是没有什么病，只是"营养不够"。输了白蛋白和氨基酸，便回家住到儿子家吃好的去了。结果我这个陪员反而成了病人，除消化系统外，统统有病。但零件已难修复，只好高高兴兴走完人生最后路程吧！

葛墨林[①]今年又来过一次，是为兰大请了几位院士来讲学的，可惜你和杨振宁都没有来。葛说，杨振宁问我何时生日，要来兰为我祝贺 90 岁生日，说你也要来。毛泽东说得好："生日过一个少一个"（大意如此），他从来不让人为他庆祝生日。我们也是如此，谢谢你们好意，但欢迎你们二位来兰避暑，老友再聚，这里还是过夏天的好地方。

寄上近照两张，我"上相"，不显得那么瘦得可怜！

首先声明，老了！很少写信，弄得字不成字，文不成文，请二位将就着看吧！祝健康快乐！

䜣年
2004 年 8 月 7 日立秋

---

① 葛墨林，中科院院士，南开大学数学所副所长、教授。

致刘兆吉①

兆吉学长兄：

您好！黄先生100周年诞辰纪念会，将于今年4月11日上午在南开大学行政楼大会议室举行。您如有纪念文稿请发来，弟可在会上代读。弟已完成黄先生传，全文八万五千字，因后半部分"犯忌"，不好发表，故化整为零，发了五篇文章，以稿酬易回各刊物各200本，作为纪念会上散发的资料。其中《炎黄春秋》是新华社老干部局刊物，他们有胆，把传记压缩成1.5万字发表，略涉及了点敏感问题。请浏览指正。敬礼！

弟　泮文
1998年3月31日

附　刘兆吉致申泮文

泮文学长吾兄：

手示敬悉，深感五内，诚如兄所言，"联系恨晚"。前寄兄函，并无溢美之词，纯属心声。今读来函，特别读了《被剥夺职称的老教授》的"楔子"。对吾兄更是五体投地了。黄师有此高足，可以含笑九泉了！

遵嘱仔细考虑了大作的章节目次。如果写成一本书，可作为八章的标题。当

---

① 刘兆吉，长沙临时大学湘黔滇旅行团成员，1939年毕业于西南联大哲学教育系。中国现代心理学家。西南师范大学教授，全国教育心理学专业委员会主任。

前作为一篇传记体的文章，即作为八节的题目。这八个题目，明确醒目，可以用。当然全文撰写过程，有新发现，新见解，也可补充或修改，也是常事。至于弟写的纪念文章，很粗糙，请修改。

郭荣生学长，也是弟最熟识的校友之一。他是长期负责南开校友会的工作，对回母校的校友很热情。我进南大时他已毕业。但弟1939年到重庆南开中学时，即与他同住津南村13号，我住楼上，他家住楼下，同用一个厨房、一个洗衣池。他家老太太和夫人非常慈祥。当时我刚结婚，继之又生了双生子，穷苦交加，他一家对我们帮助很大。他们离开南开后，我们仍多来往。去台湾后音讯断绝50多年了，时在念中。苦于不知其通信处，兄若知之请示知，以便早日函候。

老兄以"楔子"开宗明义，这是画龙点眼之笔。把黄师①的最高荣誉告诉读者，即产生"名人效应"，抓住了读者的注意力，激发读者尊重名人好人的好奇心，欲罢不能的情感。这是符合阅读心理的。由毛主席与李耕涛的趣谈，引出黄先生推荐李贺的《杨生青花紫石砚歌》，足证黄师博闻强记，思维灵活，联想丰富。又恰巧遇上毛主席喜爱李贺诗的机缘。有些人评李贺为鬼才、怪才诗人，颇受毛主席欣赏，由多次即席赋诗，引用李贺诗句，证明毛主席不仅熟读，而且能背诵。如"人生易老天难老""天若有情天亦老"即引用了李贺《金铜仙人辞汉歌》。又《浣溪沙》和柳亚子"一唱雄鸡天下白"即引李贺《致酒行》"雄鸡一声天下白"句。但毛主席是反其意而用之，不似李贺的消极苦涩。因毛主席熟读过李贺诗，所以一点即通，表示钦佩。老兄的"楔子"，将成为"文人趣事"，不朽之作。小弟非常欣赏这一生花妙笔。

老兄问及"佣刓抱水含满唇"句，这是李贺的怪笔。

"佣"为"傭"简体字，《诗经》唐诗都用"傭"。此处不能作"佣人""佣金"解。此处读chong（充），当平、直、均解，即整齐均匀的意思。"刓"即挖削、抠的意思。"佣刓"即整齐均匀的挖削砚心（磨墨的地方）。"抱水"即砚周围边沿略高，使墨水不外溢。"唇"指砚的两层边沿中间蓄墨水，形似含满唇的墨水。古代文人爱砚成风，同学称同砚、有砚兄、砚弟之尊称。我书桌上有一旧砚，对我理解此诗句颇有启发。作示意图如下（略）。

弟此理解已取得中文系老教授刘又幸（联大四五级中文系毕业）的认同。谨供吾兄参考。

关于署名问题，用笔名用原名均可。这是发表文章，并非有严格规定的填报典册。以传记形式，读者爱读。在《炎黄春秋》发表影响大，因此刊为港、澳、

---

① 黄师，系指黄钰生先生，字子坚。

台各地华侨所喜爱。这是宣传南开爱国主义教育最好的刊物。1998年纪念子坚师百年诞辰，太好了，如果健康情况好，愿亲往。话是说不完的，后谈。

遵嘱附小传。敬祝

春节快乐，阖府幸福，健康长寿！

弟　刘兆吉鞠躬

1997年1月6日

致陆智常①

智常学兄：

您好！很久未联系，非常想念！

今年 4 月 5 日是张伯苓校长诞辰 130 年纪念日，在南开大学举办了纪念会。泮文为表示学生的怀念之忱，将过去撰写的纪念文章编辑成册，组成一本《张伯苓风采》，分赠给纪念会参加者，以供讨论参考。后来鉴于重庆天津两校对于抗战期间的南开中学历史的认识，发生歧见，为了劝服双方，和谐相处，共同欢庆今年重庆南开中学建校 70 周年庆典，泮文不揣冒昧，愿意以老校友的身份，出面说和。他们之间出现矛盾，原因相当复杂，作为中间人都不予置评，但作为 70 年前历史的过来人，应该把真实的历史事实摆给他们听，1938—1946 期间，全中国全世界只有一所南开中学，即重庆南开中学，她是全体南开人的，是两地三校共同办学的联合体（抗日战争提供了天时，南渝中学提供了校舍地利，天津南开中学和女中提供了领导班子、管理班子、精英教师队伍的人和。天时、地利、人和条件俱备，以致改名后的重庆南开中学立地成佛，成为全国名校）。全国出现三所南开中学，是 1946 年以后的事，是南开教育发展到不同阶段的事情了，不要把不同发展阶段互相混淆。为此，泮文专门编撰了一部多媒体幻灯片《张伯苓教育的魅力—兼论战时南开中学的历史考证》，作为对双方劝和的资料。现在将两份材料寄上请求您给予审查和批评指正。

您在抗日战争期间曾在重庆南开中学服务，教学成就卓著，所以请您评议拙著，目的在于抛砖引玉，求您写一篇短文，讲一讲您在重庆南开中学工作时的印象，对该校的评价，特别是您对当时重庆南开中学与天津南开中学（包括男中和女中）的关系。有人说重庆南开中学就是天津南开中学；但又有人说，天津南开中学被日本人炸没了，重庆南开中学是完全新建的学校，与天津南开无关。哪种

---

① 陆智常，申泮文南开中学 1935 班同学，长沙临时大学湘黔滇旅行团成员，1941 年毕业于西南联大。吉林工业大学教授。

说法正确？重庆南中与天津南中之间关系怎样叙述才最合情理？特向您请教。这对整理南开校史很重要，请给我帮助。天气暑热，不必写太多，二三百字即可，谢谢。

  敬祝

暑安

天津南开大学化学学院　申泮文敬上
（2006 年）

附　陆智常致申泮文

泮文兄：

  你好！前承在电话中相邀校庆时，赴津欢聚同庆母校百年寿，十分高兴。只是我现在去不了，请你向百年寿校庆筹委会转达一个南开中学 1935 班学生对母校百年寿的衷心祝贺！

  我于 8 月初从长春到上海，9 月 6 日由上海来南京。7 日上午外出漫步，回程在路上摔了一跤，经省人民医院作 CT、心电图检测，没有发现大问题，只是腰疼得厉害。8 日起请鼓楼中医院医生针灸 20 多日，病情已大有好转，但痊愈恐尚需时日。

  你上次提到的《我的四爸（巴金）》一书中写到李尧林[①]和李尧林的小女友杨苡[②]。杨现在南京，去年摔骨折，在家休养，现在的情况不知道。杨曾译《呼啸山庄》（"译文"版），她的丈夫赵瑞蕻[③]是第一个译《红与黑》的人，曾任教南京大学，已故。两人都曾在西南联大，不知你和他们认识否。

---

  ① 李尧林，著名作家巴金之三哥，曾任天津南开中学英文教员，深得学生爱戴。抗战期间，在上海贫病交加故去。

  ② 杨苡，著名翻译家杨宪益之妹，先后就学于西南联大外文系、中央大学外文系。后为南京师范学院外语系教师、文学翻译家。

  ③ 赵瑞蕻，杨苡之夫，1940 年毕业于西南联大外文系，1941 年冬曾在重庆南开中学教书。后为南京大学外文系教授。

所谓年龄不饶人,望多保重。祝全家康泰、快乐!

智常

2004 年 10 月 8 日

致沈善炯、卢盛华①

善炯、盛华:

你们好! 善炯寄来的书已经收到,连夜写成书评,打印两份,一份寄给科学时报。一份寄给您们看看,看有什么不妥,请提意见。

毛主席有一句话,在困难的时候,要看到成绩,要看到光明。我们老了更要如此。保持心情愉快,有利于增强免疫力,我们共勉。敬祝

近好!

泮文

2003 年 11 月 30 日

后记 老朋友沈善炯先生是一位著名科学家,是我国分子遗传学首席专家,中国科学院资深院士。他在"无产阶级文化大革命"期间,受到严重的迫害和人身摧残,经历骇人听闻。所幸他能强于忍受,总算活过来了。活下来就是胜利,在改革开放的 20 余年当中,他奋发有为,在科学研究中屡创成绩,取得了国际斐声的成果,为国家争得了荣誉。参加中国科学院学部主席团,为我国总体科技发展的筹谋也做出了多方贡献。曾荣获陈嘉庚奖、何梁何利奖等重大奖项和多方荣誉。但他到了耄耋之年,每每回忆往事,痛定思痛,心绪难平,时而激昂,时而悲痛,几至思想紊乱。家人亲属安慰劝阻无效,均为之忧虑万分。1998 年我因公赴沪。借机访问故友。密谈之下,他倾述文革惨遇,抑郁悲愤,哽噎痛哭失声。他的夫人卢盛华也是西南联大校友,与我也属知交,见到我来,如获良医,婉求我开导善炯,免致思想病加重。我虽不是心理医生,但我也是过来人,文革遭遇相似,心灵是相通的。我开朗,他抑郁内向,如果有个转变就好了。他的优

---

① 沈善炯,中科院院士,中国科学院上海植物生理研究所研究员;卢盛华为其夫人。二人均为申泮文西南联大老友,1944 年即在云南大理相识。文革后,沈善炯每提及四清及文革所受迫害就痛哭不已,申泮文鼓励他写出来,并为之修改、写序言,1999 年在南开大学民营印刷厂印刷出版《我的科学生涯—沈善炯回忆录》,2001 年由中国书籍出版社再版。

越点是科技功勋卓著,如果有一种方药,能使他转变思想,让他的成就感压倒他的受辱感和悲愤感,他的病就一定可以治好。就我的经验,最良好的方药就是写回忆录,既写文革之受辱(把愤恨发泄出来,也是无情揭露,但以不伤害迫害人的那些个人为度),又写自己引以为荣的光荣成就,而且重笔写自己的成就,写着写着心绪就自然而然地慢慢平衡过来了。

我鼓励善炯写回忆录,先送给善炯一部我的"回忆录特集",记录我胆大包天给我的老师平反30年冤案的故事,来壮他的胆,然后答应先给他写序,答应帮他润色回忆录文笔,答应帮他自费出版,就是说一切全包了。唯一要求是他写自己的回忆记录。善炯不负所望,1999年初完成了初稿寄给我,我也不负所望,修改、编辑加工、找私家印刷厂承印、三道校对、设计封面、初印了500本,装箱运去上海交付善炯,等等手续全过程都包办了。善炯夫妇如何高兴自不消说了,朋友们看到他的回忆录交相称赞和慰勉有加,最后效果是善炯的精神状态恢复,而且有了乐观情绪。但我也承认,违犯了国家出版法,没有申请书号,私自大胆印刷出版"非法出版物",诋毁无产阶级文化大革命,罪该判刑。但是另一方面,我给国家挽救了一位功勋科学家,是不是可以功过相抵呢?现在一切守密不宣,留待历史去评判罢。(申泮文)

附 沈善炯、沈韦致申泮文

【1】泮文:

我寄给您关于杨石先先生诞辰的几句怀念之言。可惜我衰弱无法前来参加纪念和祝贺。但想起杨先生,就会想起西南联大。那时抗日声中三千学子与老师同唱壮丽的联大校歌,其中有:"千秋耻终当雪,中兴业须人杰,便一成三户,壮怀难折"。壮哉,联大精神!

我和盛华都老了,有时凭空幻想,想念当年迤西的生活,我们得识成为知己是人生快事。

老了,还是有不少事要做,人的脾气是改不掉的。眼见科学工作中的不忠诚问题，大家不敢提，我就是要碰。坚持真理修正错误，希望在历史上留下一个好名称。读陈寅恪书，感叹世态炎凉，命运对他，对中华文化太不公平，但陈先生和他的事业创出了历史。

大家保重身体罢。祝

您全家好！盛华嘱笔问候。

善炯
（1997 年）5 月 22 日

【2】泮文、爱冬：

张校长的传记以及《回忆录》印刷费单据均已收到，今天下午即将需款邮汇寄上。

老友对我的帮助，使我难忘！

这本小册子是我以心血写成，在上海的朋友中已引起一些反响。现寄上两册一给你俩，一给申元①，留个纪念吧！

留在你处的几本，如要送给朋友，只好麻烦您们修改了，因为印刷有多处错误，兹将勘误表附上。

能印好出版就是最大的愉快，我不计较一些印刷上的错误。匆匆祝

近好！

再次谢谢挚友的帮助，盛华要我问候您们！

善炯
（2000 年）4 月 17 日

【3】泮文：

我最近身体和情绪都不太好。最近中科院自然科学史研究所熊卫民来看我，除了要知道邹承鲁的工作和生活，预备写他的传记外，他要我介绍我 50 年代回国以后情况，同时要我的《自传》。他看了我的那本传记后，给我回信，概括如下：

1.《我的科学生涯》更胜季羡林的《牛棚杂忆》，此书被同事们"抢去看了"。

2. 字字血泪，言真辞畅，心灵真史。在抹杀过去，粉饰太平的时代，极为宝贵。

---

① 申元，申泮文之长子。

忝在知交，我希望您能向《科学时报》作一书评，在今天大谈"海归"时，我认为像我一样当年为新中国的建设而回国工作的老人的回忆，是否值得一读。您是我目前仅存的挚友了，我这个想法是否正确？匆匆祝

近好！盛华和我问候您和爱冬。

善炯

2003 年 11 月 22 日

【4】亲爱的申伯伯、申伯母：

您们好！今天这里是圣诞节，我休息在家，想到国内的亲人、朋友们，也想起您们。二天前我打电话回家，才知道申伯母患了直肠癌，现在正接受治疗，我很着急，希望能跟伯母分享我的一些体会，能帮助伯母度过难关。

我在三年半前，2000 年 8 月份，查出乳腺癌，而且是第三期 B，也有的医生认为是第四期了，差点不能手术。最后经过 CT 扫描、骨扫描，才排除扩散到肝等部位，认为只扩散到淋巴。所以就给我动了手术，切除二侧乳房，并取掉 20 多颗淋巴结（两侧）。所以我的双臂都不能打针，甚至不能量血压。医生就在我的胸前装了一个东西，可以打动脉注射。这样化疗、抽血我就都用这个了。我经过一年半的化疗，前半年是每三星期化疗一次，共做了四次。后来又换另二种药，化疗了一年，每周一次。我的反应很大，嘴里全是泡，不能吃东西，指甲出血，连纽扣都不能扣，头发掉光已经是最小的事了。但是我受到医生、护士和亲人、朋友们（相识或不相识的）的帮助、鼓励，并不感到太难受。我们这里有癌友会，自愿组织的，定期癌友们聚在一起，交换心得，相互鼓励，也给我很大支持。我还接受了 25 次的放疗，每天一次。放疗和化疗是同时进行的，我都顺利通过了。现在我已经正常上班了。我非常感谢美国政府和这里的人民给我这样好的医疗条件，我不用出一分钱。人人都关心我，帮助我。我的公司让我休假一年，保留了一年的位置给我。我充分体会到在美国，人们有的是较多的爱、较多的感恩，但是国内由于连年的政治运动，使人们心中少了爱心，多了憎恨，少了感恩，多了埋怨。这是很危险的，在一定程度上导致人们少了善良。美国人大部分都很善良，具有同情心。即使是 911 事件后，美国人仍不憎恨所谓的"敌人"，他们会原谅即使是杀了自己亲人的人，只要他认罪、悔过。当然这是由于他们没有经过沉痛的政治斗争、互相残杀的可怕的经历。我很幸运，我得到了很好的治疗。大多数美国人比我坚强，她们都是一边工作，一边接受治疗，仍然上五天班，只是每周五下午去化疗，然后休息周末二天。她们的乐观、坚强也鼓励了

我。我体会到要战胜癌症，关键不是药物，是精神，是病人乐观的健康的情绪。即使只能活一天，也要活得愉快。他们很重视病人的生活品质，我的一些癌友（现在都已去世）在明知自己没有得救的可能性时，仍然高高兴兴地去世界各地旅游。我曾为一位美国妇女安排去中国的旅行，但后来她的病情太重，无法成行。但她们仍口口声声要享受人生。我想，人的确该这样活着。

我相信申伯母是个坚强、乐观的人，虽然我们没有见过面，但我见过申伯伯（我的干爸），申伯伯的真诚、善良和正直给我极其深刻的印象，仍然历历在目。一点也不夸张地说，申伯伯是我这一生见过的位数极少的令人尊重的长辈，我从心里敬重您。我也为我父母有您这样一位真挚的好朋友而高兴（您要知道我父亲周围现在都是些什么人？）。所以我深信伯母一定能坚强地面对人生，淡泊人生。如果把死亡也看淡了，人就没有负担，就没有恐惧，就能轻轻松松地度过再困难、再险恶的难关了。只要做了自己认为该做的一切，至于成功与否，我们自己就不感到遗憾了。

我不了解伯母的病情，也不知道目前的治疗情况与结果，胡说了一通，不对的地方请原谅我。我只是想与您分享我的体会。经过了这一场大病，我悟出了不少人生的哲理，不再把名利、地位看得那么重了（当然我还需努力），世上有比这些更宝贵的东西，这就是爱。我接受了这么多人的爱心，现在我愿把我的爱心给更多的人。所以我就比过去更愿意帮助别人，关心别人。其实也是让自己更高兴。我所缺少的是我妈妈所具有的宽广的胸怀，对人、对事的包涵、宽容，这使她永远是这样善良、快乐和满足。这种品质对我们癌症病人更重要，比药物更重要。我希望伯母原本就是这样的人，那么您就会很快地康复。

很久没有写信了，写得不好，请原谅。祝您们全家
新年快乐！

沈韦[①]

2003年12月25日

又：我的 email 是：（略），请告诉我您们的 email 地址或者电话，这样我们就可经常联系，寄上全家照一张，新年圣诞宴会上照的。我女儿明年就要上大学了。

---

① 沈韦，申泮文老友沈善炯的大女儿。

致苏勉曾①、谢高阳②

【1】勉曾同志、高阳同志：

您们好！祝您们暑期生活愉快！

最近我从高等教育出版社争取到一项编写任务，由我负责主持组稿操作，编撰一部大学化学专业三年级师生用的《无机化学》教科书，他们同意我设计的化学教学计划，一年级为普通化学（包括基本原理、溶液平衡与分析化学、元素化学、若干近代化学热点专题），在元素化学方面已经学完4校合编的《无机化学》的内容。在此教学计划中，无机化学与有机化学处于同等地位，是化学科学主体的两翼。教育部也很重视此书的编撰，要求有利于提高教学水平和质量。这项任务很重，个人难以胜任，特有求教于您们二位。

我们过去有过很完满的合作（West固体化学以及《无机化学丛书》），故此我希望我们再度合作，为新一轮教学改革尽一些力量。现在将我初步设计的撰稿计划奉上，请您们研究妥否。

我设想这部书不但能在一年级普化中的元素化学的基础上，为学生提供足够的无机化学基本理论知识，也应提供世界发展前沿，包括我国的发展现况、撰稿人及所在校的突出贡献。章目中的第七章过渡元素化学和第八章稀土元素化学是本书的核心。复旦大学的过渡丰产元素化学的工作是全国举世知名的，所以我求高阳同志作为这一章的撰稿人，不但要写复旦无机学科的成就，而且要写顾翼东先生在领导此方面工作的不朽业绩。在这些方面突出本书的特色，对师生都有多方面的教育意义。

北京大学在稀土化学和富勒烯化学方面的贡献也是著称的，故此请勉曾同志撰写稀土化学一章，除了一般介绍稀土元素化学外，要介绍世界前沿、北大的工作，特别写入徐光宪先生、苏勉曾先生的工作贡献。顾镇南教授我不熟悉，工作

---

① 苏勉曾，西南联大校友，北京大学化学系教授
② 谢高阳，复旦大学化学系教授

上亦无交往，请勉曾同志帮我邀约。可以泛谈自己的工作。

北京大学能不能请一位老师写一章教材"化学原子量与物理原子量"，对原子量概念与测定工作的发展进行综述，写写张青莲老师的贡献，2—3 万字，可以列入书中。我们无机界的几位老前辈，应该让学生辈懂得景仰。

请唐文霞写配位化学章，也是请她讲讲戴老师。

建议这部教科书的作者署名是我们三人合编，最后我们三人分头看看稿子把把关，看稿工作量不会太大，因为希望每位撰稿人都是"自由撰稿人"，海阔天空，各展所长，不受任何约束，发挥自己的风格。一切定下来之后，用 6 个月的时间完成编写任务，您们看行吗？

手写稿也行（出版社一般不收手写稿了，我这里可以代劳），最好在计算机屏上编辑，提供打印稿和软盘。体例和规格再定。单位制严格按照国标。

诚心地征求您们的同意，看这件事能办得成不？请考虑并给我答复，谢谢！
敬礼！

申泮文
2000 年 6 月 1 日

【2】勉曾同志：

您好！接到来信，非常高兴您们同意接受合作任务，兹将草拟的编写体例寄上，请考虑或提出修改意见。

钱秋宇教授如同意编写"原子量"章，标题请她确定，建议从过去的化学法测定讲起，从 70 年代起，《Pure and Applied Chemistry》杂志每年都有国际原子量变迁的报道，可供参考，我国最新的原子量报道是北大百年校庆时张青莲老师提供的化学元素周期表，建议予以介绍。

"原子量"章应定为第一章，其他章次序顺推。

编写任务从今年 9 月份开始，希望 6—8 个月完成，即最迟明年 4 月底结稿，不知行不行。留下一点时间给出版社，争取秋后能供应开学使用。

申泮文
2000 年 8 月 16 日

【3】勉曾教授：

您好！接到来信，谢谢。寄上《无机化学》讲习班的纪要一份，请指教。关于大百科全书再版编写词条事，待事情明朗时再详谈，可能现在大家的情绪，不像过去那么热情了，因为背后的指挥棒太交关了，而且社会风气也不利于"文化"建设。

您来信中没有说收到《无机化学》稿酬事，如果确收无误，请您给我开一个简单收据，我好归总。谢谢。敬问

近好！

申泮文上
2002 年 4 月 26 日

附　苏勉曾致申泮文

【1】申先生：

您好！《中国大百科全书》第二版的条目已拟定，其中稀有气体、氢、硼、铝族等共 24 条拟请您指导南开的有关同志编写，特别是其中氢化物和硼烷这两条请您执笔；氢、氢离子和过氧化氢这三条请曾先生执笔。请您惠允，8 月底写成即可。

《中国大百科全书》是国务院批准修订出版，并拨专项基金，应属国家行为，代表中国学者对于社会文化、历史、科技各方面的认识和理解。

这 24 条均属于"元素"和"化合物"类，它们的编写提纲是：

元素类编写提纲

1. 定义。

2. 发现。

3. 存在（包括同位素）。

4. 物理性质。

5. 化学性质。

6. 重要化合物，如另有独立条目（如氢中的"水"），此处仅提及即可。

7. 制备。

8. 应用。

9. 毒性、防护。

化合物类编写提纲

1. 定义、定性语。

2. 发现。

3. 存在。

4. 物理性质。

5. 化学性质。

6. 制备方法。

7. 应用。

8. 毒化、防护、环境。

稿酬：

新设条目　　　　　120—150 元/千字

重写一版条目　　　80—120 元/千字

修改一版条目　　　30—80 元/千字

审稿　　　　　　　5—10 元/千字

随函寄上《中国大百科全书》（第二版）编写条例一册，供您参考。

如果申先生您工作太忙、身体劳累，也可指定其他同事负责此事。敬祝

安康！

学生　苏勉曾
2002 年 6 月 3 日

【2】申泮文、曾爱冬老师：

感谢您为《中国大百科全书》第二版编写的氢、氢离子、氢化物、过氧化氢和硼烷等条目，目前已进入在电脑上编辑加工阶段，希望能得到您录入原稿时的软盘。请您便中将软盘交给车云霞或桂明德教授一并寄来，好吗？您也可以用电子邮件将稿件发给我。

多次劳累您，甚感不安，请原谅。敬祝

安康！

苏勉曾敬上
2003 年 3 月 1 日

致叶笃正[①]

【1】笃正学兄：

您好，并问嫂夫人好！

这次院士大会因为住地分散，没有见到您。有一件事想同您商量，笃成（方实）找我，要我为《炎黄春秋》写一篇文章，纪念南开中学建校一百周年，发表在该刊十月份上，用稿酬买下数百本，在校庆大会上（10月17日）分发给与会校友。我很支持这个创意。但写甚么文章好呢？我设计想写这样一个专题：

南开校友数尽风流探天测地竞自由

——著名大气物理学家叶笃正和地质学家刘东生的故事

预备写如下内容：

1. 桃李无言，下自成蹊——南开中学的院士工程

2. 记国际气象学大奖获得者叶笃正院士

3. 记国际地质学大奖和国家科技成果大奖获得者刘东生院士

4. 简论国家经济建设科技发展与教育的关系

对您们两位老同学，写写在校求学时的逸事，但着重用科普手笔写您们的科学贡献。您们的事迹早有许多传媒报道，但限于报道人都不是科技专业作家，科普性不太强，有的老百姓看不懂。我想试试用我的理解，写成科普报道，通俗易懂，尽一点科技工作者和校友的责任，主要目标在于宣扬母校的人才业绩。您能同意吗？

如果您同意我的想法，请支持我。请给我提供足够的素材，如简历、专业成就介绍、获奖细节、您愿意写进去的逸事等等。材料请近日内特快专递寄给我。我在一周内给您寄回，保证安全无误。笃成要我7月份交稿，所以我要在6月下旬到7月上旬专门下功夫写这个稿子，别的甚么也不干。完稿后先请您审阅征求

[①] 叶笃正（1916年2月21日–2013年10月16日），中科院院士，中科院副院长，中科院大气物理研究所所长，申泮文南开中学1935班同学、好友，西南联大校友。

同意，再给笃成交稿。

我的这个意见在大会上已经征得东生同学的同意。

请答复我，电话（略）。以后要常跟您联系，问个小问题甚么的。敬祝

近好！

学弟　申泮文上
2004 年 6 月 15 日

【2】笃正学兄：

谢谢您的资料，现将原资料奉还。现在材料基本上充足，可以动手编写了，但我还需要有关您的一些在南开中学学习和生活的材料。在中学时只知道您是打乒乓球的好手，王正尧兄也是打乒乓球的，有一次在青年会看您们同上海队比赛，记忆犹新。没见您玩别的运动。想请您用一点时间写个二三百字对中学生活的回忆，使我多增加一些素材，可以吗？在中学对您印象最深的是甚么人和事？您获奖的照片可否借一两张用用，用后归还。

日前见通报，关士聪①学兄已去世，祝他安息！

敬祝

近好！

学弟　申泮文敬上
2004 年 7 月 8 日

【3】笃正学兄：

您好！嫂夫人好！

我写的报道您和刘东生事迹的文章，已经草就，寄上一份请审查。如还可以，请批改，请就在文稿上圈改。

在您的稿的第 8 页，有些材料和数字，请您给补充。

请教您几个问题：您和冯慧嫂嫂是甚么时候结识的，在国内还是在美国？您们何时结婚？在国内还是在美国？冯慧嫂嫂在生物所做甚么工作？

我问这几个问题，显得没有礼貌，原因是我想在文章最后，写一小段"五.温馨的家庭"，以示成功的科学家一定有一个温暖的家庭，可以告慰于校友和朋友们。特别问候冯慧嫂嫂！向她请安！

---

① 关士聪（1918 年 1 月 3 日—2004 年 4 月 5 日），中科院院士，地质部石油地质局总工程师，申泮文南开中学 1935 班同学，西南联大校友。

如果通过您们的审查和改正，请在 9 月底以前寄回给我，整理后 10 月初付印。敬祝

中秋节快乐！

弟　泮文
2004 年 09 月 14 日

附　叶笃正致申泮文、曾爱冬

【1】泮文同志：

你好，身体如何？好吧！

我非常同意为南开中学在 90 周年大庆之际，为她请奖。请奖还有伸张正义的意思。

一点小意见，请把 P.3 第十二行的叶笃正去掉，我未得陈嘉庚大奖（我得的国家自然科学一等奖）。

我最近心脏症比过去好些，但时不时地还来一些。

你看上去好得多，望加注意身体。

敬祝暑安！

笃正
1994 年 8 月 14 日

【2】泮文学兄：

你好！我实在不值一写，最好写别人。南中毕业的可写的实在太多，选别人最好。

如果一定写我，特寄上有关资料如下：

1. 我 80 华诞时邹竞蒙（当时气象学会会长，气象局长）写的贺言。
2. WMO（世界气象组织）对我的 interview。
3. 人民日报社管的《大地》2004 年第 7 期。

4. 我自己写的：从我一生经历谈中华民族的过去、现在和未来。

5. 人民日报（海外版）2004年2月6号（星期五）第7版：叶笃正，测天上风云。

6. China Daily（中国日报）：Feb.27.2004（星期五）P14 All Weather Man。

7. 简历一纸。

此外我搬家了，新地址为北京中关村（略），电话（略）。

问候嫂夫人！

学弟　笃正

2004年6月22日

【3】泮文兄嫂：

来函收到，首先向您们拜个晚年！

关于南开的教育给我的影响实在是太大了，有以下几点：

一、深深地给了我爱国思想

a. 我出身于封建家庭，家境很好，我们哥们都没有上过小学，中学（南开）以前，家庭观念深，国家观念很浅。上南开之后，才真正正式有了比较深的国家概念。国家可爱，深刻爱国思想是南开给我的。南开的爱国教育不是空洞说的，是从事实教育学生爱国（从日本侵略中国的实际出发，教育学生去爱国）。

b. 想方设法教你（学生）去认识中国，教学生去实际接触国家。南开有个课程教社会调查，我记得在这个课程里，我去了山东，还去了泰山，在泰山见了冯玉祥将军（当时冯正在泰山）。从实际看中国之广大，中国之可爱。

c. 记得在九一八事变之前，老校长去东北考察，回天津之后，就认为日本侵略是必然之事，就成立东北研究会（这个名字记不得了）。可见老校长眼光之远。教育学生认识中国实实际际地受外国侵略，尤其是日本。

d. 因为南开的爱国教育，引起了日本的极大害怕，以致极大地恨南开。所以当天津已成日本的囊中之物的时候，它还炸了南开。它所以这么做，因为它太恨南开的爱国教育了。

二、教育了我热爱自然科学

a. 南开的化学老师郑新亭（郑老杆）、胡廷印的化学实验课给我的印象太深刻，尤其是胡老师唐山口音现在还记得。

b. 数学老师张信鸿（张健）教的太好了，张老师还给学生上课外课。对我热爱科学的影响最大最大。

c. 老师们对学生实在太好，就像对亲生子女一样，使我不得不热爱自然科学。

d. 我这次能得国家最高奖，当然是一个群体的。但我得这个大奖的根本是在南开中学。

三、教育了我爱体育

a. 像我这样家庭出身的人不会自然而然爱体育。

b. 因为南开对体育的重视，甩掉"东亚病夫"的大帽子，我也爱了体育。我的特长是乒乓球，成为南开中学闻名华北的"箫箫乒乓球队"的一名大将。我的弟弟叶笃成（后改名为方实）也是这个队的大将，他的球艺比我更好。

c. 到了清华大学，仍是清华大学乒乓球队的一名大将。

d. 到了美国的头两年，我还打乒乓球。以后就逐渐不打了。

四、认识到南开管理水平非常高，效率（efficiency）非常高。

a. 此点不是我当学生时的感受，是后来认识到的。

b. 南开中学是全国招生，各地的学生风俗习惯不同，以致国外华侨子弟也有上南开的，管理起来难度大。

c. 不仅学生人数多，部门也多，男中、女中、小学。

d. 这么大的学校，这么复杂的学生来源，有的住校，有的不住。

e. 但南开的管理人员没有多少，而且管理得头头是道，没有忙乱的现象。校内干干净净，走到哪儿都会感到一片和谐景象。

五、和现在教育思想水平的比较

a. 说一句现在教育领导不愿听的话：当时南开教育思想水平比现在的教育思想水平高不少。具体地说：南开的爱国教育思想，教育学生从心灵上感受中国；从思想上爱中国；从实际上让学生用眼睛看看中国，用手摸摸中国。

现在的教育也同样重视爱国教育，但方法比较空洞（可能原因：当时（1937年前），中国处于被帝国主义国家，尤其日本欺压，南开容易从这个实际教育学生爱国）。

b. 现在教育给我的感觉是：幼儿园教幼儿上好的小学；小学的重点教育在教学生考重点中学；中学的重点教育在教学生考大学。其结果是考考考；背书背书背书。当时的南开当然也要学生读书（允公允能，允公最大是爱国；允能就是教学生学本领）。但绝不是读死书，目的绝非仅在于考大学。

c. 当时南开的老校长经常给学生讲话，教育学生爱国，此外还经常讲一个"群"字，大家成一团，团队精神，这正是现在需要的。

泮文兄，以上是南开给我的几点亲自体验，因为眼病，不能看电脑，不能打字，只好随手写写，让你费神看，对不起。

笃正

2006 年 2 月 2 日

致袁翰青[1]

翰青先生：

去年十一月份去情报所查点资料，曾去索引组拜访您，得知您南巡探亲，没有见到，十分遗憾。想您最近工作顺利，身体健康为颂。最近学校重印出泮在去年整理的一份关于惰性气体化合物的材料，想起您是国内第一位写出有关惰性气体化合物报导的，迄今恰好是十年。我国目前在这方面的工作仍是一个空白，各方面也确实是无力顾及的了。泮这些年来搞一些无机合成方面的工作，主要是搞复合氢化物，即 Compound hydride。对惰性气体化合物很感兴趣，结合教学需要，给学生讲一些新知识，写成此稿。注意力在合成方面多些，在结构理论上注意也很差欠，可能在这方面有较多的遗漏。现将这个"惰性气体化学的十年"一稿，寄上一份请您审查批评，并借此向您表示敬意。您的工作之余有注意到的化学方面的新发展和方向，盼给予赐教。

耑此，敬祝

近安！

属　申泮文敬上

1973 年 5 月 6 日

---

[1] 袁翰青，西南联大化学系教授，中国科学院院士，中科院技术情报所所长，申泮文的恩师。

附　袁翰青致申泮文

泮文教授：

　　你寄来贺卡，我已收到，谢谢你对我的祝福。

　　学部委员新的名额已确定，共三十五人入选，我推荐三人只有两人中选，王佛松和汪尔康入选，刘若庄落选，这是我料想不到的事。有关王积涛教授也落选之事，我心中颇感不快，是不是我说不恰当的一句，后来顾老极力夸奖王教授的研究和教学成绩，这多少对我来说，是补偿。因顾老曾来我房中，谈到几位教授的事。

　　我身体还是老样子，请放心。国外我是发几张贺卡，国内尽量写信和电话告之。

　　代问夫人好。祝

新春快乐！

袁翰青

1992 年元月 3 日

致张青莲[①]

【1】青莲先生：

您好，先向您祝贺春节。接到您的来信，也接到科学出版社通知在三月十日在杭州开《无机化学丛书》编委会，泮现尚不能十分肯定是否一定能去。一是下学期有两门课，二是学校和系里正值改革高潮，还不清楚那时形势可否脱身。三月份仍春寒（前年四月份在无锡开化学通报编委会，多雨寒冷，气温反低于天津北京达 5—6°之多）。待开学后看情况决定，但恐怕主要决定于这里工作需要，化学系的改革方案已提出对教师出去开会和讲学加以限制的条文。

我们这里正在使用《基础无机化学》上下册，当然书中有一定缺点，例如在讲化学平衡时，虽然也讲了推动化学反应的推动力是反应物的自由能，G=0 才是平衡，然而开始仍然混借了反应速度进行到相等时就达到平衡，这是从旧教材中沿续下来的概念，未予脱清，等等。下册叙述部分概括性归纳做的虽可以，但具体化学反应的介绍偏少了等等。许多问题我们在讲授中都感觉出来了，需要做一次修订。但总的来说，目前还是可用的。我们明年仍用此教本，已经编印出习题选解，供教师使用。我们现在强调学生自学，自己写笔记，教师或讲少而精，或另讲专题（下学期更如此），也并不一定完全按教本讲。泮于寒假后完全转回化学系。

敬祝

春安！

学生 申泮文敬上
（1983 年）2 月 6 日

[①] 张青莲（1908 年 7 月 31 日—2006 年 12 月 14 日），出生于江苏常熟。1934 年清华大学研究生毕业，1936 年获德国柏林大学哲学博士学位。1939 年—1946 年任西南联大教授，1946 年—1952 年任清华大学教授。1952 年任北京大学教授、1978 年—1983 年兼化学系主任。1955 年当选中国科学院学部委员（院士），为著名无机化学家，中国同位素学科的奠基人和开拓者。

【2】青莲先生：

奉到手示，敬悉一是。我们的出版事业太落后，也是我国精神文明建设政策没有一套配套政策，尊重知识尊重人才的问题上漏洞百出，外行人办内行事看来彻底不行。北大丁石孙校长在政协大会小组会上发言很受教育工作者同情，引起震动很大。泮回校传达政协会议精神，就专用一些时间介绍了丁校长的发言。

在今年八月份开一次编委会，泮完全赞成，当排冗参加。丛书第十二卷"配位化学"已出版，但迄今未见科学出版社给我们编委寄来样书，已写信给尚久方催问，亦未见回复。科学出版社的工作也是拖拖拉拉的、我们现在办什么事情都是"死马当活马医"的。

泮处现用一公斤热释电新晶体（自己合成的）与航天部驻天津的一个研究所以物易物交换来 2 公斤青海产重水，想测一下其纯度，不知您的实验室可帮忙测一下吗？便中请您的助手来信告知，谢谢。耑此，即颂

研安！

学生　申泮文敬上
1988 年 4 月 24 日

【3】青莲先生：

您好！奉到手示，现写就批准书一纸，不知这样行不行。又完成一部，接近全部完成又近了一步。这部书无论水平如何，总是我国化学文献中的一巨著。泮的判断，质量还是保证的。关于支持此书继续出版的经济措施事，想请您和张志尧同志商量一下（也可先和徐光宪先生谈谈），明年或今年底，把完成此丛书的若干卷工作，当作一项科研项目申请国家科学基金，一次补助三万元，作为支持继续出版的周转基金。如果谋求不到任何经费支持，看科学出版社的要求势头，完成此丛书的出版是有困难的。

泮于九月二十二日至十月六日去莫斯科参加第七届世界氢能会议。在会外通过与莫斯科公民接触，深感苏联公民素质风貌水平很高（奥运会也从另一角度体现了苏联人的力量），我们深为感动。教育和精神文明建设应该在国家建设中占在首位。我国虽已讲到"教育为本"，但实际上没有做到。不转变领导思想，是做不到此点的。耑此，敬颂

教安！

学生　申泮文敬上
1988 年 10 月 21 日

【4】青莲先生：

奉到 8 月 21 日来示，极为高兴，想您近来一切顺遂！泮前承揽的第八卷 23 专题钛分族，去年开会回来即委托南开化学系无机教研室车云霞讲师（1983 年硕士毕业生）负责编撰，泮给拟定提纲和指定参考资料，随时进行检查。暑期前完成初稿，经泮审阅和批改后，现已清抄完成，再经泮作最后一道审校后，可在八月底最后完成，不误原定计划，请您放心。此专题拟即以"车云霞编、申泮文校"署名，请您考虑，还需请何人再审一道。在本月底或下月初，泮将着作者将书稿寄林长青同志，注明泮的校审意见。还有什么手续要办，请您给予指示。这个专题的编写，要求重视两点：（1）基础知识；（2）资源及有关工业生产资料。钛、锆、铪的较新资料是金属有机化学方面，因另有专题 37，故介绍从简，亦着眼于控制篇幅，以不超过 10 万字为限。专题 24 钒分族和 25 铬分族如已完成，当可集成。记得集成工作是由复旦顾先生那里负责，不知确否。去年北京之编委会上，泮只领取了插中山大学未完成工作之空的任务，现终于是完成了。耑复，并颂

秋安！

学生　申泮文敬上
1989 年 8 月 25 日

【5】青莲先生：

您好！昨见科技新书目第 209 期第四版【209—066（6）】号无机化学丛书第二卷（铍、碱土金属、硼、铝、镓分族二专题）的出版预告，该书将于 1990 年 2 月出版，这又是一进展。书价提高了很多，366 页，平装 15.40 元，精装 17.10 元。（第三卷碳、硅、锗分族仅 6.10 元，545 页）。印刷出版业的恶性循环还将进一步发展，前途可畏。又在该广告中，价格后面注有黑体字"包销"二字，不知说的是谁包销。我们编委会并未与科学出版社定下包销协议，不知此包销声明用意何在，需要与科学出版社订正。

泮承诺的第八卷钛分族专题现已完全竣工脱稿，并已编完索引，一切就绪可以交出了。第八卷还有两个专题钒分族、铬分族，不悉复旦顾先生处有否完工。这一卷的最后统稿、集成加工事宜，如尚不明确由哪家负责，泮建议哪家最后完稿，就由哪家最后统稿集成，不要再层层等候了。泮尚负责上海辞书出版社委托的《无机化合物辞典》的编纂工作，有四家参加，南开大学、东北师大、黑龙江大学、哈尔滨师大。已工作两年，今秋集稿，由泮负责统稿集成工作，负担是很

重的。原计划三四十万字，编下来近百万字，最后由出版社去定夺罢。由于此任务在身，所以不好承揽《无机化学丛书》的统稿集成工作，请您考虑给予照顾是盼！

吕云阳同志因生产经营鱼虾增氧剂（过氧化钙制剂）（该产品鉴定时泮曾为之主持鉴定会），初期因销路不畅，导致破产，除倾家荡产偿还各方投资外，尚有负债。后经亲赴养殖现场主持试用，打开销路，售光存货，打了翻身仗，现已渐入佳境。在我国目前情况下（经济形势紊乱，干部素质低，人民科技知识水平低下），做一位"奉公守法"的实业家也确实不容易。知注特告。

今秋这里三个盛日：教师节、四十国庆、七十校庆（10月17日），因当前局势关系，看来均不会如预期的盛大举行。人们的心绪一般比较沉闷。

耑函汇禀，敬祝

秋安！

学生　申泮文敬上
1989年9月14日

【6】青莲师：

您好，奉到来示，关于钒分族及非整比化合物二专题下落事，经查询，情况汇报如下：

1. 非整比化合物专题改作者周永洽同志是南开无机方面副教授，据他说稿子审后他再修改后寄给科学出版社赵士雄了。赵士雄离开科学出版社时函告周永洽以后跟林长青联系。所以这份稿子现在科学出版社一室，应请扬淑兰查找。

2. 曹裕基不是南开教师，此人我未接触过，不了解他是哪校的。如果该稿已审好，也应该是在科学出版社。因为在前一段稿件都是通过赵士雄或林长青送审和收稿的。（是不是罗裕基之误，罗裕基是中山大学教师）。

3. 第八卷应由顾翼东老师统稿，故顾老师处也可能知道钒分族下落。

4. 泮处写就的钛分族稿子，顾老师说等他写完铬分族后再接受钛分族统稿。林长青也表示不收，故此稿仍在泮处，泮已审完，认为可以合格。

耑此奉复，敬祝

教安！

学生　申泮文敬上
1990年3月12日

【7】青莲师：

奉到手示，敬悉一是，丛书组编事进展加快，都是在您的指挥督促下，唐任寰同志大力以赴所取得的结果，余下的几卷如也能早日完成，将来可以召开一个盛大的包括所有作者的庆功会，希望这一愿望会很快实现。泮所负责的第五卷（氧、硫、硒分族）知道已付印，但并未寄来三校稿，恐怕还要等待一个时期。

南开大学化学系将在明年十月份纪念建系 70 周年，同时纪念创建人老系主任邱宗岳先生诞辰 100 周年。还准备在同时给从事科学与教育工作 50 周年的几位老教师（王积涛、何炳林、陈茹玉、陈荣悌等）举行庆祝，预备举行学术报告会等活动。

届时如您有兴趣再来天津一游（南开大学校园已有极大变化），当可着校方届时敦聘您来南开指导并做学术报告。您如有意请便中告知。耑复，即颂

暑安！

学生　申泮文敬上
1990 年 7 月 11 日

【8】青莲先生：

向您和您阖府祝贺新年！祝您万事如意！

您年前手示，着泮对《丛书》第九卷作整理统稿工作，锰分族尚有详细整理工作，这对泮确是意外负担。泮现与王积涛共同负责上海辞书出版社强行委托的一部《化合物辞典》的编纂工作，已拖了好几年了，最后协商妥当明年（1992）三月份交稿。动员了很多人（无机化学辞汇方面由东北师大、黑龙江大学、哈尔滨师大和南开大学四个单位承担），稿子已集中在泮手中，现正在做"审"与"统"的工作，正在"忙"。所以三月底以前不可能过问第九卷的工作。这也是为什么"铁系"元素要求河北工学院马维教授组织力量来帮忙。如第九卷任务一定落实给泮承担，那么只能在四五月里动手，争取五月底交出可供编辑加工的书稿。您看可否或另找人统稿如何？耑此奉禀，请予考虑。敬祝

年安！

学生　申泮文敬上
1991 年元旦

【9】青莲先生：

您好，您的信已奉到，昨得王积涛同志告知，他已得到科学出版基金委通

知，《无机化学丛书》的有机金属化学和生物无机化学卷申请出版基金已获批准，林长青也给王积涛写信，通知此事，云出版事已经落实。故积涛对上次林长青写给您的信所云因书稿质量不合格而被基金委否决之事，颇有意见。好在此卷之顺利解决，明年秋后庆功之举又少去一障碍，是个大好事情。第八卷铁钴镍专题已委托河北工学院马维副教授主持编写（马维同志（女）是 Purcell《无机化学》巨著的主要翻译人），组织三人参加，每人一元素，他们准备在寒假里动手撰写，三月底以前可以完成，泮即担任此卷的审校人，请您诸多放心。泮现在北京参加中国民主促进会中央委员会会议，会期四天（12月16—20日），大概20日上午回津。现泮与王积涛同志共同负责上海辞书出版社的一部《化合物辞典》的编纂工作，已拖了好几年，现定合同在明年三月底交稿，所以这个寒假将全力以赴做完此项工作。还完这一笔文字债之后，也就不准备再做"冯妇"了。耑此奉禀，即颂

冬安！

学生　申泮文敬上
1991年12月6日

【10】青莲先生：

您好，奉到6月29日两示，敬悉一是。《丛书》总结会经费2500元看来太少，即使是25人开会也是很不够的，需要有筹款措施。1988年泮承办了一个应用无机化学讨论会，与会者七十余人，那时物价还低，多方筹款结果，泮个人赔进去二千多元（化学会只给了700元经费）。这次北戴河会议定地址是泮建议的，因多年来泮认为应充分利用国家教委北戴河教工活动中心的中档条件：环境优美、床位多，附属条件充分等优点，在这里开大型学术会议特好，即使是国际会议也不逊色。所以这次会务邀定得力人员，办好这次会，为以后利用此"中心"举行学术会议创下范例。昨天为筹办此会，泮与有关人员又去北戴河一次，进行详细勘查与谈判，一切满意。故恳望九月会（10—14日）期间，您一定出席，就"中心"可否作为将来大型学术会议点而鼓励加以开发，给以观察判断，做出结论性指示，不仅是支持本次会议。这次会因南京大学忻清泉的推荐，他邀访的一位固体化学专家 Purdue Univ 的 Prof. J.M.Honig 来参加会议，顺访性质，不好拒绝，同意他作一次大会报告（30分钟）。会议中供伙食、住宿和旅游。这样一来，我们必须对与会的老一辈专家们作同等接待。这也就不得不在以会养会原则基础上（以会养会始终是不够的，必须有额外补助。例如化学会补助1000元，

但他们要六本会议文集和三人参加会议，结果把他们的资助全都拿回去了而不足）另外筹款来弥补，我们估计有 2 万元的缺口。我们从我们的 863 大项目以及企业界筹募了一些，大致可以补上缺口。这次会一定要办得比过去圆满，也想对会上论文适当评比，选一些优秀工作记录在会议纪要上，以推动我国无机化学工作。争取圆满完成任务，开好这次会，也恳望您一定出席指导。

《丛书》总结会在南开方面，除泮与王积涛外，建议郭德威、周永洽二人参加。郭为第五卷代表，周为"非整比"改写人，费了很大力气，属于"克终者盖寡"之列，他是北戴河会议秘书长，属大器晚成者，故建议一定邀他。我们编委会自始至终都带有推荐选拔人才的作用，最后一次会也希望有此含义。泮有一个想法，这次会除是扩大编委会外，照您原主张也是一次庆功会，所以泮主张把会开大，所有作者均邀请与会。筹一些款，把会开好。可向之筹款的单位：国家自然科学基金会、化学会、科学出版社。在作者中有些有钱单位，可筹些款，如南京大学化学系、配位所；无机化学学报编辑部（他们有开发经营）、吕云阳、冯光熙……。如果只开 25 人的会议，对 25 人作这一次总结也没有多大吸引力与重要性。如果您同意这样做，可让唐任寰同志写一筹募函，说明性质，向有关单位和个人筹募。泮可在我的科研费中拿出 1000 元，资助这个会（转账汇款）。几处一凑，钱就出来了。会也就可以筹备得从容些，开得好些，稍推迟一些也可以。但有一件事要出版社加一把劲，我们编委会在暑假前一定全部完稿、出版社在今年底以前全部出完，至少出版日期要印刷成 1992 年 10 月底以前，因为将来会在版权问题上出毛病，我们以 Bailar 为蓝本，一旦我国参加了版权协定并实行生效，就会出麻烦，不能不事先有所考虑。

刚接谢高阳来信，说顾先生非常高兴要携顾师母来北戴河参加会，这可使会议增荣了。所以您一定要来，最好有人陪同照顾起居。顾先生与顾师母来是极为难得的，但仍须有人保驾，我们研究决定，邀请谢高阳夫人以陪同身份前来，对谢高阳不优待，让他多出点房费伙食费，顾先生与师母全部免费。我们也不是单为此次会，也想为以后的会创造些新经验。

写到这里，《丛书》总结会事请您考虑核夺见示，敬祝
暑安！

学生　申泮文敬上
1992 年 6 月 3 日

【11】青莲先生：

您好！6月1日手示早已收到，因泮已去青岛出差，至迟于作复，乞谅。北戴河会议您不需交付注册等费，在大会上我们原则上以会养会，但为了对专家和高辈分老同志起居有合理安排，在会务收入之外另来源筹集了一笔姑名之为"专家招待费"或"会议主席专用款"（将来以一定方式向一般与会者作出说明，以避物议），您作为会议顾问，会议上当然有不同安排，恳望师母能伴您前来，偏劳照顾您的起居。您和师母将住入一号楼有套间的居室，饮食、旅游尽可能照您们二老的意愿安排。已与谢高阳商量过，争取翼东老师出席会议，也争取有家人陪同。我们争取把这个会办得既节约又合乎礼仪，让与会者高兴而来，满意而去。所以对会的办法和应注意事项，请您务必多提出意见指示。《无机化学丛书》第五次编委会扩大会议参加人员作了一些补充，请您核示。尚肃，即颂

近安！

学生　申泮文敬上
1992年6月20日

【12】青莲先生：

您好，上星期因参加民进天津市代表会议，致迟作复，请谅。北戴河无机会将带去若干台投影仪（over head projector）幻灯机，保证每个分会场有需用的讲演投影设备。如您准备在分会上报告，估计每分会50—60人左右。如您愿意作大会报告，人数为400人，投影片的字体就需要大些。现在投影仪一般是郑州产旧式型号（学校里无力更新设备），效果能否很好，不敢保证。泮将早去一星期，对讲演设备逐一检查，务期效果好些。最近看到郑州新型产品投影仪（原锦州产品，併到郑州产）质量很好，价亦昂贵，每台1350元。开学时拟用科研费自购一台，带去备大会场用。您无论大会或小会报告，可保证用此新型投影仪，效果可有保证，请放心（胶片的字仍以大些效果好）。

《丛书》会事，泮仍主张全体编者会：与会者旅费宿费自理（北戴河无机会即如此办理），拿不出旅宿费的就不来了，杜绝了"怨言"。会上只补助膳费，每人每日补助20元，自拿5元，可以过得去。会不开长，只开3天，3天外膳食自理。这样每人共补助60元。如有50人参加补助3000元，另会务费1000元，4000元可以勉强够了。如果再不足，我可找一下冯光熙（惰性气体专题），估计他可能是个财东，可以拿一些。这样庆功会也开的热热闹闹，可从会中看到编委会出成果出人才的效果。参加编写的人一般由中级发展至高级，或年青些的从讲

师级升至副教授级。给无机化学界拉起一支队伍,这将是总结中的一个论述内容。因此,全体编写人都来是最理想的情况,是否可行,请您裁定。

第九卷现正在努力中,原委托河北工学院马维教授组织铁系元素编写工作,现因她病而全部落空。泮决定在此暑期中动手完成,现在检视一下,暑期中完成有困难,冗务仍太多,不能专心致志地去写。所以您要求的北戴河会带去,看来是做不到了。不过我相信,今年11月底一定完成无误。如届时完成,今年将是泮的一个丰收年。四月底完成上海辞书出版社委托的《化合物大辞典》无机物部分200万字(有机物部分王积涛负责),将稿子交出;筹备了北戴河大型会议(400多人参加);完成第九卷丛书组稿和部分编写工作。这种工作量今后大概也不会有了。

《丛书》会可否开成全体编委会,请再恳为裁夺。北戴河会您如肯作大会报告,盼早见告以便安排!敬祝

暑安!

学生　申泮文敬上
1992 年 7 月 26 日

附　张青莲致申泮文

【1】泮文兄:

最近收得徐绍龄同志送来(托人)锰分族(复旦写)和铂系,矣已审统,已有目录、索引(有些图,但是图一般将来由出版社绘制)。锰分族中,仍有 Å 须改为 nm,而铂系中有些页上改动颇多,似应剪贴改写(指铅笔字或涂改而不清楚的)。我想,最好我把书稿托人送上,请您劳神为之。将来和铁分族一起,由您统为整体。而此卷请您负责。敬希同意。

丛书最后的五个卷,拟分工负责如下:

卷 8,卷 13,卷 14 由我负责(卷 8 已交,卷 13 计划明年 1 月交,卷 14 可能也要到 4 月)。

卷 9 请您负责。

卷6萧文锦负责。

总之，我们再努力一把，事情便做成了，希示复。若您处有便人来取也好，否则我于寒假之初（约1月20日）托专人送上。即问

近好！

张青莲上

1991年12月23日

武大友人告我，金属有机卷已出"样书"，在出版社看到。请告王积涛教授，借慰远怀。又及

【2】泮文教授：

承聘为第五届无机化学学术讨论会的顾问之一，多谢！

我想，三名顾问总需至少有一人出席，拟出席会议。我有二篇小型论文，属无机合成范围，拟提出作报告，借以应命。钱秋宇同志登记较晚，因今天才接得登记表，请原谅作补行登记。致以

敬礼！

张青莲上

1992年3月16日

论文题：

（1）铈-142试剂中除同量素杂质的实验：张青莲，郎庆勇

（2）三氧化二锑同位素的纯制：钱秋宇，张青莲

附启：最近一周内可交出《无机丛书》卷13之稿。您所承担的部分，即河北工学院的撰稿，请催为盼。又及

【3】泮文教授：

顷得您寄来照片10张，非常感谢！其中有拍得很好的。若蒙惠我底片，则我可择其最佳者而放大之。

清华干训楼之会，已在眉睫。届时可放松休息几天，我已嘱组内会计交付捐款500元。

您承担的铁系写作任务，不必急急篡之，年纪大了，身体最要紧。拟增的两卷，今渐次落实撰写人员。

附上花木照片二张，借博一哂。祝

秋安！

张青莲 上

1992 年 9 月 28 日

【4】泮文兄：

您给我的底片，已择两张放大，效果很好，多谢了！

今奉赠底片两张，可能对您引起一些兴趣。

我原负责的缺卷，已落实写作事，明年三月前定能写齐。六月能统好交出版社。您负责的缺卷，想已动手了。

天气还没有冷，幸多珍摄。祝

身体健康！

张青莲 上

1992 年 10 月 22 日

【5】泮文教授：

今天化学会的同志来谈丛书会议结束之事，已与清华大学结账，这次共花 3000 元。

学会 1000 元，出版社 1000 元，北大 500 元，尚缺 500 元。您系若愿出 500 元，则请汇至化学会，账号您已知道。若不寄来亦可，只要告我就是了（即由化学会再出 500 元）。

会况由《化学通讯》发稿，另外，我告《书友》备案。余后及，即祝

研安！

张青莲 上

1992 年 10 月 29 日

【6】泮文兄：

元月三日来信收阅，关于《化学发展简史》内所载的错误，Ni 是 1751 年 Gonstear 发现的，书中误作 1851 年，以后如能再版，当予改正。此书实际上是赵匡华和潘吉星两人最后定稿的。我虽非负责有关 Ni 的叙述，但也负一定的责任。谢谢（当时分工编写，相互传阅）。

知道您对铁系的写作，进度很好，慰甚。关于我负责的部分，卷 14：

34-1、34-2 叶于浦写，郑兆贵协助，现正进行

34-6 郑兆贵 1993 年 2 月交稿（定于）

34-3 顾菡珍 1993 年 3 月交稿（可能要略晚些）

34-8 张维敬 1993 年 2 月交稿

最近都通了气，今写信去再催一下。

总之，我在不停地抓此工作，看来可以写完。即问

近好！

张青莲上

1993 年 1 月 7 日

【7】泮文兄：

接 11 月 12 日来信，附下 LiClO$_4$ 一包，诚然雪中送炭。我得此之后，几种 Li 样品已经收集齐全了。除了您赠我二种（另一是 Fruka 出品）外，我另有德国二种，苏联一种。而本国一种和欧共体的标准样则已测毕了。准备做一篇小题目 Rapid Determination of the Atomic Weight of Lithium。明年十月/十一月间有一在京召开的国际会议上可以报告一下，否则空手显得寒酸。为此，再谢谢您。

您的胃疾，今已取出缝线，当能完全痊愈。明年高教系统初选学部委员时，您会来京，便可欣叙。

我最近得到一个多晶水晶，内有水胆，摄得照片，一在灯光下，一在日光下，兹以东赠，想能引起一点兴趣，又及

冬中幸多珍摄，敬祝

健康！

张青莲上

1994 年 11 月 14 日

【8】泮文教授：

顷向校友联络处询问，11 月 1 日将举行"联大建校 59 周年纪念会"，开会的地点在"电教"，我将去参加。在北大居住的校友处，日内发通知，所以我尚未接到，但知确有此事了。

您说要来参加，不知行踪如何？即是否坐南开的小汽车来，是否当天即回？总之我们会相见。

您将带来二株剑接仙人球（狂刺金琥），甚感，多谢。您也有可能不来，则以后再说了。

若您在会前早到，请打一电话给我。北大校内，拨 5.2958（第一字 5，指校

内）。顺祝

秋安！

我住东南门外（围墙外）中关园42公寓403室（新化学楼之东）。

张青莲上
（1996年）10月18日

【9】泮文教授：

顷得10月26日来函，附下狂刺金琥照片2张，妥收多谢！

您现弄到汽车尚未定得，且待10月31日才能决定。我于该日在家不出门。如能成行，则在该日晚上以前打电话给我。我的电话是10（北京）（略）直拨。但我家未装直接"拨出"，所以只能单向打进来。总之，若您来，似先到我家，然后带我去一起开会（我现在不骑自行车了，而是步行）。若您不来，我不想去开会了。（校友联络处并未给我通知书，似不给教员）。

中关园公寓在北大围墙之外，即东面。中关园公寓，您似乎未来过，今画图如左。

这次若您不来，则将于明春/夏间"院士推选，教委预备会"上相遇。以上拉杂，啰嗦了。

冬绥！

张青莲上
（1996年）10月28日

【10】泮文教授：

会议期间，原想您来我室观看仙人球照片，匆匆未果，回校后委托胡亚东同志添印10张。昨他来访，说今天才能取得，由他直接寄奉。想你收得此信时，差不多也能收得仙人球照片了。

照片中，有一盆四个金琥在一起的，标价40万元，有一盆单个大金琥（背后有木刻头像的）标价8.9万元，二盆红刺的（似名"采风"），大者一千元，小者500元。总之，工薪阶层只能看看。这家"莱太花卉交易中心"，荷资企业，在朝阳区太阳宫，离城殊远，我尚未去过。

天气渐热，幸多珍摄。敬祝

健康！

张青莲上
1998年6月9日

【11】申泮文学部委员：

今年 6 月底科学院召开学部全体大会期间，根据最近化学部常委会的意见，拟请您作"原子合成"的介绍报告。刻安！

张青莲条
3 月 15 日

【12】泮文同志：

来信附"大一基础化学教学改革方案"，甚感兴趣。我想最好对您有所帮助的，是提些意见。主要的一条，是合金元素的范围可以广些。除低熔外，高硬度、超导等，甚至比低熔更为重要。

这方案的特点是包括了原属二年级的分析化学，并入了此课。

解放前，我国大一普通化学课，包括定性分析，可能是张子高先生自其导师 A.A.Noges 所引入的。德国大一，有较系统的无机化学，而初级无机化学部分则较少内容，但其实验课则包括系统定性分析（定性分析，不讲的）。清华：一年级上学期，普化；下学期，定性。

最好能征求有经验的教师座谈一下，必须先做准备，参加者谈出其经验及革新意见。目前，先有经验的人要算复旦谢高阳。

我的看法是，我国大学毕业生（理科的）动手能力差，这点必须克服。

另外，要考虑一下，美国正在如何进行教学的。

此外，您想买《无机丛书》，问是否能优惠，要和出版社一编杨淑兰同志联系。我对她要求的一点，是希望她能将下半部（11-18 卷）也统一用白封面印一次。

我今年种的郁金香，除一株金黄色的开了正规花，即植株苗壮，又一株开了深紫白颜色，是"夜皇后"的变种。总之，开后即弃去，明年绝不能开花。我校一位同事，去年有四株"夜皇后"开花，二大二小，今年只剩分散的极小株，无花了。

下月中，中科院在京举行春节联欢，贵校拟来参加否？今年夏季评选之会，资深者不必参加。总之，要明年院士大会时，才能相叙了。余不悉及，敬祝

俪福！

张青莲草复
1999 年 1 月 19 日

【13】泮文教授：

　　接五月五日来示，承赠扫描照片（摄于北戴河老虎滩），多谢！照片制作甚好，特别是色彩，改变得很活泼了。我当然同意刊于□（原文不清）著中，我想同时还有其他三位。

　　知道您所著多媒体教科书《化学元素周期系》光盘等荣获 2001 年国家优秀教学成果一等奖，谨此道贺！近年来大学多致力于发展赚钱和科研获得基金，对于教学的改进，很少人愿花力气。这次您去西安交流教改经验，很好。不能形成百花齐放局面，若能产生五朵金花，也是好事。借助电脑，多了一种新的手段，也顺乎发展的潮流，您对此诚然大有可为，英雄有了用武之地了。预祝您再能得一次教学成果一等奖。

　　今年五一节，到北京植物园参观了新建的大温室，都是各种热带植物。另外，我已迁入新居：蓝旗营（略），但尚未通邮，通讯处仍以"化学学院"为便（北大，100871）。余问及，顺祝健康！

张青莲草上
（2001 年）5 月 8 日

【14】泮文教授：

　　您好！顷得惠赐大匡照相，贺我 95 寿辰，谨领嘉贶，致以最诚挚的感谢！奉祝健康！

青莲敬上
2003 年 3 月 12 日

张筱燕、张维亚①

筱燕、维亚老友：

您们好！谢谢筱燕 6 月 19 日的信，告诉我到北京求医的细节。我已在 6 月 21 日去北京中医医院挂了周乃玉教授的门诊求医一次。她中西医俱通，她主张我一方面用西药治疗（爱诺华、莫比可、甲氨喋呤），一方面用中医汤药调理。我现在在天津仍依照她的方案治疗。服了周乃玉的中药两周后，改由天津中医大学附院的一位女教授在周乃玉的方子基础上适当调整继续服汤药。同时西医治疗，把协和医院的于孟学教授请来天津会诊，西医治疗按于教授的方案。所以现在是中西医结合治疗，初见成效，类风湿关节炎（两只手腕疼痛）基本上得到控制。我的病很奇怪，医生说不典型，第一是类风湿关节炎一般是 30-50 岁的中年人常犯的病，我九十多的人犯这种病少见；第二，一般类风湿关节炎是小关节病，如手指小关节，而我是大关节，也少见。第三，类风湿病是免疫功能紊乱症，一般验血类风湿因子（Rf），正常人 Rf 范围是 0-30，一般类风湿关节炎 Rf 是几十（高于 30），而我化验出来的 Rf 为 1800，现在已降到 1400，也太出奇的高。疼痛难忍，夜不能眠，拧手巾把都拧不得，更不用说写字了。现在控制住可以写字了，可是您们看我写的字歪歪斜斜，像小学生写的字。

在医院住了 5 个月，才摸出个治疗规律，得到医院内外各方关照，组织了三次大型会诊，兴师动众，才摸出个眉目。其实又很简单，早知如此，早吃对药，早就可以回家了。在医院呆精神上很压抑。这个病我不求根治，但求不疼，能控制，就算能过正常生活了，还是回家好。我估计 8 月底可以回家了，自己控制吃西药，每周一次去医院中医门诊，喝汤药。我现在好在是除了类风湿症外，其他一切都健康，还能多活几年。

多谢筱燕给我的指点，周乃玉不愧是名医大师，我现在是照她的医疗路线治

---

① 张维亚，毕业于重庆南开中学和西南联大地学专业，石油地质学家；张筱燕为其夫人。夫妇二人是与申泮文上世纪四十年代就相识的好友。

疗的，不能长期到她那里求医，因为去北京挂号实在困难太多。我是靠了我的一位已退休的学生，早晨 6 点去排队拿号，中午 12 点排队挂号，在 12：30 左右我由天津乘车赶到医院就诊，当天返回天津，太麻烦人家，不能作长久之计，所以只能去一次求教治疗路线，就这样已经够了。名医就是名医，她给开 14 付药，也都是不贵的草药，这也是名中医的特色，处方不开贵药。天津的"类风湿"专家中医就与此不同，医德上不好比较。北京协和医院名医来津会诊，除了车接车送招待午宴外，会诊费一次 2000 元。据说他在北京的特需门诊每人 300 元，还要晚上半夜排队挂号。中国老百姓真不该生病。

其实我今天也久病成医，遇到类似的类风湿关节炎，我也会诊断给药了，一个礼拜之内就可以控制住，关节不疼了，虽不根治，但可正常生活了，维持正规服药就行。我准备 8 月底出院回家，维持正常服药，安度晚年就算了。

维亚又有进步恢复吗？以后到北京来看您们。祝近安

泮文

（2007 年 7 月）

附　张筱燕致申泮文

泮文学长：

您好！维亚情况好转，可以扶凳子在室内缓行，仍不能站立，夜里亦不要我为他翻身了，我可以睡觉就可以做更多的事。你的病况倒底如何？主要是什么病？念念。

周乃玉和李贞吉都是治风湿关节炎的大师，我们主要是找周乃玉。因为李大夫身体不好有时不出诊。治癫痫病的大夫很少见，我在中国中医药学会办的中医门诊部（宽街中医院许多专家也在此出诊，但因报销问题，所以我就再没去了）曾见到有一位叫王洪图的大夫的材料，据说他专治癫痫，但实效如何不得而知，我认为可以先写信给他，详述病况，听听他的意见。他每隔一周的星期天在中医诊所看病。这个诊所我是乘汽车到平安里再乘 13 路汽车到锣鼓巷下车向回走，

到焕新胡同进巷顺路向右行，到一拐弯处右拐，见一小四合院，挂的有牌子一问便是。如果你儿子在京治疗顺利即不必换大夫，因为这个大夫是从他们那儿的介绍医生材料上所见，不如像对周、李那样了解，故应慎重。要关心孩子，毕竟他们还年青，还有光明前途。我的儿子十五岁从干校去了长庆油田，干重体力活把身体搞坏了，去年便血。他接受我的得病经验，去了中医院找鲍友邻老大夫看的，基本好了。但老大夫已去世，很可惜！

我们石油大院正在兴建改造，水泥车不分昼夜的出进，很吵，灰尘大极了，休息不好。像邢方群说的："人生就是挣扎"！这句话我们现在深有体会了。尤其像多病的老年人更是一言难尽，何去何从呢?！

从你寄来的材料，知道你为南开、为祖国人民、为同志和朋友们做了大量的工作，实在令人敬佩。你不愧为中国的科学家、政治家、社会活动家。你仗义勇为，为真理可以两肋插刀，现在这样的人太少见了，故应好好保养身体，可以为百姓办事呼吁。你们都是国家的精英！

信写的潦草，请原谅。代问夫人好！维亚嘱笔问好。即祝

夏安！

　　　　　　　　　　　　　　　　　　　　　　　　筱燕敬上

　　　　　　　　　　　　　　　　　　　　　　　　2007 年 6 月 19 日

致邹承鲁①

承鲁校友：

您好！在《科学时报》和院士建议文件两次见到您提出的"恢复建立昆明西南联合大学"的创意，我以联大和南开双重校友身份举双手赞成。我早在1950年就曾向当时的教育部上书，建议在昆明恢复西南联大，办法与您的主张相似，并主张利用昆明良好气候，每年三个学期，让学生三年读完大学本科，早出人才。教育部根本没有理会。回想那时自己太幼稚，不懂甚么叫极左政治，甚么叫做历史虚无主义，你说过去的事物比今天的好，老"左"们无论如何也不会同意的。

我终生在教育界工作，现今虽然改革开放已经过了25年，形势比建国前30年好多了，但是在教育界极左思潮依然顽固存在。我们可以冷眼静观，看看您的建议能获得何等回应。不是我泼冷水，我估计，一是预后不良，政府和教育部门不接受这份建议。即使肯于接受，要想办一所与原来西南联大"原汁原味"的优良大学，这种可能性又有多大？

1. 西南联大是由真诚的教育家梅贻琦带领的一批优秀教育大师举办起来的大学，今天能找到这样的（能挺得住干扰的）教育大家吗？

2. 西南联大从长沙建校起算，到抗日胜利的1945年8月止，这8年校史是联大的正史，在这8年期间，校内外环境都是宽松的，既无外来政治压力，又无内在政治干扰，所以联大能以保持自由民主的学术空气，这是联大办学成功的最重要条件之一。今天想要求得这样的环境，有可能吗？（如果有人敢于提出，学校里面不要党派政治，不要党委组织，大概就会判他个颠覆国家罪！）

3. 西南联大最后在昆明滞留一年（1945.09–1946.07），这年形势大变。在校外，重庆派来的政治势力篡夺了龙云地方政权，国民党棍李宗黄当了云南主席，

---

① 邹承鲁（1923年5月17日–2006年11月23日），1945年毕业于西南联大化学系。中科院院士，中国科学院生物物理研究所研究员，著名生物化学家。

军阀关麟征当了警备司令，开始向联大进行政治的和武力的侵犯。在校内，由陕北派来的一批地下工作学生，执行了一套左倾冒险策略，挟持全校师生形同"人质"，与校外反动势力对抗，"一二·一"惨案当然就不可避免。在此形势下闻一多先生也就走上了不归路。那时我正在联大工作，甚么事情都看得清清楚楚。所以在我的心目中，这一年的经历不能计入联大的历史，所谓的"一二·一"运动，不是联大师生的运动，全部是外来人搞的，强加给联大师生的。原有学习空气完全被破坏了。西南联大在长沙和昆明的历史只有8年，没有9年。

4. 要想办好大学，最好打破禁锢，办民办大学。张伯苓宁愿办私立的南开学校，不愿见学校公立。在《西游记》中，石猴宁愿当"齐天大圣"，不愿当"弼马温"，当然也不愿意当戴了紧箍咒的皈依佛门的"孙行者"。学校应该给师生提供自由思考、自由讨论、自由选择的时间和空间。现在不可能有这种条件。

尽管我提出上述不高明见解，但对您的建议仍然是赞成的支持的，我将在一定场合表达出我的赞成表态。如果我们能推动一点小小进步，对国家未来发展都会是有好处的。

今年4月5日，是张伯苓校长诞辰130周年，南开系列学校将盛大纪念，也得到政府的重视。温家宝总理做了重要指示。一些校友和社会关注人士，正在筹建一个民间的"张伯苓教育思想研究会"，现在可以慢慢地做一些宣传工作，宣传正确教育思想和正当传统，点滴渗透，慢慢改变极左教育思潮。

寄上一篇我写的文章"张伯苓教育风采"，为纪念老校长诞辰130周年，另一本小册子记述叶笃正和刘东生校友的业绩，纪念南开学校百年校庆。请指正。

我的地址：南开大学化学学院，邮编 300071 电话（略）

敬问

近好！

申泮文敬上
2006年3月15日

附　邹承鲁致申泮文

泮文老师：

谢谢来信和资料，拙作曾投党报党刊，均被客气地拒绝发表，看来"学术自由"和"领导少管"是犯忌之事。他们建议登内参，我不愿，想要公开这点小小的想法，后经路甬祥同意才在科学时报发表。

我也知道现在没有实现的可能，只不过和我其他一些意见类似，立此备案，供后人参考而已。

我因病住院，此信请秘书代发。此颂

近安！

邹承鲁

2006年3月28日

黄明信①致申泮文

【1】 泮文学长：

您好！大约一周之前接到您的电话，却迟迟未收到来件，因不知您的确切信址，拟请张书俭转告，信已写好待发，收到来件。

此事原委如下：在我家的家谱上我们这一辈按"明"字下面仁、义、礼、智、信排，我的二姐黄燕生应该是"明义"，我的哥哥黄惠应该是"明礼"，我应该是"明智"，我的弟弟黄松三才是"明信"。平常我们都不用谱名，也记不清楚，有一次把我错成"明信"，相沿下来，无法更正，只有将错就错了。

我的哥哥黄惠在北京时就有精神分裂症，后来好了，考入空军军官学校。抗日战争爆发，该校迁到南昌，他旧病复发，我把他接到长沙三叔家。临大旅行团离开长沙时只好带着他。同时非临大学生者还有北大樊际昌教授的两个儿子。他途中白天看到许多全新的事物，夜间因白天劳累睡眠极好，精神病就好了。

那一天黄惠见到人百般辱骂他的三叔，不能容忍，与人争吵起来，几乎动武。他受到强烈刺激，旧病复发，由我把他直接送到昆明去了。事情经过大致就是这样，尊著如何修改，请自己斟酌。

新印本可寄给家姊黄燕生，舍妹黄书琴。顺祝
身体健康，扎西德勒

学弟 黄明信
2007年12月22日

【2】 泮文学长：

关于"黄明义"之事代拟修改如下，仅供参考删改之用。

当时旅行团里还有几个与联大有关而非联大学员、自费随团前往昆明者，其

---

① 黄明信，黄钰生之侄，长沙临时大学湘黔滇旅行团成员，1938年毕业于西南联大历史系。此为对申泮文为恩师著书《黄钰生传奇》求证某些事情的回复。

中有一人名叫黄惠，是黄钰生的侄子，原是空军军官学校的学员，因精神分裂症复发，退学来到长沙其叔家里，这时也不得已，让他随团。他白天被许多新鲜事物吸引，精神很好，夜间因白日劳累睡眠极好，一路走来倒还无事。到了安南，大家受苦去埋怨黄钰生，其中有个别人言辞激烈，形成辱骂。黄惠不能容忍对他叔父的辱骂，与此人争吵起来，几乎动武，惊动了县长，深夜披衣起来劝架才告平息。事后由黄惠的弟弟黄明信（清华大学学生，也是旅行团团员）把他直接送往昆明。

我的记忆力极差，加以年久，所忆未必准确，仅供参考。

又：书名列四个大学而没有天津图书馆，也许是因为与"教授"一词相呼应之故。愚意习惯上曾在任何一校任过教授即可如此称呼。他1925-1951在南开和西南联大前后共26年，1952-1990在天津图书馆（包括名誉馆长）前后共38年，虽然最初去图书馆非其自愿，无论如何究竟以这一段时间为长，而且他老人家也的确为此付出大量心血，不应略去。必要时云南师范大学或天津联合业余大学二者是否可以略去一个？

学弟　黄明信上
2007年12月23日

胡淑云①致申泮文

院士、大嫂：

今天上午我去取牛奶时，看到申兄来信，拆开一看，也是一惊，但我并不是惊出了冷汗，而是因伤害别人后而感到痛苦，这种伤害，似乎是很难弥补的。

回到家里，首先找信，但只见信封，信一时不知放哪儿了。信封是为了抄地址留在外面的，信，我没丢，留着，因为最近要接26期《简讯》的工作，特意收起来，怕搞混了，所以一时找不着。我想，仔细复读那封信，并非非常急迫，找到就能读，反正读也晚了。由于几年来给我寄来的稿件，都是投稿，所以从没想过这是专给我看的。我当时急的是要转寄唐绍明，当时已是5：30分，所以第二天一早就去邮局挂号寄出，自己还觉得，自己办得还可以，没有拖拉。至于那篇稿子，我看并非"政治稿"，没那么严重，《简讯》也非党刊，主要不在这里。

至于我周围的同学，更是什么想法都有，有坚持马列理想的，如闻先生二子闻立雕，但其三子，我看就灵活得多，他的子女就去美，二子不以为然，你也管不着。至于闻家驷先生，他的孩子，思想差距很大，好在一为后妻所生，平时也少来往。一倾心"六四"，一坚持马列，闻先生去世，长子大写一篇事迹，幼子不闻不问。我担任责编，眼见双方如此，也就发稿出版了事。我和闻先生熟，友好，先生待我很好，我仅为惯例办事，要在《简讯》上发一信息，以纪念先生。但发稿过程中之所见，也无需为外人道，我看一家人都管不了一家人。长期以来，对待联大校友，一向以40年代作基准，今日见面团聚吃饭，只是念着当年曾坐在一个课堂里上课，如今大家还记得这段往事，所以坐在一起吃饭，也无法评价谁是谁非。据我看，过去50年代的狂热信仰者，如今因种种苦难，已完全不信了，但他们沉默，就是好事，我从不多问。对这位少见的闻立雕，我也不否定他，信仰自由，自由选择，但有时也听到别人间的议论，我认为是多余的，他信什么，是他的自由，旁人为什么要去过问？他在中宣部工作，身居司局级，又

---

① 注：胡淑云，联大附中48级学生，联大北京校友会会刊《简讯》责编。

是烈士之子；其弟为画家，又不是司局级干部，发展发展，终于不大一样了。其实今天，一个50多年前的班级，本没有必要坐在一起，但大家还眷念联大那段日子，不忍割舍，所以态度也不应僵化。过去抗战时说"少谈政事"，现在仍是"很少共同语言"，但我从不采取不合作态度，我是班上的一个组成部分，如今同班同学，本来不多，所以缺了，别人也不干，非来不可。我认为一定要采取"谅解"态度，明白别人思路的发展，尊重他人的选择，但这又有点"毫无原则"，变成"风信鸡"了。近来常在想孔子的"无可无不可"究竟是什么？我是否是在曲解这位圣人的遗训？

最后，我请求大嫂原谅我，因为院士曾开过刀，如今年逾八十，被我一惊，惊出一身冷汗，影响健康，嫂子理应责备我，但我已无法补救。在我这里留下的，只有深深的痛苦。

昨天，北京开理事会，沈克琦请大家帮助推销《湘黔滇旅行团》的专集，校友会为资助资料出版，出了30000元出版费，详情见25期《简讯》，我想院士不用我动员，他也是参加者，必购无疑，这本资料相当全，很好。

胡淑云
1999年3月30日

刘金旭①致申泮文

泮文：

  你好！研究生的实验拟用约 200g 的 MnO（作饲料的添加剂用）买不到。

  你能帮忙否？

  月底去芬兰开个学术会，十日往返。颂

全家好

金旭

（1988 年 7 月）13 日

小弟那次手术后如何？念念。复函希寄黄量

---

① 刘金旭（1917.8.8—1992），申泮文南开中学 1935 班同学、好友，长沙临时大学湘黔滇旅行团成员，1939 年毕业于西南联大生物系。中国农业科学院畜牧研究所所长、研究员。黄量（1920.5.22—2013.11.21）为其妻，中科院院士，药物化学家，中国医学科学院药物研究所研究员。

刘金钺[①]致申泮文

泮文哥哥：

我是刘金旭之弟刘金钺。

今天刚从"东方之子"内看到您，我从内心佩服您，让我叫您一声哥哥。立刻拿出纸想给您写信，但写什么呢！我想说的最重要的话，就是告诉您，从您说话、表情、走路、养花铲土……中看到，您还是和60多年前在天津骑自行车到我家，1939年暑假，在昆明给我辅导考西南联大，在昆明一块吃焖鸡米线，我去您实验室看您做实验时一样热情愉快、坦诚、乐观的样子。我太高兴了，您这样健康愉快，我祝您更健康，更愉快！这是我想说的最重要的话。我一生中也受到了您很多影响，谢谢！

现在我很好，住在北京广外马连道南街依莲轩小区（略），电话：（略）。

刘金钺

2001年9月11日

[①] 刘金钺，申泮文好友刘金旭之弟，1944年毕业于西南联大工学院机械工程系，申泮文1939年曾为其考取西南联大辅导功课。

刘瑞歧①致申泮文

申老：

您好，《黄钰生传奇》一文，道出了黄老一生经历非凡、品德非凡、贡献非凡，颂扬了业绩（耕涛与割紫云一说，亦有所闻，但不知出自黄老指点）；也纠正了曾讹传一时的流言蜚语和无根诽谤，端正了视听。

读了这篇文章，我仿佛又回到了昆明西南联大南院大课堂，或新校舍大操场，上了老师的一堂课，或听了老师的一次演讲，获益匪浅。昔日在联大上一堂课，听一次演讲，甚至一句话、一首诗、一个观点，往往令人心旷神怡，豁然开朗，终身受用无穷。

申先生秉性刚毅，真理在手，无所畏惧。这正是西南联大的优良传统。回忆往日西南联大的许多师长如闻一多、朱自清、曾昭抡、张奚若、费孝通、吴晗……诸先生，为了国家、民族前途，仗义执言，罔顾个人安危，"刚毅坚卓"四字，是当之而无愧。吾辈学子深受多位高师教诲、熏陶，实感平生幸事。

文稿中有些错字，或为打印之误，凡见到的都以红铅笔划出，供作参考。如文中所引李贺《杨生青花紫石砚歌》的"僶顽抱水含满唇"句中，"顽"字应为"俛"字之误。又"孔砚宽顽何足云"句中，"顽"字应为"硕"字之误等是也。

另有两点意见，是否有当，谨供参考。

（一）文中将黄老担任过的社会职务，如市政协副主席、民进中央委员、民进市委主委、天津联大校委会主委等，统称为"荣誉职务"，恐有不切之处，因这些职务固然是有一定荣誉，亦均承担实际责任，黄老均□（原文不清）以待之，恪尽职守。

（二）黄老按西南联大模式创办天津联大一事，文中只一笔带过。实际上黄老待联大视若晚年"宠儿"，爱护、抚育，亦费尽心机。如黄老向李瑞环市长争得"民办公助"的口头宣传，并解决了一座教学楼；将办学指导思想厘定为"拾

---

① 刘瑞歧，西南联大校友，时任天津联合业余大学副校长。

遗补缺，应急求新"；将领导体制、组织原则和工作作风确定为"三制三□（原文不清）"；向国家教委取得了参加全国成人高考、颁发大专毕业证书资格；亲自参加英语专业毕业班口语考试，等等。天津联大创办十四年来，为天津培养了数千名大专毕业生，其中许多已成为单位骨干，有些学员的毕业设计曾获全国或地区奖项，有的学员凭天津联大文凭取得了国外大学研究生资格。天津联大在无国家编制、少专职教师、缺教学设施和参考图书的条件下，取得如此成果，可谓白手起家，难能可贵矣。学校不仅荣获市教委的数次表彰，而且在全国成人教育战线也饶有名气，博得了海内外校友赞誉（如韩素音、吴大猷、周南等校友在留言簿上的留言），韩素音校友还数次捐款，使学校得以建立了"韩素音奖学金"。我以为黄老以耄耋之年，怀着"老圃灌百花"之志，创办天津联大之功绩，在黄老诞辰百周年纪念文字中多写几笔也是值得的。此颂

冬安！

刘瑞歧上
1997 年 11 月 28 日

钱惠濂①致申泮文

泮文学长：

您好！昨天给您寄去楠原俊代著的一本书，今天接到您 8.25 来信。钱能欣著的《西南三千五百里》，我们这里没有保存这本书。至于易社强②的《西南联大校史》原稿中文译本，我们留了一套存档，现在寄给您参考，阅后请归还。

至于易社强的原名 John Israel，他的通讯地址是：（略）。他来华年度记不太确切了。

李嘉言等四位教师的资料，清华大学档案馆可能查到，您托在清华大学的校友或清华校友会的同志代查，也许能找到。祝

秋安！

钱惠濂

1997 年 9 月 2 日

---

① 钱惠濂，西南联大校友。
② 易社强，美国专业研究西南联大的人士。

唐敖庆[①]致申泮文

泮文同志：

接到您的两封信，本来想有结果后再答复您，由于目前正在搞批林批孔运动，停了两周课，上周才开始复课闹革命，物构进修班的事一时还提不到日程上来，劳您久等，实在过意不去，所以先写封信告诉您个梗概。

物构进修班还是要办，但要推迟几个月开学，可能要在暑假后。要来进修班的人很多，已超过规定名额，最后确定的人选尚未讨论。我原来想在讨论名单时，建议给贵校一个名额，目前搞运动，还顾不到这件事。待将来讨论时，我努力争取，有结果后再告诉您。

批林批孔运动，全国正在蓬勃兴起，您校也一定搞得很好，有机会时向您们学习。致

敬礼！

敖庆
（年份不详）2月24日

[①] 唐敖庆，中科院院士，吉林大学化学系教授，申泮文西南联大化学系同班同学。

王刚致申泮文

【1】泮文兄：

　　天津一行都很顺利，看望了老朋友，参加了南开中学教师节大会，特别是找到了黄子坚先生，达到了我去天津的主要目的。10日下午五时我又去找黄先生，刚好他回来。最初他对写文章略有难色，后来相谈甚欢。他说了许多昆明西南联大和南开大学的故事，最后并将他拟写些什么内容要点大略地讲了一下，并且拿出日记本来记下了这一任务，表示他除去写联大方面的回忆之外，还要附带写一下联大附中和附小，因为这些都是他当年主管的单位。我唯恐他劳累，主动终结了我们的交谈。临别他说："我被你的真诚所感动了！一定写好这篇文章；我今年底以前交卷"。看来事情办妥了。

　　关于陈省身教授的征稿问题，那就端赖老兄联络了，希能早日给他去信，以便他从容思考和安排时间。南开有了这两篇有分量的稿件，登载在纪念册上，再加上你的文章，不仅平衡了三校的比重，而且在质量上也必然是突出的。
敬礼！

　　　　　　　　　　　　　　　　　　　　　　　王刚
　　　　　　　　　　　　　　　　　　　　　　　1987年9月12日

【2】泮文兄：

　　校庆已过，不知你经过紧张劳动之后，身体状况可好，实深怀念！

　　母校南开中学庆贺九十周年的校庆活动，举行得出乎意外的成功。弘扬南开精神教育科学讨论会、校庆运动会、校庆纪念庆祝会、校庆文艺演出会都开得生动有力，尤其是九月二十二日《天津日报》上的宣传，作用很大。这次校庆标志着南开精神的复活，起码政府和学校对前四十五年母校的历史地位和对国家的贡献承认了，向社会宣传了，四十多年不许唱的校歌也唱了，校旗也升了，校训也被承认了，向南开精神复苏跨进了一大步，真是可喜可贺。这是南开爱国主义公能教育的胜利，智慧战胜愚昧的胜利。我们这些爱国爱校的积极分子保护和发展母校的努力没有白费力。我想，我们应当彼此互相告慰。

我意，我们使母校恢复和发展南开精神不仅是主持一个历史公道，捍卫南开传统教育特点不被永久湮没，而更重要的是如何能使母校真正让南开精神成为在党的教育方针普遍指引下的南开独具的教育特点。从校领导到整个校园，办学施教完全按照南开精神办事。其结果是要出人才，像母校三十年代到四十年代那样，出有名有姓的尖子，更要造就成千上万无名的实干苦干为人民谋福利为国家做贡献的社会中坚。我以为在形式上接受了南开精神是一个进步，但是不能使之流于不解决实际问题的空口号。必须把南开精神渗透到学校教育中去，十年二十年之后始见成效。今母校教职工对南开精神知之甚少，堪为忧虑。我兄可否就近向校领导建议，仿效张伯苓校长的修身课，每周或隔周邀请老校友和社会名流给全校师生讲演，授允公允能爱国爱校之业，解社会误风之惑，促进学生改造人格、改造社会、改造历史之责任感的成长发育，则利莫大焉。

我兄的宏文从校训校歌解释和南开人事业成功经验两个方面给南开精神作了具体阐释，构思用意良苦，不失为南开精神的短小精干教材，若能师生人手一份，长时陈诸座右，亦可有益处。总之学校教育效果不能仅停留在高考高录取率上，而应更多着眼于学生的"伟哉大仁，智勇真纯，允公允能，月异日新"道德素质的培育上。不久前中央发布了爱国主义教育大纲，虽然认识上迟了几步，但亡羊补牢犹未为晚。我辈校友趁此东风与母校通力合作，把南开优良传统教育发扬光大，到我们去见马克思的时候可以无憾矣！此问题我提出来供参考。

我目前想到另外一些问题，母校应该解决：

（1）争取高中生完全住校，学生可受到集体教育，这样好处甚大；（2）目前学校的教室、实验室、宿舍、食堂都不够，教学实验设备也很不够，怎么办？（3）校长、领导班子、教师队伍没有稳定的连续性，说调走就调走，太不利于教育。（4）我在上面提到的校园如何到处充满南开精神。（5）当前要抓紧做的是收复东楼，而大操场完全收回的工作还艰巨。

写到这里。专此顺颂

近好！

王刚

1994年10月29日

杨启元①致申泮文

【1】泮文兄：

接到你上次热情洋溢的信，感慨良多情不自己。

去年我曾去上海，曾去访齐毓枫同学，他已搬家。今年家弟（在上海）访得，毓枫已于数年前去世。刘渔溪现已卧床不起，生活不能自理两年多了，我和他夫人也是联大同学江凤毛（？）女士通了信，看来渔溪已不能执笔。

去年5月杨卓成自台北来，我们在一起聚会了几天，他身体很好，对他自己在事业上的成就也很得意。今年十月可能再次来京，如时间允许，我想约他同回母校参加严先生铜像揭幕礼。我将先期征求他的意见，列入行程，有回音后当即奉告。杨耆苏②今年也要回国一行，时间大概也在10-11月，我也将告之严先生铜像揭幕之事。如无特殊原因10月天津见面。

收到10号通讯，谢谢

1. 同意将结存基金转由南开中学母校校长办公室管理，改为"奖教金"。

2. 奖励"作出优异成绩的教师"是否可以再加限止，限于"数理化"教师，请考虑。

3. 我赞成为南开学校向日本索赔，有何举动希见告为荷。

来京请来我家小坐，电话（略），此祝

康乐长寿

弟　杨启元
1992年6月26日

---

① 杨启元，杨石先校长之侄，南开中学1935班班友，长沙临时大学湘黔滇旅行团成员，1940年毕业于西南联大。北京有色冶金设计研究总院总工。

② 杨耆苏，杨石先校长之女。

【2】泮文兄：

祝贺你九十大寿。几十年来风风雨雨、坎坎坷坷、在困境中为学校、社会、国家做出巨大贡献，体现了顽强的南开精神，实属难能可贵。可喜、可贺、可敬。

耆荀带来所赠《90回眸》等著作，我自当仔细拜读，从中受教，谢谢。

你虽曾经大手术，但现在身体健康，精神擞擞，望更多保重，再活三十年，更展宏图。此祝

长松不老，鹤寿绵绵

弟　杨启元
2005年国庆日

杨石先①致陈舜礼②、申泮文

【1】舜礼、泮文同志：

顷接到本月廿日来信，宗岳先生追悼会办得太匆促，北京亦有少数人来不及赶到参加。学校收到上海邱凤达电报说邱先生逝世，即派张云祥、贾同文等前往帮同料理并征求他们家属意见，愿否来津举行追悼会和将骨灰盒带来交给天津市烈士陵园保存。邱凤达夫妇、邱凤昌夫妇和邱老的女儿于十八日抵津，故追悼会于十九日下午举行，家属于廿日晚离津。至于骨灰他们愿送回诸暨祖坟与邱太太合葬。你们两位如愿向家属表示吊唁和说明接到通知后无法赶到天津，我将邱凤昌的上海地址写在下面备用。天津现在天气十分炎热，每天温度均达卅五-六，尽管有雷阵雨，但未能将暑氛压下去。

学校已于昨天（廿一日）放暑假廿天，七三和七四届学员都已回家，七二届则将于八月底结业。教师和职工可以休整5-7天，各级领导则举办学习班，原则上不放假。

我和爱人近来身体都不好，两个月前因对流感（病毒型）缺乏抵抗能力，被送往总医院住了一个月，始将温度降到正常。同时还查出有糖尿症，虽然尚不严重。年老了某些部件必然会发生故障，不足惊异。我和爱人欣悉你两位身体康健，并祝

阖家安好！

杨石先
1975年7月22日

上海复兴中路（略）邱凤达

---

① 杨石先（1897年1月28日—1985年2月19日），曾任西南联大化学系主任。中国科学院院士，时任南开大学校长。

② 陈舜礼（1917年3月15日—2003年12月10日），原南开大学副教务长，1959年支援新建山西大学任教务长。文革后任山西大学校长、民进中央副主席。

【2】泮文同志：

接到十月十五和十九日的来信。当接第一封信时我于次日即亲笔写了一函致教育部政治部陶遵谦同志，加紧登促山西大学放你前来我校元素所报到。说明山大多年来认为"无机合成对他们不是必须"，始终未发挥你在科研和教学方面的作用，所以向上级提出调你来所工作。山大不应再用拖延的办法，使双方工作都遭受损失。并希望他等李琦副部长回国后，将此情况向他汇报，采取有效办法迅速加以解决。想陶同志必已和山大联系，你亦应即时向学校提出办理离校的一切手续。盼你早日获得成功。顺颂

刻祉

杨石先
1978 年 10 月 22 日

我现在身体不好，而目前学校和元素所工作都未上轨道，再加上校外的工作太多，实在难于应付。从沪返津以来，不断参加各种会议，三五日后又须赴京参加两个会议，大约须廿天左右。又及

赵绵①致申泮文

泮文年兄学长：

8月14日手教早已收到，请释念。弟便走访葆诚兄，他知道兄体康复，非常高兴。我等深盼兄日后来京之便，能先通知我，可以聚一下，老友一起可以无话不聊！

来函所述有两处请兄改一下，即

(1) 弟的地址号是25号，不是26号，邮差同志送错了，迟到2天。

(2) 孙承谔老师，山东济宁人，育英中学，1929年清华学校毕业，末一班（不是清华大学，袁翰青老师清华大学化学系第一班），（1911年生—1991年3月13日逝世），享年80岁。

专著：《化学动力学与历程》、《化学动力学》

弟自北大通讯上看到的，想兄尚不知道，弟等在大学一年级时，他教我们"普通化学"，那时他才26—28岁，尚未结婚呢！

刘云浦老师：文革前经常通信，弟从兄来信才知道他已病故。弟离昆明后，在重庆的上海医学院当助教、讲师时，经常去沙坪坝，那时刘先生在重庆大学教书，我们一位同学郑汝骊兄当他助教。郑兄后来去东北师范大学（吉林），许多年前去世。在沙坪坝时期（1940—1946），弟与秉方、迪利及中央大学化学系朋友，朝夕相见，抗战胜利前弟侥幸考取为该系研究生，导师是赵廷炳（丹若）老师。这都是旧话。

北大化学系我们同班：庞礼（触媒）、张锡瑜（定量）均已退休了，张滂兄（有机）。我们与王载绂、钱仁（联大化学系1942年）、夏汝钧、张怀祖（化工，张滂弟弟，在石油学院退休）每年要聚餐1—2次，聊聊天。

戴广茂兄（42班）1989年去世，想葆诚兄会告诉你的。最近听说石油学院已退休的田曰灵病重，弟几年前遇到一次夏诵娴学姐，想兄会知道此人是夏勤铎

---

① 赵绵，申泮文西南联大化学系1940级同班同学，北京中日友好医院研究员。

的妹妹，她在电子所，爱人张恩□（原文不清）先生前年去世。北京如旧，我家孩子在国外，有孙子孙女各一，我与老伴就天天照顾他们上学，因又不住在一起，等于天天忙于赶无轨、公共汽车了。

南开诸位化学系老兄，兄遇到时请替我问候问候，天津医学院的朱宪彝先生系老协和内科，50年前后时常见到。我曾去该校讲过（医学文献如何查找），承他招待。如今老辈老师太少了，南京高济宇、戴安邦先生尚在。张江树先生（物化，后来去华东化工学院）已去世，91岁。

请兄少吃多餐，一天4—5次饭，慢慢锻炼，没有问题的。问候嫂夫人、全家好！

弟　赵绵拜上
1994年8月20日

www.ingramcontent.com/pod-product-compliance
Lightning Source LLC
Chambersburg PA
CBHW051353110526
44592CB00024B/2972